Taylor R. Marshall
Infiltriert

TAYLOR R. MARSHALL

INFILTRIERT

DIE VERSCHWÖRUNG ZUR
ZERSTÖRUNG DER KIRCHE

Renovamen-Verlag

Impressum

Bibliographische Informationen der Deutschen Nationalbibliothek,
abrufbar unter http://dnb.ddb.de

Bildnachweis Umschlag:
© picture alliance / ZUMAPRESS.com | Evandro Inetti

Buchgestaltung und Satz: Marcel Hagmann, keilergrafik.de

Taylor R. Marshall, Infiltriert.
Die Verschwörung zur Zerstörung der Kirche
312 Seiten, Bad Schmiedeberg 2020

4. Auflage 2025

Originally published in English, © 2019 by Taylor R. Marshall
Published by arrangement with Sophia Institute Press.

© Renovamen-Verlag, Bad Schmiedeberg 2020,
für die vorliegende Ausgabe
www.renovamen-verlag.de
Aus dem Englischen übertragen von
Philipp Liehs und Julian Voth

ISBN 978-3-95621-141-6

Gewidmet meinen acht Kindern,
der nächsten Generation im Kampf für Christus
und seine Kirche.

Inhaltsverzeichnis

Vorwort

Mit seinem Buch *Infiltriert. Die Verschwörung zur Zerstörung der Kirche* greift Taylor Marshall ein Thema auf, das heute bewusst ignoriert wird. Das Problem einer möglichen Unterwanderung der Kirche passt nicht zum optimistischen Bild, das Papst Johannes XXIII. und insbesondere das Zweite Vatikanische Konzil in wirklichkeitsferner und unkritischer Weise von der modernen Welt gezeichnet haben.

In den letzten 60 Jahren hat die Feindseligkeit gegenüber der göttlichen Person Jesu Christi und seinem Anspruch, der alleinige Erlöser und Lehrer der Menschheit zu sein, kontinuierlich zugenommen. Die feindliche Gesinnung der vermeintlich »freundlichen«, »toleranten« und »optimistischen« modernen Welt findet ihren Ausdruck in Parolen wie »Wir wollen nicht, dass Christus über uns herrscht«; »Wir wollen frei sein vom Anspruch religiöser und moralischer Wahrheiten« und »Wir werden niemals die Daseinsberechtigung einer Kirche anerkennen, die die Geisteshaltung der modernen Welt nicht bedingungslos akzeptiert«.

In der heutigen Zeit hat diese Feindseligkeit ihren Höhepunkt erreicht. Nicht wenige hochrangige Vertreter der kirchlichen Hierarchie haben sich nicht nur den unablässigen Forderungen der modernen Welt gefügt, sondern sie betreiben bei der Umsetzung ihrer Prinzipien in jedem Bereich und auf allen Ebenen des kirchlichen Lebens aktive Kollaboration – sei es aus innerer Überzeugung oder Opportunismus.

Oft wird die Frage gestellt, wie es möglich war, dass die Lehre, das Sittengesetz und die Liturgie der Kirche in einem solchen Maße verfremdet wurden. Wie kann es sein, dass kaum noch ein Unterschied zwischen dem in der kirchlichen Öffentlichkeit tonangebenden Geist und der Mentalität der modernen Welt erkennbar ist? Denn die moderne Welt ist ja unleugbar von den Prinzipien der Französischen Revolution durchdrungen: Vom Geist der absoluten Unabhängigkeit des Menschen gegenüber jeglicher Offenbarung und jedem Gebot Gottes, von der absoluten Gleichheit, die nicht nur jedwede soziale oder religiöse Hierarchien ablehnt, sondern sogar die Unterschiede zwischen den Geschlechtern, und von der Ideologie einer Verbrüderung aller Menschen, die derart unkritisch ist, dass sie sogar jede Differenz auf religiösem Gebiet beseitigen will.

Es wäre unredlich und unverantwortlich, lediglich die Tatsache der gegenwärtigen inneren Krise der Kirche zu benennen und sich auf eine Behandlung der Symptome beschränken zu wollen. Wir haben vielmehr die Wurzel der Krise zu analysieren, die in entscheidendem Maße als eine Infiltrierung der Kirche durch die ungläubige Welt, und zwar insbesondere durch die Freimaurer, identifiziert werden kann – eine Infiltration, die, nach menschlichen Maßstäben, nur mittels eines langen, methodischen Prozesses bewerkstelligt werden konnte.

Papst Leo XIII. sagte anlässlich der Öffnung der Vatikanischen Geheimarchive, dass die Kirche durch historische Untersuchungen und Enthüllungen – sollten sie auch kompromittierend und beunruhigend sein – nichts zu fürchten hat. Das vorliegende Buch legt wichtige historische Wurzeln der globalen Krise der Kirche offen und beleuchtet viele rätselhafte Ereignisse der Vergangenheit, die sonst unverständlich bleiben würden.

Aufgrund fehlenden Quellenmaterials und des Umstands, dass die relevanten vatikanischen Archive der Forschung immer noch verschlossen sind, müssen mancherlei Aufstellungen dieses Buches (wie etwa die Begleitumstände des Todes Papst Johannes Pauls I.) Hypothesen bleiben. Anderes jedoch lässt das, was angeführt wird, einen ganz bestimmten »roten Faden« innerhalb der letzten eineinhalb Jahrhunderte der Kirchengeschichte erkennen.

Die Kirche Christi hatte immer Verfolgungen zu erdulden; sie wird auch in Zukunft immer wieder verfolgt und von ihren Feinden unterwandert werden. Es geht immer nur um das jeweilige Ausmaß dieser Unterwanderung, das davon abhängt, wie wachsam diejenigen sind, die von der Kirche zu Wächtern – so die wörtliche Bedeutung des griechischen Terminus *episcopos* – erwählt wurden. Der höchste Wächter der Kirche ist der Römische Pontifex, der oberste Hirte sowohl der Bischöfe als auch der Gläubigen. Die erste Infiltrierung der Kirche geschah durch den abtrünnigen Apostel Judas Iskariot. Und seither gibt es in der Kirche Eindringlinge – Priester, Bischöfe und, in sehr seltenen Fällen, sogar auch Päpste – die der Herr »Wölfe im Schafspelz« genannt hat.

Es ist ehrenhaft und verdienstvoll, einen Alarmruf zu tätigen, wenn Räuber und andere Eindringlinge heimtückisch in ein Haus eindringen und die Speisen seiner Bewohner vergiften. Oft haben in den letzten 50 Jahren mutige Bischöfe, Priester und Laien einen solchen warnenden Ruf vernehmen lassen. Diejenigen, die verantwortungsvolle Ämter bekleiden, haben diese Alarmrufe nicht hinreichend beachtet. Und so waren die Eindringlinge – Wölfe im Schafspelz – ungehindert in der Lage, das Haus Gottes, die Kirche, unbehelligt zu beschädigen. Da das Chaos und die Verwüstung in der Kirche nun vor aller Augen sichtbar sind, ist es an der Zeit, die historischen Wurzeln und die Verantwortlichen für diese Schäden zu entlarven. Dies mag vielen in der Kirche dabei helfen, aus ihrer Lethargie zu erwachen und aufzuhören, so zu tun, als sei alles in bester Ordnung. Taylor Marshalls Buch leistet einen wichtigen Beitrag dazu, das Bewusstsein für diese Situation zu wecken und in Zukunft die entsprechenden Präventiv- und Gegenmaßnahmen zu treffen.

Der heilige Augustinus schilderte schonungslos realistisch – und dennoch tröstlich – die Wahrheit, dass die Kirche immer verfolgt werden wird, wie folgt:

Oft haben sie mich bedrängt von meiner Jugend an (Ps 128,1). Von altersher besteht die Kirche. Seitdem Heilige auf Erden genannt werden, gibt es die Kirche auf Erden. Einmal bestand die Kirche nur aus Abel, und er wurde von dem ruchlosen und verworfenen Bruder Kain erschlagen; einmal aus Henoch, und er wurde von den Ungerechten hinweggenommen. Einmal bestand die Kirche nur im Hause des Noah, und sie ertrug alle, welche durch die Flut zugrundegingen, und schwamm allein als Arche auf den Wogen und rettete sich aufs Festland. Einmal bestand die Kirche nur in Abraham, und wir wissen, wie viel er seitens der Widersacher ertrug. Die Kirche war allein in Lot, dem

Sohn seines Bruders, und in dessen Hause in Sodom und er erduldete die Verbrechen und Verirrungen der Sodomiter, bis Gott ihn aus ihrer Mitte befreite. Dann begann auch im Volke Israel die Kirche zu sein, und sie überstand im Leiden die Pharaonen und die Ägypter. Wir kommen bis zu unserem Herrn Jesus Christus. Das Evangelium wurde verkündet. [...] Darum wundere sich keiner in der Kirche, der ein gutes Glied der Kirche sein will, er höre, wie seine Mutter, die Kirche, selbst ihm sagt: Wundere dich nicht darüber, mein Sohn; *denn oft haben sie mich bedrängt von meiner Jugend an, doch sie haben mich nicht überwältigt.*

(Erklärung der Psalmen, zu Psalm 128,1)[1]

Selbst die hinterhältigste Verschwörung zur Zerstörung der Kirche wird nicht gelingen. Jeder Verschwörung wird unsere heilige Mutter, die Kirche, entgegnen – mit den Stimmen ihrer unschuldigen Kinder, ihrer reinen jungen Männer und Jungfrauen, ihrer Familienväter und Familienmütter, ihrer tapferen und streitbaren Laienapostel und Glaubensverteidiger, ihrer keuschen und eifrigen Priester und Bischöfe, ihrer Ordensfrauen und insbesondere ihrer Klausurschwestern, die geistigen Juwelen der Kirche, und antworten: »Sie werden mich nicht überwältigen!« *Christus vincit! Christus regnat! Christus imperat!*

+ Athanasius Schneider
Weihbischof der Erzdiözese der
Allerseligsten Jungfrau Maria zu Astana
11. April 2019

1. Der Rauch Gottes und der Rauch Satans

Warum dankte Papst Benedikt XVI. am 28.Februar 2013 ab? Und warum schlug in derselben Nacht ein Blitz in die Kuppel des Petersdoms ein? Ist der Skandal in der Vatikanbank ein Grund dafür gewesen? War es ein Sittlichkeitsskandal, der bis in die höchsten Kreise der Kurie hinaufreichte? War es eine Krise der Lehre? All diese Fragen und Zweifel fügen sich zu einem Bild zusammen, wenn wir von einer konkreten Tatsache ausgehen: Der Satan ist im letzten Jahrhundert oder sogar noch früher auf ganz einzigartige Weise in die katholische Kirche eingedrungen. Über ein Jahrhundert lang haben die Strategen der Freimaurerei, des Liberalismus und des Modernismus die katholische Kirche infiltriert, um ihre Lehre, ihre Liturgie und ihren transzendenten Auftrag in einen säkularen zu wandeln.

Die Katholiken werden sich zunehmend einer atmosphärischen Veränderung in der Kirche bewusst. Manche verweisen auf das kontroverse Pontifikat Papst Franziskus'. Andere weisen auf die Verwirrung um die überraschende Abdankung Papst Benedikts XVI. im Jahr 2013 hin. Manche sind davon überzeugt, dass Johannes Paul II. nicht derjenige war, als den man ihn einschätzte. Die meisten stimmen jedoch darin überein, dass das Zweite Vatikanische Konzil, der Novus Ordo Missae und das Pontifikat Pauls VI. zu einer ungeheuren Verwirrung in der katholischen Kirche geführt haben. Aber fiel der erste Dominostein wirklich erst 1962 mit der Eröffnung des Zweiten Vatikanischen Konzils? Ich behaupte, dass sich die Wurzel des Problems auf eine Agenda hin zurückverfolgen lässt, die mehr als hundert Jahre vor dem Zweiten Vatikanum angestoßen wurde. Es handelt sich um eine Agenda, die das Ziel verfolgt, die übernatürliche Religion des gekreuzigten und wiederauferstandenen Jesus Christus durch eine rein naturalistische Religion des Humanismus und Globalismus zu ersetzen. Es handelt sich hier um einen Nachklang zur Urentscheidung Adams und Evas, die im Streben nach Selbstvergöttlichung ihre Hände nach den Früchten der Natur ausstreckten, statt sich in tiefer Demut der Frucht der Übernatur, der Gnade, würdig zu erweisen. Auch der gefallene Engel Luzifer empörte sich gegen Gott. In seinem Hochmut trachtete er danach, sich bis zum Thron Gottes zu erheben; jedoch nicht durch Teilnahme am übernatürlichen Leben Gottes, sondern indem er sich auf seine eigene Natur stützte und nach den Sternen griff – was seinen Sturz in den Abgrund der Hölle zur Folge hatte. Und so besteht der Katholizismus im Vertrauen auf Gott, der über der erschaffenen Natur steht, während das Vertrauen auf die Natur unter Ausschluss der Hilfe Gottes schon Satanismus ist.

Die katholische Kirche befindet sich in einer Krise, weil sich die Feinde Christi dazu verschworen haben, durch wohldurchdachte Kunstgriffe einen Parteigänger des Satans auf den Stuhl Petri in Rom zu setzen. Die Feinde Christi von Nero bis Napoleon sahen schlussendlich ein, dass der Angriff oder die Ermordung eines Papstes nur Sympathien für ihn und Märtyrer schafft. Diese Strategie war immer zum Scheitern verurteilt. So haben sie sich stattdessen im Stillen bemüht, einem der Ihren die Tiara zu verschaffen. Jahrzehnte, ja ein Jahrhundert würde es brauchen, um Seminare, Priester,

Bischöfe und Kardinäle nach ihrem Willen hervorzubringen, schließlich sogar den Papst oder die Päpste selbst – aber das Warten würde sich lohnen. Man musste nur langsam und geduldig vorgehen, um eine satanische Revolution mit dem Papst als deren Marionette ins Werk zu setzen.[2] Wenn Sie aber nicht an die Existenz des Teufels glauben, dann legen Sie dieses Buch beiseite. Wenn Sie zudem glauben, die katholische Kirche könne einfach durch neugefasste Regeln, Reformen und kanonische Prozesse geläutert werden, wird sich Ihnen kaum etwas Zielführendes in der historischen Diagnose und den Heilmitteln, die dieses Buch dafür vorschlägt, darbieten. Der hl. Apostel Paulus sagte dazu:»Denn wir haben nicht den Kampf wider Fleisch und Blut zu führen, sondern wider die Mächte und Gewalten, wider die Weltbeherrscher dieser Finsternis, wider die Geister der Bosheit unter dem Himmel« (Eph 6,12). Die Krise der katholischen Kirche hängt mit dem Eindringen jener»Weltbeherrscher dieser Finsternis« zusammen und sie kann nur durch einen übernatürlichen Kampf gegen das Dämonische überwunden werden.

In der Predigt zum Fest der hll. Apostel Petrus und Paulus (29. Juni 1972) und zum 9. Jahrestag seiner Krönung klagte Papst Paul VI.:»Wir haben das Gefühl, dass durch irgendeinen geheimnisvollen Spalt – nein, er ist nicht geheimnisvoll – dass durch irgendeinen Spalt der Rauch Satans in die Kirche Gottes eingedrungen ist. Wir sehen Zweifel, Unsicherheit, Probleme, Unruhe, Unzufriedenheit, Auseinandersetzungen.« Dieses Zeugnis Pauls VI. belegt, dass in die katholische Kirche nicht nur ihre Verweltlichung, sondern durch einen Spalt der Rauch Satans selbst eingedrungen war.

In der Heiligen Schrift findet sich das Wort »Rauch« etwa fünfzig Mal. Fast immer bezieht sich der Begriff auf die liturgische Anbetung des Gottes Israels durch den Weihrauch und den Rauch von Opfertieren als »Wohlgerüche« (Sir 38,11). In einem Fall wird »Rauch« sogar für die Vertreibung eines Dämons benutzt: »[Tobias] nahm aus seiner Reisetasche ein Stück Leber und legte es auf glühende Kohlen. Alsdann ergriff der Engel Raphael den bösen Geist und verbannte ihn in die Wüste von Oberägypten« (Tob 8,2f). Bei der Beschreibung seines mystischen Eintritts in den himmlischen Tempel erwähnt Isaia, dass der Tempel »von Rauch erfüllt ward« (Is 6,4). Schließlich beschreibt die Geheime Offenbarung ausführlich die Rauchwolken im Inneren des Allerheiligsten: »Und es stieg auf der Rauch des Räucherwerkes von den Gebeten der Heiligen aus der Hand des Engels vor Gott« (Offb 8,4). Die Bibel assoziiert Rauch also durchgängig mit der Anbetung und Gegenwart Gottes. Warum spricht Papst Paul VI. aber dann vom Rauch Satans?

Obgleich Rauch fast immer ein Zeichen von Heiligkeit, Opfer und Anbetung ist, finden wir in der Offenbarung des Johannes einige Ausnahmen. Wir beobachten oft, dass Satan Gott nachahmt, genauso wie die ägyptischen Zauberer die Wunder Moses imitierten. So stellt uns zum Beispiel die Offenbarung eine pervertierte satanische Dreifaltigkeit des Teufels, eines Antichrist-Königs und eines falschen Propheten vor. Anstelle einer heiligen und jungfräulichen, mit Christus vermählten Kirche setzt Satan die Hure Babylon ein, die den Antichrist reitet. Ebenso sehen wir den Weihrauch im 8. Kapitel der Offenbarung, worauf unmittelbar der dämonische Rauch Satans im 9. Kapitel folgt:

Da sah ich einen Stern, der vom Himmel auf die Erde gefallen war, und es ward ihm der Schlüssel zum Schlunde
des Abgrundes gegeben. Und er öffnete den Schlund des
Abgrundes; da stieg Rauch auf aus dem Schlunde wie der
Rauch eines großen Ofens, und die Sonne und die Luft
wurden verfinstert von dem Rauche des Schlundes. Und
aus dem Rauche des Schlundes kamen Heuschrecken hervor auf die Erde, und es ward ihnen Macht gegeben, wie sie
die Skorpionen der Erde haben.

(Offb 9,1–3)

Das ist der »Rauch Satans«, auf den sich Papst Paul VI. 1972
bezog. Satan ist der »Stern, der vom Himmel auf die Erde gefallen war«. Genauso wie Simon einen neuen Namen (Petrus) und
die »Schlüssel des Himmelreiches« (Mt 16,19) erhielt, so erhielt
auch der Teufel einen neuen Namen (Satan) und die »Schlüssel zum Schlunde des Abgrundes«. Der Satan ist folglich der
Papst der Verdammten.[3] Dass Satan der *Papa* (»Papst«) oder
Vater derer ist, lässt sich aus der Warnung Christi an die Phari-
säer schließen: »Ihr habt den Teufel zum Vater.«[4]
    Das katholische Papstamt geht zurück auf Simon Petrus.
Nachdem Christus die Apostel fragt: »Für wen haltet ihr
mich?«, antwortet Simon: »Du bist der Christus, der Sohn
des lebendigen Gottes« (Mt 16,15f). Christus verheißt Simon
dann das davidische Amt des Stellvertreters oder (Staats-)
Oberhauptes, indem er ihm einen neuen Namen gibt:

Jesus aber antwortete, und sprach zu ihm: Selig bist du
Simon, Sohn des Jonas! Denn Fleisch und Blut hat es dir

nicht geoffenbart, sondern mein Vater, der im Himmel ist. Und ich sage dir: Du bist Petrus, und auf diesen Felsen werde ich meine Kirche bauen, und die Pforten der Hölle werden sie nicht überwältigen. Und dir werde ich die Schlüssel des Himmelreiches geben. Was du immer binden wirst auf Erden, das wird auch im Himmel gebunden sein; und was du immer lösen wirst auf Erden, wird auch im Himmel gelöst sein.

(Mt 16,17–19)

Die Nachfolger Petri sind damit die *Papae* oder »Päpste«, die dem hl. Petrus als Bischof der Stadt Rom nachgefolgt sind. Um zur Gänze zu verstehen, wie der »Rauch Satans« vor 1972 unter Papst Paul VI. in die katholische Kirche eingedrungen ist, müssen wir mit der Heimsuchung der katholischen Kirche durch den institutionalisierten Naturalismus beginnen, was uns ins Jahr des Herrn 1859 zurückführt.

2. *Alta Vendita:*
Satans Revolution in Tiara und Mantel

Der Papst, wer immer es auch sei, wird nie zu den Geheimgesellschaften kommen. Es ist Sache der Geheimgesellschaften, den ersten Schritt auf die Kirche hin zu tun, mit der Absicht, beide in Fesseln zu schlagen. Die Arbeit, an die wir uns machen wollen, ist nicht das Werk eines Tages, noch eines Monats, noch eines Jahres. Sie kann mehrere Jahre dauern, vielleicht ein Jahrhundert; aber in unseren Reihen fällt der Soldat und der Kampf geht weiter.

– Die ständige Anweisung der *Alta Vendita*

Der Franzose Jacques Crétineau-Joly besaß einen feurigen Glauben und trat ins Seminar ein, musste jedoch schließlich feststellen, dass er keine Berufung zum Priestertum hatte. Er wurde Philosophieprofessor und versuchte sich in der Dichtkunst, fand jedoch sein Talent letztendlich in der Forschung und Schriftstellerei. 1846 veröffentliche Crétineau-Joly mit der *Geschichte der Jesuiten vom religiösen, politischen und literarischen Standpunkte*[5] eine erschöpfende sechsbändige Geschichte des Jesuitenordens. 1859 erschien, mit Genehmigung und Unterstützung durch Papst Pius IX., sein wichtigstes Werk: *Die römisch-katholische Kirche im Angesicht der Revolution.* Dieses Buch war ein explosives Werk, in dem behauptet wurde, dass die antikatholischen Geheimgesellschaften die Kirche nicht länger von außen angriffen, sondern bereits von innen infiltrierten. Dieses Komplott wurde detailreich in einem geheimen Dokument beschrieben, das von der *Alta Vendita* der Carbonari, der höchsten Loge Italiens stammte. Die italienischen Carbonari, zu Deutsch »Köhler«, waren eine Geheimgesellschaft, die mit den Geheimbünden Frankreichs, Spaniens, Portugals und Russlands im Bunde stand. Diese Freimaurerlogen einte vor allem ihr Hass auf den Katholizismus und die Monarchie. Die Feindseligkeit der italienischen Carbonari war besonders groß, da der oberste italienische Monarch zugleich auch der katholische Papst war. Immerhin hatte Papst Pius IX. im Jahr 1846 die Enzyklika *Qui pluribus* verfasst, die sich direkt gegen den wachsenden Einfluss der Carbonari wandte.

Irgendwann vor 1859 ist die katholische Kirche in den Besitz eines Geheimdokuments unter dem Titel *Die ständige Anweisung der Alta Vendita* gelangt, in der die eventuelle Infiltration ins Papstamt detailliert beschrieben wurde. Die italienischen Carbonari trafen sich heimlich in Logen, die sie als *vendite* oder »Geschäfte« bezeichneten. Die Hauptloge oder *vendita* wurde als das »vornehme Geschäft« oder die *alta vendita* bezeichnet. Das Dokument war also ein Leitfaden für das »vornehme Geschäft« der Carbonari – die Allegorie auf die »ehrenwerte Gesellschaft« der Mafia liegt nahe! Crétineau-Joly brachte die Thesen der *Alta Vendita* ans Tageslicht, die wiederum vom irischen Priester Msgr. George Francis Dillon aufgegriffen wurden und durch dessen Schriften größere Bekanntheit erlangten.

Die protestantische Reformation von 1517 hatte die europäische Christenheit als solche ausgelöscht. Während der Protestantismus sich zunehmend zersplitterte und schwächer wurde, entstanden naturalistische Bestrebungen in

Richtung einer neuen Weltordnung unter der Losung »*liberté, égalité, fraternité*«. Ihren Anfang sollte die Errichtung dieser neuen Weltordnung 1717 mit der Schaffung einer neuen, organisierten »Religion« durch die Geheimgesellschaften Europas haben.

Seit 1717 war die Freimaurerei der Hauptfeind der katholischen Kirche. Die ältesten freimaurerischen Bruderschaften scheinen aus den mittelalterlichen Maurergilden hervorgegangen zu sein. Während der Reformation nahmen diese Freimaurerlogen jedoch die Form subversiver Geheimgesellschaften mit okkulten Riten und einer gnostischen Philosophie an. Die okkulte Freimaurerei leitet sich wahrscheinlich von den Rosenkreuzerriten her, die in den protestantischen Gegenden Deutschlands Verbreitung fanden.[6] Die Gründungsschrift des rosenkreuzerischen Mystizismus ist die vom gnostischen Alchemisten Michael Maier (1568–1622) verfasste *Fama Fraternitatis Rosae Crucis* (1614). Als Autor dieser Schrift wird ein gewisser »Vater-Bruder C.R.C.« oder »Christian Rosa Crux« angeführt, der 1378 zur Welt kam und angeblich das Alter von 106 Jahren erreichte. Als Name des vorgeblichen Gründers wird gewöhnlich »Christian Rosenkreuz« genannt, der den Orient bereist und dort Geheimwissen aus dem Zoroastrismus, Sufismus, der Kabbala und von gnostischen Meistern aufgetan hatte. Die meisten Traditionslinien bezeichnen Christian Rosenkreuz als einen albigensischen Häretiker. Der Kern des Rosenkreuzertums besteht in mystischen Gleichnissen und Moralriten oder Liturgien, die den Eingeweihten in okkulte Lehren einführen, deren zentrales Mysterium die Alchemie bzw. die Überzeugung, aus minderwertigen Stoffen könne Gold gewonnen werden, ist. Das ist nichts anderes als die Häresie des Naturalismus: Die Natur wird manipuliert, um etwas »Übernatürliches« hervorzubringen, genauso wie der Satan danach trachtete, über seine eigene Natur hinauszuwachsen, um Gott zu werden. Nachdem die Reformation des Jahres 1517 in Europa ein Vakuum hinterlassen hatte, organisierte die Freimaurerei eine neue, universale »Kirche«, in der die Menschheit in Naturalismus, Rationalismus und allgemeiner Brüderlichkeit vereint werden sollte. Die Strategie des Rosenkreuzertums und der Freimaurerei besteht darin, Geheimgesellschaften zu bilden, um die gegebene (vormals katholische) Ordnung zu untergraben und sie durch eine aufgeklärten Ordnung zu ersetzen, in der alle Religionen nur Annäherungen an die Wahrheit darstellen: Alle Religionen werden zu Allegorien und stehen auf dem gleichen Fundament. Die katholische Kirche ist der *Vetus Ordo Saeculorum* — die alte Weltordnung. Die Freimaurerei hingegen ist der *Novus Ordo Saeculorum* — die neue Weltordnung.

Die Freimaurerei ist damit der organisierte Versuch, das zu erreichen, was Luzifer zu erreichen suchte und auch Adam und Eva versucht hatten. Sie ist die Verlockung zur Alchemie – zur »Verwandlung von Blei in Gold«. Luzifer, Adam und Eva trachteten danach, ihre guten Naturen in göttliche Naturen zu verwandeln. Entsprechend leugnen die Freimaurer die einzigartige Menschwerdung Jesu Christi, das Konzept der Sünde und dass Christi Tod und Auferstehung zur Erlösung der Menschheit notwendig waren. So gebe es keine Gnade, keine Sakramente und keine Kirche – die bloße menschliche Natur sei hinreichend für das menschliche Glück. Es handelt sich dabei um den theologischen Irrtum, demzufolge die Natur durch die Gnade weder geheilt noch vervollkommnet wird. Die menschliche Natur sei vielmehr in sich bereits göttlich. Die Schöpfung sei göttlich und deshalb müsse der Mensch nach okkulter Erleuchtung streben, um die neue naturalistische Weltordnung als göttliche erkennen zu können.

Es überrascht nicht, dass die Freimaurerei immer dort Erfolg hatte, wo bereits der Protestantismus Wurzeln geschlagen hatte. Schottland (Presbyterianismus), England (Anglikanismus) und Deutschland (Luthertum) sind die traditionellen Zentren des europäischen Freimaurertums. Ebenso wurde das protestantische Amerika durch die Freimaurerei infiziert, vor allem die protestantischen Südstaaten.

In Anlehnung an das Rosenkreuzertum huldigt die Freimaurerei dem »Großen Weltenbaumeister«, der Gott und zugleich das natürliche Universum sei. Ehemalige Freimaurer haben enthüllt, dass der in der Freimaurerei verehrte »Große Weltenbaumeister« in Wirklichkeit mit dem Teufel identisch ist.

Die organisierte Freimaurerei entstand im Jahre 1717, zweihundert Jahre nach der Reformation. Sie ging aus dem Antikatholizismus, Deismus und Rationalismus der damaligen Zeit hervor. Jene Epoche huldigte der Vernunft statt dem Glauben, und so wucherten die Freimaurerlogen wie Unkraut. Die institutionalisierte Religion wurde zugunsten der Ansicht zurückgewiesen, dass alle Religionen gleichermaßen nach dem unbekannten »großen Baumeister des Universums« suchten. Aus diesem Grund entrichtete der Freimaurer Benjamin Franklin allen Religionen und Konfessionen seiner Zeit den Zehnten. Das ist auch der Grund, weshalb die Freimaurer die heiligen Schriften aller Religionen ehrfürchtig auf ihrem Altar verwahren: die Bibel, den Koran, die Veden, das Zend-Avesta, der Zohar, die Kabbala, die Bhagavad Gita und die Upanischaden. Für die Freimaurer sind sie alle gleichermaßen wahr wie falsch. Ihrer Sicht zufolge sind sie lediglich Versuche, Gott durch kindische Kritzeleien abzubilden. Da man alle organisierten Religionen in gleicher Weise gelten lässt, kann das Göttliche nur durch die Vernunft, nicht durch Glaube, Taufe, Predigt, Eucharistie, Liturgie oder Priestertum vermittelt werden – und vor allem nicht durch das Papsttum. Die Menschheit brauche keinen Glauben, sie bedarf eines höheren Maßes Vernunft. Dies sind Folgen der Behauptung Martin Luthers, maßgeblich zähle in der Religion die »Schrift allein«. Ausgehend von diesem Prinzip wurde jeder Einzelne zum privaten und letztinstanzlichen Richter über die Glaubenslehre. So trat die subjektive Privatvernunft heimlich durch die Hintertür ein, die Luther ja nur versehentlich offenstehen ließ.

Die katholische Kirche exkommunizierte jeden Katholiken, der den Freimaurern beigetreten war, weil die Freimaurerei ein Mischmasch der Religionen ist. Obgleich sie ein Geheimbund sind, machen die Freimaurer keinen Hehl daraus, eine neue Weltordnung anzustreben, in der alle Religionen anerkannt und als gleichermaßen wahr angesehen werden. In ihrem Bestreben nach Gleichheit verfolgen sie zudem eine egalitäre Verteilung des menschlichen Eigentums.

***

Nachdem wir den historischen und philosophischen Hintergrund der Freimaurerei dargelegt haben, können wir nun zur *Alta Vendita* und der neuen Strategie der Carbonari im 19. Jahrhundert zurückkehren. Verfasst unter dem Pseudonym Piccolo Tigre oder »Kleiner Tiger«, schildert die *Ständige Anweisung der Alta Vendita* offen und detailliert, wie das Papsttum für die freimaurerische Philosophie und Überzeugung gewonnen werden könne. Ihr zentraler Grundsatz kann nicht oft genug wiederholt werden:

Der Papst, wer immer es auch sei, wird nie zu den Geheimgesellschaften kommen. Es ist Sache der Geheimgesellschaften, den ersten Schritt auf die Kirche hin zu tun, mit der Absicht, beide in Fesseln zu schlagen. Die Arbeit, an die wir uns machen wollen, ist nicht das Werk eines Tages, noch eines Monats, noch eines Jahres. Sie kann mehrere Jahre dauern, vielleicht ein Jahrhundert; aber in unseren Reihen fällt der Soldat und der Kampf geht weiter.[7]

An dieser Stelle räumt die *Alta Vendita* ein, zur Verwirklichung ihres Plans könne durchaus ein ganzes Jahrhundert nötig sein. Darauf fährt der Kleine Tiger in der Erklärung fort, wie man in das Papstamt eindringen könne:

Um also einen Papst nach unserem Herzen zu machen, müssen wir diesem Papst eine Generation heranbilden, die der Herrschaft, die wir erträumen, würdig ist. Lasst das Alter und die reifen Jahre beiseite, haltet euch an die Jugend und, wenn es möglich ist, sogar an das Kindesalter.

Der Kleine Tiger legt dar, wie die Jugend mit der Zeit durch die Korrumpierung der Familien, Bücher, Gedichte, Kollegien, Gymnasien, Universitäten und Seminare verführt werden soll; danach käme der katholische Klerus an die Reihe:

Der Ruf eines guten Katholiken und guten Patrioten wird unseren Lehren die Herzen des jungen Klerus und sogar der Klöster öffnen. In ein paar Jahren wird dieser junge Klerus durch die Macht der Umstände alle Ämter bekleiden. Er wird regieren, verwalten, richten, er wird den Rat des Souveräns [des Papstes] bilden und berufen sein, den künftigen Papst zu wählen.

Wenn einmal der neue, korrumpierte Klerus Zutritt zum Kardinalamt erhält und auf diese ein Papst »nach unserem Herzen« gewählt wird, bleiben dennoch viele Hindernisse:

Und dieser Papst wird, wie der größte Teil seiner Zeitgenossen, notwendigerweise mehr oder weniger von den italienischen und humanitären Prinzipien durchdrungen sein, die wir jetzt in Umlauf zu setzen beginnen. Es ist ein kleines Senfkörnlein, das wir der Erde anvertrauen, aber die Sonne der Gerechtigkeit wird es zur größten Pracht entwickeln und ihr werdet eines Tages sehen, welche reiche Ernte dieses kleine Körnlein hervorbringen wird. Auf dem Weg, den wir unseren Brüdern vorzeichnen, sind große Hindernisse zu bewältigen und Schwierigkeiten von mehr als einer Art zu überwinden. Erfahrung und Scharfsinn werden darüber triumphieren.

Dann jubelt der Kleine Tiger in Anbetracht der Aussicht auf einen freimaurerischen, naturalistischen Papst auf dem Stuhle Petri:

Aber das Ziel ist so schön, dass es alle Segel zu setzen gilt, um es zu erreichen. Ihr wollt Italien revolutionieren? Sucht nach dem Papst, dessen Porträt wir soeben gezeichnet haben. Ihr wollt die Herrschaft der Auserwählten auf dem Thron der babylonischen Hure errichten? Macht, dass der Klerus unter eurer Fahne marschiert und dabei immer noch glaubt, er marschiere unter dem Banner der Apostolischen Schlüssel. Ihr wollt die letzte Spur der Tyrannen und Unterdrücker austilgen? Spannt eure Netze aus wie Simon Bar Jona, spannt sie aus auf dem Boden der Sakristeien, der Seminare und der Klöster statt auf dem Meeresgrund, und wenn ihr nichts überstürzt, versprechen wir euch einen wunderbareren Fischfang als jenen des hl. Petrus. Der Fischer wurde Menschenfischer und ihr werdet sogar Freunde um den Apostolischen Stuhl fischen. Ihr werdet eine Revolution in Tiara und Mantel in eurem Netz haben, an deren Spitze das Kreuz und die Kirchenfahne getragen wird, eine Revolution, die nur einer kleinen Hilfe bedarf, um die Welt an ihren vier Ecken in Brand zu stecken.

Der Plan des Kleinen Tigers sagt nichts über Pamphlete, Waffen, Blutvergießen oder gar politische Wahlen. Stattdessen sei eine schrittweise Infiltration nötig, zunächst die der Jugend, dann die des Klerus und schließlich, im Laufe der Zeit, der Geistlichkeit, die den Kardinalspurpur erlangt und schlussendlich den Papstthron besteigt. Papst Gregor XVI. gelangte als Erster in den Besitz der *Alta-Vendita*-Schrift, was deren Abfassung in den Jahren seines Pontifikats, also im Zeitraum von 1831 bis 1846, wahrscheinlich macht. 1832 gab er die Enzyklika *Mirari vos* über den Liberalismus und religiösen

Indifferentismus heraus. Der Text richtete sich gegen die zügellosen Aufrührer »welche die Zeichen des Kampfes wieder bis in unsere Nähe zu tragen wagten«. Gregor XVI. wendet sich gegen jene Art Französischer Revolution, die, wie es scheint, innerhalb der katholischen Kirche betrieben werden soll. In der Enzyklika nennt und verurteilt er sieben Zeitirrtümer, die sich der Katholiken zu bemächtigen drohen:

1. »Die überaus schändliche Verschwörung gegen die *priesterliche Ehelosigkeit*.« (Nr. 11)

2. »Verkehrte Ansichten bezüglich der *Heiligkeit und Unauflöslichkeit der ehrwürdigen Einrichtung der christlichen Ehe*.« (Nr. 12)

3. »Der *Indifferentismus*. Jene verkehrte Ansicht, die durch die Hinterlist der Bösen überallhin verbreitet wurde, man könne durch jedes beliebige Glaubensbekenntnis das ewige Heil erlangen, wenn das sittliche Leben sich nur an der Norm von Korrektheit und Anständigkeit orientiere.« (Nr. 13)

4. »Die törichte und irrige Meinung, oder noch besser jener Wahnsinn, es sollte für jeden die ›*Freiheit des Gewissens*‹ verkündet und erkämpft werden.« (Nr. 14)

5. »Die zu verurteilende und zu verabscheuende Freiheit der Presse, alle möglichen Schriften unter das Volk zu werfen, [...] denn wir lesen von den Aposteln, dass sie selbst einen großen Haufen von Büchern öffentlich verbrannten.« (Nr. 15–16)

6. »Lehren, welche *die den Fürsten geschuldete Treue und Gehorsamspflicht* ins Wanken bringen und überall die Fackel des Aufruhrs anzünden.« (Nr 17)

7. »Die Pläne jener, die *Kirche und Staat trennen* und das gegenseitige Einvernehmen zwischen weltlicher und geistlicher Obrigkeit zerstören möchten.« (Nr. 20)[8]

Heutige Katholiken mögen schockiert sein, dass Päpste in unseren Tagen für diese Verurteilungen von 1832 geradezu Gegenteiliges Partei ergreifen.[9] Zeitgenössische päpstliche und konziliare Dokumente und das Kirchenrecht selbst schaffen inzwischen Raum für die Priesterehe, für Scheidung und Wiederverheiratung, die Gewissensfreiheit gegenüber dem objektiven Sittengesetz, für Pressefreiheit, politischen Aufstand und die vollständige Trennung von Kirche und Staat.[10] In der Zeitspanne zwischen dem Pontifikat Gregors XVI. und unserer Zeit hat das Komplott der *Ständigen Anweisung der Alta Vendita* wahrhaftig tiefe Wurzeln geschlagen.

Gregors Nachfolger, Papst Pius IX., ermutigte Jacques Crétineau-Joly 1859 zur Veröffentlichung des vollständigen Textes der *Alta Vendita*. Pius IX. hatte zweifellos die Verschwörung im Hinterkopf, die »Herzen des jungen Klerus und sogar der Klöster« für jene Lehren zu öffnen, als er 1864 seinen *Syllabus Errorum* erließ, der die achtzig Irrtümer der Freimaurerei und Carbonari, aufgeteilt in zehn Abschnitte, explizit verurteilte:

1. Gegen den Pantheismus, Naturalismus und totalen Rationalismus (Sätze 1–7).
2. Gegen den gemäßigten Rationalismus (Sätze 8–14).
3. Gegen den Indifferentismus und Latitudinarismus (Sätze 15–18).
4. Gegen den Sozialismus, Kommunismus, die Geheim-

gesellschaften, Bibelgesellschaften und klerikal-liberale Gesellschaften (allgemeine Verurteilung ohne nummerierte Sätze).

5. Verteidigung der weltlichen Gewalt im Kirchenstaat, der sechs Jahre vorher gestürzt wurde, die Kirche und ihre Rechte (Sätze 19–38).

6. Irrtümer über die weltliche Gesellschaft sowohl in sich als in ihren Beziehungen zur Kirche (Sätze 39–55).

7. Irrtümer über die natürliche und christliche Sittenlehre (Sätze 56–64).

8. Irrtümer über die christliche Ehe (Sätze 65–74).

9. Irrtümer über die weltliche Herrschaft des Römischen Papstes (Sätze 75–76).

10. Irrtümer, die den heutigen Liberalismus betreffen (Sätze 77–80).

Die Freimaurer kämpften für eine pantheistische Vergöttlichung der Menschen – genauso, wie der Teufel um eine pantheistische Vergöttlichung der Engel kämpfte. Der präternaturale Kampf fand erneut auf Erden statt. Innerhalb nur einiger weniger Jahre erreichten die Freimaurer das Ende der politischen Freiheit des Papsttums und Leo XIII. sah in einer Vision, wie Dämonen sich über der Ewigen Stadt versammelten.

3. Die Botschaft von La Salette

Der Nachfolger des hl. Petrus war nicht der Einzige, dem die Infiltrierung der katholischen Kirche Sorge bereitete. Im Jahr 1846 erschien die allerseligste Jungfrau Maria zwei Kindern im französischen La Salette. Fünf Jahre später bestätige Papst Pius IX. diese Marienerscheinung sowie deren zwei »Geheimnisse«. Die beiden Kinder waren der elfjährige Maximin Giraud und die vierzehnjährige Mélanie Calvat aus dem 800-Seelen-Dorf La Salette im Südosten Frankreichs. Bei der Rückkehr von einem Berg, wo sie die Kühe von Mélanies Nachbarn gehütet hatten, sahen die beiden auf dem Montsous-les-Baisses eine hübsche Dame, die bitterlich weinte.

Dort saß die allerseligste Jungfrau Maria, in ganz schlichter Weise, mit den Ellbogen auf ihre Knie gestützt, barg das Gesicht in ihre Hände und weinte. Sie trug eine hohe Haube aus Rosen, ein langes silbernes Gewand, eine goldene Schürze, weiße Schuhe und ein goldenes Kruzifix an einer Kette um ihren Hals. Zu ihren Füßen lagen ebenfalls Rosen. Während sie weinte, sprach sie zu den Kindern in deren okzitanischem Dialekt. Die Botschaft von La Salette betraf die Ehrfurcht vor dem heiligen Namen Gottes und die Einhaltung der Sonntagsruhe. Sie warnte die Kinder vor der großen Hungersnot, die in den Jahren 1846 und 1847 Irland und Frankreich heimsuchen sollte. Dann offenbarte sie jedem der beiden Kinder ein Geheimnis, stieg den Hügel hinauf und verschwand.

Der Ortsbischof, Philibert de Bruillard von Grenoble, befragte die Kinder und befand ihren Bericht als glaubwürdig. Kardinal Bonald, der Erzbischof von Lyon, blieb jedoch skeptisch. Der Kardinal bestand darauf, dass die Kinder ihr jeweiliges Geheimnis zu offenbaren hätten. Mélanie stimmte unter der Bedingung zu, dass der Inhalt der Botschaft auf direktem Wege dem Papst übermittelt würde. Dieser Bedingung entsprechend sandte der Bischof von Grenoble zwei Bevollmächtigte nach Rom, die die beiden von der Gottesmutter geoffenbarten Geheimnisse mitführten und am 18. Juli 1851 Papst Pius IX. überreichten.

Maximin Giraud wurde Seminarist, jedoch nie zum Priester geweiht. Er verstarb am 1. März 1875 vor Vollendung seines vierzigsten Lebensjahres. Mélanie Calvat wurde mit zwanzig Jahren Ordensschwester, wobei sie den Namen »Schwester Maria vom Kreuz« annahm; sie trat bei den Schwestern von der Göttlichen Vorsehung ein und wechselte später zu den Schwestern der Nächstenliebe.

Mélanies Worte gewannen anlässlich des Kompromisses zwischen Napoleon III., einem Neffen Napoleon Bonapartes, und den französischen Bischöfen Brisanz. Mélanie sagte nämlich, die allerseligste Jungfrau habe vor einem Komplott der Freimaurer mit dem Ziel einer Vernichtung der katholischen Kirche in Frankreich gewarnt. Im Bestreben, die Seherin aus der französischen Tagespolitik herauszuhalten, erlaubte die Hierarchie 1855 ihren Eintritt in ein englisches Karmelitinnenkloster.

Während ihres fünfjährigen Aufenthaltes in England sprach sie von Prophezeiungen und künftigen Ereignissen. Der englische Ortsbischof verbot ihr, öffentlich über die Prophezeiungen zu sprechen, woraufhin sie nach Frankreich zurückkehrte, um sich einem Konvent in Marseille anzuschließen. Dort wurde ihre Identität bekannt und sie zog durch mehrere Konvente, bis sie 1867 nach Neapel übersiedelte. In Neapel brachte sie ihr Geheimnis und eine Regel sowohl für eine männliche Ordensgemeinschaft unter dem Namen des Ordens der Apostel der Letzten Tage als auch für eine weitere, weibliche Gemeinschaft unter dem Titel des Ordens der Mutter Gottes zu Papier. Mélanie hatte mit Papst Leo XIII. eine Unterredung unter vier Augen, um über diese Orden zu sprechen. Das Gespräch verlief indes ergebnislos. Als sie in Neapel verstarb, war die Bevölkerung erstaunt, dass die Seherin von La Salette unerkannt unter ihnen gelebt hatte.

Worin besteht aber das Geheimnis der Marienerscheinung von La Salette, das Mélanie anvertraut wurde? Sie schrieb es erstmals 1851 nieder und es wurde versiegelt an Papst Pius IX. gesandt, woraufhin man es im Heiligen Offizium zu Rom archivierte. Mélanie schrieb es 1873 ein zweites Mal nieder und veröffentlichte diese zweite Version 1879 in einem Büchlein, dem der italienische Bischof Salvatore Luigi Zola (Bischof von Lecce) sein Imprimatur gegeben hatte. Der Titel dieses Büchleins lautete *L'apparition de la très sainte Vierge sur la montagne de la Salette.*[11]

Mélanies ursprüngliche Fassung von 1851 war archiviert worden, ist gegen Ende des 19. Jahrhunderts verschollen und fiel schließlich der Vergessenheit anheim. 1999 wurde sie jedoch in den Archiven des Heiligen Offiziums wiederentdeckt und veröffentlicht.[12] Erst seit 1999 war es möglich, die beiden Versionen miteinander zu vergleichen. Die 1851 archivierte und die 1879 veröffentlichte Version sind thematisch identisch (Verfolgung des Papstes, Glaubensabfall, die Zerstörung von Paris und Marseille, der von einer Ordensfrau geborene Antichrist usw.), aber die Version von 1879 ist deutlich länger, präziser und enthält Details, die sich in der ersten Version nicht finden. Das Heilige Offizium zensierte die Fassung von 1879 fast unmittelbar nach ihrer Veröffentlichung, da sie eine künftige Apostasie Roms vorhersagte. 1923 wurde die Schrift auf den *Index der verbotenen Bücher* gesetzt. Heute wird zumeist angenommen, dass die Version von 1851 die ursprüngliche, unveränderte und richtige Fassung ist, die 1879 veröffentlichte Version hingegen eine Verfälschung und dramatisierende Ausschmückung durch die erwachsene Mélanie darstellt. Aber warum sollte Mélanie ein Geheimnis, das sie von der Gottesmutter erhalten hatte, entstellen und verfälschend erweitern?

Diejenigen, die die Version von 1879 mit ihrem Bericht über Rom als Sitz des Antichristen ablehnen, behaupten, Mélanie habe entweder den Verstand verloren oder Groll gegen die katholische Kirche gehegt, weshalb sie eine verfremdend-ausgeschmückte Variante ihres Geheimnisses erstellt habe. Und doch lesen wir, dass sie mit den Sakramenten der Kirche versehen und im Bekenntnis des katholischen Glaubens gestorben ist. Diejenigen, die sie kannten, bezeugen ihre Frömmigkeit und Ehrlichkeit. Sogar Papst Pius X. bewunderte sie und legte sogar nach ihrem Tod ihre Seligsprechung nahe.

Mélanie war also weder geistesgestört und sie legte auch kein falsches Zeugnis über die Worte der Gottesmutter ab. Daraus kann man schließen, dass die beiden Textfassungen gleichermaßen wahr sind und sich nicht wechselseitig ihres Wertes berauben, genauso wenig wie kleine Unterschiede der Darstellungsform des Matthäusevangeliums die Authentizität und Wahrheit des Markusevangeliums zunichte machen.

Die Version des Jahres 1851 sagt, dass der Antichrist von einer Nonne geboren werden wird. Die 1879er Version sagt, dass der Antichrist von einer jüdischen Nonne geboren werden wird. Derartige Unterschiede diskreditieren jedoch keineswegs die detailliertere Fassung des Jahres 1879. Zudem wissen wir, dass die erste Version des Jahres 1851 zweimal niedergeschrieben und die erste Fassung abgelehnt und vernichtet wurde. 1851 kam es zu einer gewissen Einflussnahme bei der Niederschrift. Wir wissen außerdem, dass die junge Mélanie in der Gegenwart eines Kardinals und eines Bischofs sowie von Inquisitoren und Theologen eingeschüchtert gewesen war. Die Fassung von 1851 ist daher möglicherweise gar keine vollständige Wiedergabe, sondern lediglich die Quintessenz des Geheimnisses der Gottesmutter, die den Anforderungen des Kardinals genügte, der Mélanie zur Niederschrift aufforderte. Ferner enthält die 1879er Version eine Parenthese, in der Mélanie anmerkt:»Für mich war dies wie eine Wallfahrt zur Allerseligsten Jungfrau, ich musste lächeln beim Gedanken, bald dieses glückliche Geschöpf zu sehen und zu hören, das einst die Heilige Gottesmutter selbst sehen durfte und zu dem sie gesprochen hatte.«[13] Es wird oft übersehen, dass Mélanie eine wahrhaftige Vision hatte und die Gottesmutter nicht nur sprechen hörte. Ich bin der Meinung, dass die Fassung von 1879 sowohl die Botschaft als auch die Vision berücksichtigt, während die von 1851 eine gekürzte Variante der Botschaft enthält.

Ich glaube, dass beide Versionen echt sind und gebe hier die interessantesten Passagen der Version von 1879 wieder. Zuerst verurteilt die allerseligste Jungfrau die schlechten Priester in der Kirche:

Die Priester, Diener meines Sohnes, die Priester sind durch ihr schlechtes Leben, ihre Ehrfurchtslosigkeiten, ihre Pietätlosigkeit bei der Feier der heiligen Geheimnisse, durch ihre Liebe zum Gelde, zu Ehren und Vergnügungen der Kloaken der Unreinigkeit geworden. Ja, die Priester fordern die Rache heraus, und die Rache schwebt über ihren Häuptern. Wehe den Priestern und den gottgeweihten Personen, die durch ihre Treulosigkeiten und ihr schlechtes Leben meinen Sohn von neuem kreuzigen! Die Sünden der gottgeweihten Personen schreien zum Himmel und rufen nach Rache, und siehe, die Rache ist vor ihren Türen, denn es gibt niemand mehr, der die Barmherzigkeit und die Verzeihung für das Volk erfleht; es gibt keine großherzigen Seelen mehr; es gibt niemanden mehr, der würdig wäre, das makellose Opferlamm dem Ewigen zugunsten der Welt aufzuopfern.[14]

Dann lobt Unsere Liebe Frau von La Salette Papst Pius IX. und verurteilt Napoleon III.:

Der Statthalter meines Sohnes, Papst Pius IX., soll nach dem Jahre 1859 nicht mehr aus Rom gehen; aber er sei fest und hochherzig und kämpfe mit den Waffen des Glaubens und der Liebe; ich werde mit ihm sein. Er misstraue Napoleon, sein Herz ist doppelt, und wenn er zugleich wird Papst und Kaiser sein wollen, wird Gott sich bald von ihm zurückziehen: er ist der Adler, der immer aufwärts strebend in das Schwert stürzen wird, dessen er sich bedienen wollte, um die Völker zu nöthigen, ihn empor steigen zu lassen.[15]

Die Gottesmutter nennt 1864 als das Jahr, in dem Satan und seine Dämonen aus der Hölle losgelassen werden. In jenem Jahr wurde auch der *Syllabus Errorum* veröffentlicht, in dem Papst Pius IX. Liberalismus, Rationalismus und Sozialismus verurteilte.

Im Jahre 1864 wird Lucifer mit einer grossen Zahl von Dämonen losgelassen werden; sie werden nach und nach den Glauben wegschaffen, und selbst in gottgeweihten Personen; sie werden sie auf eine Weise verblenden, dass, wenn nicht durch eine besondere Gnade bewahrt, diese Personen den Geist jener bösen Engel annehmen werden.[16] [...] Die weltlichen Regierungen werden alle eine gleiche Absicht haben, nämlich jedes religiöse Prinzip abzuschaffen und zu beseitigen, um Platz zu machen dem Materialismus, dem Atheismus, dem Spiritualismus und allen Arten von Lastern.[17]

Dann wendet sich die selige Jungfrau dem Ende der Welt zu und beschreibt die Ankunft des Antichristen auf der Erde:

In dieser Zeit wird der Antichrist geboren werden von einer Klosterfrau hebräischer Herkunft, einer falschen Jungfrau, die Verkehr mit der alten Schlange haben wird, mit dem Meister der Unreinheit; sein Vater wird ein Bischof sein. Bei seiner Geburt speit er Gotteslästerungen aus und hat Zähne; mit einem Wort, er wird der eingefleischte Teufel sein; er wird schauderhaftes Geschrei ausstossen, er wird falsche Wunder wirken, er wird sich mit Unreinigkeiten nähren. Er wird Brüder haben, welche zwar nicht wie er, eingefleischte Teufel, aber Kinder des Bösen sind; mit zwölf Jahren werden sie sich durch mächtige Siege bemerklich machen, die sie erringen werden; bald werden sie an der Spitze von Armeen sein, unterstützt von den Legionen der Hölle. Die Jahreszeiten werden verändert, die Erde wird nur schlechte Früchte hervorbringen, die Gestirne werden ihre regelmässigen Bewegungen verlieren, der Mond wird nur ein rötliches Licht geben; das Wasser und das Feuer werden dem Erdball zuckende Bewegungen und schreckliche Erdbeben verursachen, die Berge, Städte verschlingen werden u.s.w. Rom wird den Glauben verlieren und der Sitz des Antichrist werden.[18]

Mélanies Büchlein stieß in Rom auf großen Widerstand, vermutlich weil es schlechte Priester so vehement verurteilte und erklärte, Rom werde »den Glauben verlieren und der Sitz des Antichrist werden«. 1880 ließ das Heilige Offizium das Buch aus dem Verkehr ziehen, es wurde jedoch in Frankreich und Italien bis weit ins 19. Jahrhundert hinein immer wieder neu aufgelegt.[19] Und doch scheint Pius X. es für richtig befunden zu haben, da er, nachdem er die Biographie Mélanies gelesen hatte, gegenüber dem Bischof von Altamura ausrief:»La nostra Santa!«, und vorschlug, ihren Seligsprechungsprozess zu eröffnen. Trotz der Kontroverse um ihre Veröffentlichung aus dem Jahr 1879 bestätigte Mélanie Calvat die Behauptung Kardinal Mannings, der erklärte:

Der Glaubensabfall der Stadt Rom von dem Statthalter Christi und ihre Zerstörung durch den Antichrist sind für manche Katholiken vielleicht so neue Gedanken, dass ich es für angemessen halte, den Text von Theologen, die im größten Ansehen stehen, anzuführen. Malvenda, welcher ausdrücklich über den Gegenstand schreibt, führt als die Meinung des Ribera, des Kaspar Melus, Viegas, Suarez, Bellarmin und des Blosius an, daß Rom vom Glauben abfallen, den Statthalter Christi vertreiben und wieder zum alten Heidentum zurückkehren werde.[20]

Der Krieg gegen den Statthalter Christi und die Apostasie Roms hatte gerade erst begonnen. Und laut Mélanie begann er 1864 mit satanischem Ingrimm.

4. Der Angriff auf den Kirchenstaat im Jahr 1870

Sind diese Verderbnisse erst einmal beseitigt, dann merzt jene Geheimbünde von Aufrührern aus, die Gott und den Fürsten ganz entgegengestellt sind und sich vollständig der Herbeiführung des Untergangs der Kirche, der Zerstörung der Königreiche und des Chaos auf dem ganzen Erdkreis geweiht haben. Losgelöst von den Zügeln der wahren Religion, ebnen sie Schandtaten den Weg.

— Papst Pius VIII., *Traditi humilitati nostrae*

Napoleon Bonaparte verspottete einmal einen katholischen Kardinal, indem er ihm drohte:»Ist Ihnen klar, Eminenz, dass ich Ihre Kirche jederzeit zerstören kann?« Worauf der Kardinal geistreich entgegnete:»Ist Ihnen klar, Eure Majestät, dass nicht einmal wir Priester das in achtzehn Jahrhunderten fertiggebracht haben?«

Seit der Zeit Nero Caesars bis hin zu Napoleon Bonaparte trachteten die Feinde Christi danach, seine katholische Kirche durch einen äußeren Angriff der Verfolgung zu zerstören. In allen Jahrhunderten machte das die Kirche jedoch nur noch stärker, was Tertullians Zeugnis bestätigt:»Das Blut der Märtyrer ist der Samen der Kirche.«[21]

Nero tötete Petrus und Paulus, und die Kirche Roms wuchs. Diokletian führte die größte Christenverfolgung durch, und innerhalb weniger Jahrzehnte wurde das Römische Reich mehrheitlich christlich und brachte sogar den ersten getauften Kaiser hervor. Die Feinde der katholischen Kirche scheinen 800 Jahre gebraucht zu haben, um zu bemerken, dass die katholische Kirche nicht durch äußere Angriffe zerstört werden kann. Sie muss von innen her unterwandert und kompromittiert werden.[22] Die Verfolgung durch das Schwert führte lediglich dazu, dass in der ganzen Welt zu Ehren der Märtyrer Kathedralen und Basiliken errichtet wurden.

Dann jedoch, so wie Christus durch einen Kuss des Judas verraten wurde, sollte auch die katholische Kirche bald durch einen Kuss verraten werden. Im 19. und 20 Jahrhundert sollte die Kirche durch Judaspriester in ihren eigenen Reihen angriffen werden.

***

Die moralische und wirtschaftliche Korruption des zeitgenössischen Katholizismus beginnt nicht mit dem Zweiten Vatikanischen Konzil, wie manche Katholiken naiverweise meinen, sondern vielmehr bereits mit dem Fall des Kirchenstaates 1870 unter Papst Pius IX.

Bevor wir untersuchen können, wie die inneren Angriffe auf die Kirche lanciert wurden, müssen wir uns zunächst des Ursprungs und der schützenden Rolle des Kirchenstaats für das Papstamt bewusst werden. Seit der Zeit 330 n. Chr., als Konstantin seine Hauptstadt nach Konstantinopel verlegt hatte, war der Papst in Rom de facto politisch unabhängig. Fünfhundert Jahre später ratifizierten die Franken die politische Autonomie des Papstes formell.

Im Jahr 751 krönte Papst Zacharias Pippin den Kurzen zum »König der Franken«, um den Merowingerkönig Childerich III. zu ersetzen. Papst Zacharias' Nachfolger, Papst

Stephan II., erweiterte die Privilegien, indem er König Pippin zum »Patrizier der Römer« ernannte. König Pippin dankte es ihm, indem er 754 die Langobarden bezwang und deren territoriale Besitztümer an Papst Stephan II. und dessen Nachfolger überschrieb. Dieser neue »Kirchenstaat«, lateinisch *Status Ecclesiasticus*, war der Staat, in dem der Papst sowohl geistlicher Hirte als auch weltlicher Herrscher war.

781 bestätigte Pippins Sohn, Karl der Große, das Dukat von Rom, das Exarchat Ravenna, die Pentapolis, Tuszien, Venetien, Istrien, die Herzogtümer Spoleto und Benevent sowie eine Reihe weiterer italienischer Städte als kirchliche Territorien. Wohlwollen und Dankbarkeit beruhten auf Gegenseitigkeit, denn am Weihnachtstage des Jahres 800 krönte Papst Leo III. Karl den Großen zum Kaiser des Heiligen Römischen Reichs. Die fränkisch-römische Übereinkunft brachte zwei wichtige Reiche hervor. Es gab nunmehr einen offiziellen Kirchenstaat, der den Papst vor politischen Übergriffen durch eine geographische Isolation Roms schützte, sowie das Heilige Römische Reich, das dem Kirchenstaat als verbündete Schutzmacht diente.

Von 754 bis 1870 war der Römische Papst sowohl geistlicher Pontifex als auch weltlicher Herrscher des Kirchenstaats. Bekannt ist das Beispiel Papst Bonifatius' VIII., der bei Prozessionen zwei Schwerter mitführte, um so seine geistliche Autorität über der Kirche und seine weltliche Autorität über den Kirchenstaat zum Ausdruck zu bringen. Am 18. November 1302 erließ Papst Bonifatius VIII. die Bulle *Unam sanctam*, in welcher er die zweifache Autorität des Papstes mit den »zwei Schwertern« des hl. Petrus beim Letzten Abendmahl begründete:

Ich sage dir, Petrus! Es wird heute der Hahn nicht krähen, bis du dreimal geleugnet hast, mich zu kennen. [...] Da sprach er zu ihnen: Nun aber, wer einen Beutel hat, nehme ihn, desgleichen auch eine Tasche; und wer es nicht hat, verkaufe seinen Rock, und kaufe ein Schwert. Denn ich sage euch: Noch muss an mir erfüllet werden, was geschrieben steht: Er ist unter die Übeltäter gerechnet worden. Denn was von mir geschrieben steht, hat ein Ende. Sie aber sprachen: Herr! siehe, hier sind zwei Schwerter. Er aber sprach zu ihnen: Es ist genug!

(Lk 22,34.36–38)

Soviel zur Zwei-Schwerter-Theorie oder Zweischwerterlehre, die bis 1798, als französische Truppen den Kirchenstaat auflösten, unangetastet blieb. Im Folgejahr starb Papst Pius VI. im Exil. Sein Nachfolger, Pius VII., wurde in Venedig zum Papst gewählt und in aller Eile mit einer Tiara aus Pappmaché gekrönt.

Napoleon gestattete Pius VII. die Rückkehr nach Rom und stellte 1800 den Kirchenstaat wieder her – passend zum tausendsten Jahrestag der Krönung Karls des Großen durch den Papst. Napoleon nahm den Kirchenstaat 1809 allerdings wieder in Besitz. Erst 1814 wurde er vom Wiener Kongress dem Papst zurückerstattet.

Von 1814 bis 1870 befand sich der Kirchenstaat in gefährdeter Lage. Im Jahr 1859 ordnete Papst Pius IX. an, dass in der ganzen katholischen Kirche am Ende jeder Stillen Messe drei Ave Maria, das Salve Regina, ein Versikel und Responsorium und eine Kollekte für den Schutz der Kirche gebetet werden sollten.

Im Februar 1849 wurde die Römische Republik ausgerufen und Papst Pius IX. floh aus Rom. 1860 ließ Napoleon III. zu, dass große Teile des Kirchenstaates in die Hände des Königreichs Sardinien fielen, hielt jedoch seine schützende Hand über Rom. Zu Beginn des Deutsch-Französischen Krieges zog Napoleon III. seine Truppen ab und ließ Rom schutzlos zurück. Den von König Viktor Emanuel II. angebotenen Schutz lehnte Papst Pius IX. ab. Das neugebildete Königreich Italien erklärte dem Kirchenstaat am 10. September 1870 den Krieg. Das päpstliche Rom fiel am 20. September 1870 nach nur wenigen Stunden der Belagerung. Das Königreich Italien bot dem Papst sodann die freie Nutzung des Vatikans und ein jährliches Budget von 3,25 Millionen Lira an. Italien verweigerte dem Papst die Souveränität, gewährte ihm jedoch das Recht, Botschafter auszusenden und zu empfangen. Papst Pius IX. lehnte dieses Angebot entschieden ab. Ebenso lehnte er die Anerkennung des neuen Königreiches ab und exkommunizierte König Viktor Emanuel II. und das gesamte italienische Parlament zur Strafe für ihre sakrilegische Usurpation. Dies war das endgültige Ende des Kirchenstaates – und das Ende einer 1.116-jährigen weltlichen Herrschaft der Päpste (754 bis 1870). Papst Pius IX. erklärte sich zum Gefangenen im Vatikan. Er betrachtete den Angriff nicht nur als einen politischen, sondern vor allem als einen dämonischen.

5. Die Vision Papst Leos XIII.

Bereits 1859 ordnete Pius IX. die Verrichtung bestimmter Gebete nach Stillen Messen an. Priester und Laien hatten kniend drei Ave Maria, das Salve Regina und ein Gebet für die Kirche zu sprechen.[23] Der Grund für diese Ergänzung zur Heiligen Messe ist Gegenstand einer Verschwörungstheorie, und doch handelt es sich hier um eine seitens des Papstes bestätigte »Verschwörung« des »Sozialismus und Kommunismus«, die Pius IX. in seiner Enzyklika *Nostis et nobiscum* beim Namen nannte:

Sollten aber die Gläubigen die väterlichen Ermahnungen ihrer Hirten und die oben genannten Gebote des göttlichen Gesetzes missachten, sich von den oben erwähnten neuerlich auftretenden Unruhestiftern täuschen lassen und sich in Übereinstimmung mit ihnen den *falschen Systemen des Sozialismus und Kommunismus* zuwenden, so sollen sie wissen und ernsthaft bedenken, dass sie sich vor dem höchsten Richter eine Fülle von Strafen für den Tag des Zornes ansammeln und dass in der Zwischenzeit durch diese *Verschwörung* nicht das zeitliche Wohl des Volkes vermehrt wird, sondern nur neue Nöte und Bedrängnisse entstehen. Es ist nämlich den Menschen nicht gegeben, neue Gesellschaften und Gemeinschaften zu schaffen, die den natürlichen Bedingungen des menschlichen Daseins zuwiderlaufen; daher können auch alle diese *Verschwörungen*, wenn sie sich über ganz Italien ausbreiten sollten, keinen anderen Ausgang finden als jenen, dass die gegenwärtige göttliche Ordnung durch die Kämpfe der Bürger gegeneinander, durch widerrechtliches Besitzergreifen und Morden erschüttert und von Grund auf umgestürzt wird und einige wenige, die sich durch Beraubung der vielen bereichert haben, im allgemeinen Zusammenbruch die Herrschaft an sich reißen.[24]

Die Auswirkungen dieser Verschwörungen, von denen Pius IX. gesprochen hatte, wurden, wie wir gesehen haben, 1870 sichtbar. Aber seinem direkten Nachfolger, Leo XIII., erschien in einer Vision eine zutiefst dämonische Infiltration, die sich nun auf Rom selbst konzentrierte. Leo XIII. machte die »Geheimgesellschaften«, die der Teufelsanbetung und dem Aufruhr Vorschub leisten, als Ursache dieser satanischen Unterwanderung aus. In seiner Enzyklika *Quod multum* aus dem Jahre 1886 bezieht er sich auf diese Wühlarbeit:

Es genügt, auf die unheilvolle Wurzel so vieler Übel hinzuweisen, nämlich auf die Prinzipien des Rationalismus und des Naturalismus, die überall frei verbreitet werden. Ihnen schließen sich vielfältige verderbenbringende Verführungen an: die oftmals feindliche Haltung, wenn nicht gar offene Feindschaft der öffentlichen Gewalt gegenüber der Kirche, die hartnäckige Dreistigkeit der *Geheimorganisationen*, die weit verbreitete Tendenz, die Jugend nicht mehr in der Gottesfurcht zu erziehen.[25]

Papst Leo XIII. beklagte zudem, dass diese »Verschwörung« nicht mehr nur aus der Ferne wahrzunehmen sei: »Auf dem Wege der Verschwörungen, Korruption und Gewalt ist es ihr schließlich gelungen, Italien, ja sogar Rom selbst zu beherrschen,«[26] so der Papst in einer Enzyklika gegen die Freimaurerei.

Angesichts dieser neuen dämonischen Heimsuchung schrieb Leo XIII. im Jahr 1886 nach Stillen Messen ein neu verfasstes Gebet zum heiligen Michael vor, in dem der Erzengel um Hilfe im Kampf gegen den Teufel angerufen wird. Das gleiche Gebet ist Gläubigen noch heute vertraut:[27]

Heiliger Erzengel Michael, verteidige uns im Kampfe gegen die Bosheit und Nachstellungen des Teufels sei unser Schutz.»Gott gebiete ihm!«, so bitten wir flehentlich. Du aber, Fürst der himmlischen Heerscharen, stoße den Satan und die anderen bösen Geister, die in der Welt umhergehen, um die Seelen zu verderben, durch die Kraft Gottes in die Hölle. Amen.[28]

Die Gebete nach der Stillen Messe, die von seinem Vorgängerpapst zusammengestellt wurden, waren im Wesentlichen marianisch. Warum fühlte sich Leo XIII. also gezwungen, dieses apokalyptische Gebet zum heiligen Michael gegen »Satan und die anderen bösen Geister, die in der Welt umhergehen, um die Seelen zu verderben« hinzuzufügen? 1931 erklärte Carl Vogl (1874–1941) den Ursprung dieses Gebetes:

Was den Papst Leo XIII. zur Abfassung veranlaßte, war ein merkwürdiger Vorfall in seinem Leben. Nach der Feier der Hl. Messe begab er sich einst zu einer Besprechung mit den Kardinälen. Plötzlich sank er vor ihnen wie ein Ohnmächtiger zusammen. Schnell holte man mehrere

Ärzte. Diese fanden kaum einen Pulsschlag mehr, das Leben schien den gebrechlichen Leib des alten Mannes unwiederbringlich zu verlassen. Doch plötzlich erwachte der Papst wieder, war frisch wie zuvor und sprach: »Welch ein schauderhaftes Bild ist mir da gezeigt worden!« Er hatte die kommenden Zeiten geschaut, die Verführungskünste und das Wüten der Teufel gegen die Kirche in allen Ländern. In der höchsten Not erschien der hl. Erzengel Michael und schleuderte den Teufel mit seinem Anhang wieder in den Abgrund der Hölle zurück. Das war die Veranlassung, daß Papst Leo XIII. jenes Meßgebet für die ganze heilige Kirche anordnete. [29]

Kritiker weisen jedoch darauf hin, dass Carl Vogls Bericht von 1931 fünfundvierzig Jahre nach Leos Abfassung des Gebets an den heiligen Michael und dessen Hinzufügung zur Stillen Messe im Jahr 1886 erschienen ist. Die Tatsache, dass Papst Leo XIII. ein spezifisches Gebet an den Erzengel richtet, um uns gegen »die Bosheit und Nachstellungen des Teufels« zu schützen, bedürfe nicht notwendigerweise einer mystischen Schauung, die dem Heiligen Vater zuteilgeworden wäre.

Nichtsdestoweniger bezeugt Kardinal Giovanni Battista Nasalli Rocca di Corneliano (1872–1952), er habe mehrfach genau denselben Bericht von Monsignore Rinaldo Angeli (1851–1914), dem Privatsekretär Papst Leos XIII., gehört:

Der Satzteil »die bösen Geister, die durch die Welt streifen, um die Seelen zu verderben« hat einen historischen Hintergrund, wie es auch von seinem treuergebenen Privatsekretär Monsignore Rinaldo Angeli, der dem Papst während des Großteils seines Pontifikats sehr nahe stand, oft wiederholt worden ist. Leo XIII. sah wirklich in einer Vision Dämonen, die sich über der Ewigen Stadt versammelten. Das ist – wie er dem Prälaten und sicherlich auch anderen vertraulich mitgeteilt hat – der Ursprung des Gebetes, von dem er wünschte, dass es in der ganzen Kirche verrichtet werden soll. Der Papst selbst sprach dieses Gebet jeweils mit starker kräftiger Stimme (wir hörten es oft in der Vatikanbasilika), die auf unvergessliche Weise in der vollkommenen Stille unter den Gewölben des bedeutendsten Tempels der Christenheit widerhallte.

Doch nicht nur das, er schrieb auch einen besonderen Exorzismus, der im *Rituale Romanum* unter der Überschrift *Exorcismus in Satanam et angelos apostaticos* zu finden ist. Der Papst empfahl den Bischöfen und Priestern, diesen Exorzismus oft in ihren Diözesen bzw. in ihren Pfarreien zu beten, sofern die Priester die entsprechenden Fakultäten von ihren Ordinarien erhalten hatten. Um jedoch mit gutem Beispiel voranzugehen, betete er es selbst mehrfach am Tag. Tatsächlich erzählte uns ein weiterer Prälat, der mit dem Papst bekannt war, dass er selbst auf seinen Spaziergängen durch die Vatikangärten ein kleines Buch – vom vielen Gebrauch abgenutzt – mitzunehmen pflegte und seinen Exorzismus mit großer Frömmigkeit und tiefer Andacht gebetet habe. Das kleine Büchlein ist immer noch erhalten und wird von einer Adelsfamilie in Rom aufbewahrt, die uns wohlbekannt ist.[30]

Der Bericht des Privatsekretärs Leos XIII. ergänzt als »historischen Hintergrund«, dass der Papst in einer Vision jene Teufel gesehen habe, die sich über der Ewigen Stadt versammelten. Der Privatsekretär des Papstes merkt an, dass der Papst nicht nur die Gebete an den heiligen Erzengel Michael nach der Stillen Messe anordnete, sondern 1890 auch ein längeres Exorzismusgebet zum Gebrauch für die Bischofe und Priester auf dem ganzen Erdkreis verfasste. Dies ist das Zeugnis des Papstsekretärs, d. h. des Mannes, der dem Herzen, den Gedanken und Worten Papst Leos XIII. in solchen Dingen am nächsten stand.

Die angebliche Unterhaltung
zwischen Gott und dem Satan

Die dämonische Erscheinung, die Papst Leo XIII. erlebte hatte, wurde kurz nach dieser Zeit um apokryphe Zutaten erweitert. 1947 erzählte Don Domenico Pechenino, Papst Leo XIII. habe an einer weiteren Messe teilgenommen, nachdem er selbst das heilige Messopfer gefeiert hatte. Laut dieser Version habe der Papst auf etwas über dem Kopf des Zelebranten gestarrt und sei daraufhin von der Kapelle zu seinem Arbeitszimmer geeilt, wo er augenblicklich das Gebet zum heiligen Michael verfasst habe. Don Pechenino fügt der Geschichte dann ein provokatives Detail hinzu, wenn er berichtet, Papst Leo XIII. habe während der Messe den Satan selbst gesehen:

Folgendes ist geschehen. Gott zeigte dem Stellvertreter seines Sohnes auf Erden den Satan, genauso wie er es bei

Job getan hatte. Satan prahlte damit, er habe die Kirche bereits in hohem Maße verwüstet. Es waren tatsächlich turbulente Zeiten für Italien, für viele Nationen Europas und viele Gegenden auf der ganzen Welt. Die Freimaurer übten die Herrschaft aus und die Regierungen wurden zu ihrem willfährigen Werkzeug. Der Satan forderte Gott in seinem Stolz heraus:

»Gäbest du mir etwas mehr Freiheit, so würdest du sehen, was ich mit deiner Kirche täte!«

»Was würdest du tun?«

»Ich würde sie zerstören.«

»Oh, das wäre ein bemerkenswertes Schauspiel. Wie lange würdest du dafür brauchen?«

»Fünfzig oder sechzig Jahre.«

»Ich gebe dir mehr Freiheit und die Zeit, die du brauchst. Dann werden wir sehen, was geschieht.«[31]

Diese Erzählung von 1947 ist der erste bekanntgewordene Bericht darüber, dass sich Gott und der Teufel über den zeitlichen Ablauf der Zerstörung der Kirche unterhielten und Gott dem Widersacher eine bestimmte Frist zugestanden habe, um seinen Plan zu vollbringen. Ist dieser Bericht aber glaubwürdig? Don Pecheninos Version erzählt, die leoninische Vision habe »kurz nach 1890« stattgefunden. Das kann jedoch nicht ganz stimmen, da die Gebete zum heiligen Michael nach der Stillmesse im Jahr 1886 ergänzt und der längere Exorzismus im Jahr 1890 veröffentlicht wurde. Daher wissen wir sicher, dass die Details bei Pechenino nicht ganz zuverlässig sind.

Ein weiteres Problem des Berichtes über das »Gespräch mit dem Teufel« besteht darin, dass er von den Visionen der seligen Anna Katharina Emmerich (1774–1824) abgeleitet zu sein scheint, die in ihrem Bericht über die Höllenfahrt Christi ausführt:

Es geschah all dies nach bestimmten Gesetzen, ich hörte, dass Luzifer, wo ich nicht irre, fünfzig oder sechzig Jahre vor dem Jahre 2000 nach Christus wieder auf eine Zeitlang solle freigelassen werden. Viele andere Zahlenbestimmungen weiß ich nicht mehr. Einige andere sollten früher zur Strafe und Versuchung freigelassen werden. In unsere Zeit, meine ich, traf die Loslassung Einiger, und Anderer kurz nach unserer Zeit.[32]

Emmerich, die rund hundert Jahre vor Pechenino lebte, spricht ausdrücklich von der Freilassung des Teufels für »fünfzig oder sechzig Jahre.« Sollte Pechenino diese Angabe Emmerichs nicht gekannt haben, dann liegt uns hier eine providenzielle Übereinstimmung voneinander unabhängiger Quellen vor, nämlich, dass der Satan ab der zweiten Hälfte des 20. Jahrhunderts freigelassen werden wird. Der Bericht Pechinos ist außerdem z. T. historisch als auch theologisch problematisch. Dessen ungeachtet werden wir nachweisbare Beispiele für die Infiltration der katholischen Kirche sehen, die in den 1940er und 1950er Jahren begann – übereinstimmend mit der Vision Anna Katharina Emmerichs, der Teufel werde in den letzten »fünfzig oder sechzig Jahren vor dem Jahre 2000 nach Christus« aus der Hölle kehren. Bevor wir uns der Betrachtung zuwenden, wie das Unkraut den Acker unseres Herrn überwuchert, müssen wir aber zunächst verstehen, wie die häretische Saat des Modernismus

um die Zeit der Jahrhundertwende überhaupt in die Kirche
gestreut wurde.

6. Die Infiltration der Kirche durch Geheimgesellschaften und Modernismus

Alle sollten eine Vertrautheit oder Freundschaft mit jedweder Person vermeiden, die im Verdacht steht, der Freimaurerei oder ihr nahestehenden Gruppen anzugehören. Erkennt sie an ihren Früchten und meidet sie. Nicht nur sollte jede Vertrautheit mit jenen gottlosen Freigeistern vermieden werden, die offen für die Wesensart dieser Sekte werben, sondern auch mit denjenigen, die sich verstecken hinter der Maske allgemeiner Toleranz, dem Respekt für alle Religionen und dem Verlangen, die Maximen des Evangeliums mit denen der Revolution zu versöhnen. Diese Männer streben danach, Christus mit Belial, die Kirche Gottes und den Staat ohne Gott zu versöhnen.

– Papst Leo XIII., *Custodi di quella fede*

Drei Jahre nachdem Papst Leo XIII. die Vision von sich über Rom versammelnden Dämonen hatte, wurde in Rom eine Statue Giordano Brunos auf dem Campo de' Fiori errichtet. Giordano Bruno war ein Dominikanermönch, der in öffentlichen Predigten die katholische Lehre über die allerheiligste Dreifaltigkeit, die Gottheit Christi, die Jungfräulichkeit Mariens, die Transsubstantiation und die Ewigkeit der Höllenstrafe leugnete. Zudem lehrte er, wie es scheint, den Pantheismus, die Reinkarnation und die Gleichheit aller Religionen. Bruno wurde von der Heiligen Inquisition verurteilt und im Jahr 1600 hingerichtet. Es waren die Freimaurer, die diese

Statue Brunos als Symbol ihrer falschen Philosophie und ihres Ziels, Einfluss auf das päpstliche Rom zu gewinnen, in der Ewigen Stadt errichteten.

Papst Leo XIII. erhob in der Enzyklika *Dall'alto dell'Apostolico* (1880) seine Stimme gegen die »Errichtung der Statue zu Ehren des wohlbekannten Apostaten von Nola«. Der Papst bezeichnete die Errichtung des Denkmals als »von Freimaurern bewerkstelligt« und einen »Affront gegen das Papsttum«. Es war das theologische Symbol der freimaurerischen *Alta Vendita*: der katholische Priester selbst sollte derjenige sein, der die freimaurerische Saat ausstreut. Als Galionsfigur dieser Unterwanderung diente Bruno. Die Verfasser der *Alta Vendita* wollten letzten Endes einen Papst vom Schlage eines Giordano Bruno: einen solchen, der pantheistisch, naturalistisch und relativistisch sein sollte. Die *Alta Vendita* hoffte auf einen Papst, der entschlossen die Pluralität und Vielfalt der Religion als Ausdruck des höchsten Ratschlusses Gottes lehrt, der alle Menschen erschaffen hat. Es sollte jedoch länger als ein Jahrhundert dauern, bis dieses Ziel erreicht werden konnte.

Im Jahr 1903 starb Papst Leo XIII., nachdem er 88 Enzykliken, darunter zwölf über den Rosenkranz und vier wider die Freimaurerei[33] verfasst hatte. Nach seinen Exequien versammelten sich 62 der 64 lebenden Kardinäle in Rom zur Wahl des nächsten Nachfolgers Petri. Von den zwei fehlenden war einer krank und der andere befand sich noch an Bord des Schiffes auf dem Weg von Australien. Leo XIII. hatte ein solch hohes Alter erreicht, dass nur ein einziger noch lebender Kardinal am vorherigen Konklave teilgenommen hatte. Der favorisierte Kandidat für das Papstamt war der sizilianische Kardinal Mariano Rampolla. Dieser, wie auch Leo XIII., akzeptierte die Dritte Französische Republik und tolerierte den Republikanismus. Aus diesem Grund war Kardinal Rampolla ein Favorit Leos XIII. und scheinbar dazu bestimmt, dessen Erbe anzutreten. Berichten über den ersten Wahlgang zufolge erhielt Rampolla dort 29, Girolamo Maria Gotti 16 und Giuseppe Sarto zehn Stimmen.[34] Zu diesem Zeitpunkt waren 42 Stimmen zur Wahl des künftigen Papstes notwendig. Das Patt zwischen den drei Kandidaten erforderte einen Kompromiss.

Nach drei Wahlgängen teilte Jan Kardinal Puzyna de Kosielsko im Auftrag Kaiser Franz Josephs I. mit, dass dieser das kaiserliche Veto gegen die Wahl von Kardinal Rampolla beanspruche. Das Veto verhinderte offiziell Rampollas Wahl zum Papst. Das kaiserliche Veto oder *ius exclusivae* (Recht der Exklusive) ist ein von den christlichen Monarchen beanspruchtes Recht, einen Kardinal von der Wahl auszuschließen. Dieses kaiserliche Recht wurde seit 1644 nicht weniger als zehn Mal geltend gemacht und geht zurück auf die oströmischen Kaiser. Als etwa Papst Pelagius II. am 7. Februar 590 an der Pest starb, wählte der Klerus von Rom wenig später Gregor den Großen zu seinem Nachfolger. Nach dieser Papstwahl gab es jedoch eine Verzögerung bei seiner Amtseinführung in Rom, weil man noch auf die *iussio* des Kaisers in Konstantinopel wartete. Sobald diese kaiserliche Gutheißung eingetroffen war, wurde Papst Gregor am 3. September 590 als Bischof von Rom eingesetzt – nach einem päpstlichen Interregnum von etwa sieben Monaten. Das Machtgleichgewicht zwischen Kaiser und Papst bestand seit den byzantinischen Kaisern des 7. Jahrhunderts und setzte sich mit den Kaisern des Heiligen Römischen Reiches im Westen fort. Im Jahr 1903 lag das Vetorecht bei Kaiser Franz Joseph von Österreich, der es dementsprechend gegen Kardinal Rampolla einsetzte. Empört ob der kaiserlichen Einmischung, prangerte Rampolla das Veto als »Affront gegen die Würde des Heiligen Kollegiums« an. Die Kardinäle, die sich für Rampolla einsetzten, ignorierten das Veto des Kaisers und brachten beim nächsten Wahlgang erneut 29 Stimmen für Rampolla zusammen – jedoch veränderte sich die Stellung der Kandidaten, die nach Rampolla die meisten Stimmen auf sich vereinigt hatten, mit 21 Stimmen für Sarto und neun für Gotti. Den Kardinälen wurde nunmehr bewusst, dass das Papsttum nach dem Verlust des Kirchenstaates in fragiler Position am Beginn eines säkularisierten Jahrhunderts die Loyalität Kaiser Franz Josephs erfordern würde. Mehr und mehr Stimmen fielen auf Kardinal Sarto, der im fünften Wahlgang den ersten Platz einnahm und beim siebten Wahlgang mit 50 Stimmen, acht mehr als erforderlich, zum Papst gewählt wurde. Zunächst lehnte Sarto ab, auf Drängen der Kardinäle aber nahm er die Wahl an.

Giuseppe Melchiorre Kardinal Sarto (1835–1914) wählte den Papstnamen Pius X. und deutete damit an, dass sein Pontifikat die unbeugsame Linie Papst Pius' IX. fortsetzen würde. Pius X. gab seinen ersten Segen Urbi et Orbi ins Innere des Petersdoms gewandt – und mit dem Rücken zur säkularisierten Stadt Rom.[35] Dies veranschaulichte in symbolischer Form seine Opposition gegen die italienische Herrschaft über Rom und seine Forderung nach der Rückgabe des Kirchenstaates. Sechs Monate später erließ er eine Apostolische Konstitution, mit der er das kaiserliche Veto künftig bei Strafe der Exkommunikation für jedweden Monarchen, der es in einem Konklave anzubringen versucht, verbot.

Eine weniger bekannte Tatsache ist, dass Papst Pius X. und nicht Johannes Paul II., der erste ethnisch polnische Papst war – seine beiden Eltern waren polnische Immigranten. Er war das zweite von zehn Kindern und wuchs in ärmsten Verhältnissen auf. Er lernte beim Pfarrer des Ortes Latein und erhielt mit fünfzehn Jahren die klerikale Tonsur, sodass er den Weg zur Seminarausbildung und Priesterweihe antreten konnte.

Im Alter von 23 Jahren wurde Sarto zum Priester geweiht. Mit 49 Jahren wurde er von Papst Leo XIII. zum Bischof von Mantua ernannt und von Kardinal Lucido Parocchi, Bischof Pietro Rota und Bischof Giovanni Maria Berengo konsekriert. Sarto erhielt päpstliche Dispens von der kanonisch festgelegten Voraussetzung des Doktorgrades, den Kandidaten für das Bischofsamt erlangt haben mussten. 1893 wurde er mit 58 Jahren von Leo XIII. sowohl zum Kardinal als auch zum Patriarchen von Venedig ernannt. Zehn Jahre später wurde er Papst.

Papst Pius X. war ein Mann von tadelloser Lehre und persönlicher Heiligkeit. Nach seinem Tod und während seines Heiligsprechungsprozesses konnte der Advocatus Diaboli, d. h. derjenige, der damit betraut war, irgendwelche Mängel im Leben des Betreffenden aufzuspüren, nur zwei bekannte »Schwächen« Pius' X. namhaft machen: Er rauchte täglich eine Zigarette und seine tägliche Privatmesse dauerte manchmal weniger als 25 Minuten. Das waren die einzigen Argumente, die gegen seine Heiligsprechung vorgebracht werden konnten.

Papst Pius X. ist berühmt dafür, dass er die häufige Laienkommunion begünstigte und die Herabsenkung des für die Erstkommunion kanonisch vorgeschriebenen Alters von zwölf auf sieben Jahre forderte.[36] Er liebte die heilige Liturgie als »Teilnahme an den hochheiligen Mysterien und dem öffentlichen, feierlichen Gebet der Kirche«.[37] Der Papst förderte den überlieferten Gregorianischen Choral und wies darauf hin, dass »in Kirchen der Einsatz des Pianoforte, sowie aller Instrumente, die mehr oder weniger großen Lärm machen, wie die Trommeln aller Formen und Größen, Kastagnetten, Schellen und dergleichen« verboten sei.[38]

Der entscheidendste Beitrag des Papstes für das Leben der Kirche war seine entschlossene Zurückweisung der Häresie des Modernismus. Manche katholischen Theologen des 19. Jahrhunderts hatten die Grenzen der Rechtgläubigkeit überschritten, indem sie dem Rationalismus und der protestantischen historisch-kritischen Methode in der Bibelexegese gefolgt waren. Leo XIII. hatte dies als Liberalismus zurückgewiesen, während Pius X. die Bewegung mit dem Begriff »Modernismus« kennzeichnete.

Pius X. erkannte, dass die Freimaurerei keinen offenen Konflikt mit dem Katholizismus suchte, sondern ihn vielmehr von innen her mit *ihren Ideen* unterminieren wollte. Er identifizierte diesen inneren freimaurerischen Angriff sogleich als »Modernismus« – als freimaurerischen Naturalismus unter dem Schein der Katholizität, der sich durch Verweis auf die »Dogmenentwicklung« zu rechtfertigen suchte.

Die modernistische Häresie will sowohl die biblische Geschichte als auch die katholische Philosophie, Theologie und Liturgie gemäß den Kriterien der rationalen Wissenschaft

und der post-aufklärerischen Philosophie *neu interpretie-*
ren. Dies erscheint zunächst als lobenswert. Man könnte
sich ja fragen: »Sollte der katholische Glaube sich nicht an
die moderne Welt anpassen, um den Glauben attraktiver zu
machen? Hat nicht auch Paulus sich auf nicht-christliche
Philosophen bezogen? Hat sich nicht Augustinus des Plato-
nismus als Hilfsmittel bedient? Hat nicht Thomas von Aquin
Aristoteles getauft? Warum sollte man also nicht Kant, Hegel
oder sogar Nietzsche mit dem katholischen Glauben aussöh-
nen?« Die Apostel, Kirchenväter und Scholastiker »beuteten
die Ägypter aus«[39] und setzten häufig von den Schriften, Gedanken und Vergleiche ihrer heidnischen Vorväter ein.

Im Gegensatz dazu nahm der Modernismus *nach* der
Zurückweisung der katholischen intellektuellen Tradition
seinen Anfang. Sokrates lebte vor Christus. Sein philosophi-
sches System richtete sich also an sich nicht gegen das Christentum. Dasselbe gilt für die Platoniker, Aristoteliker und die
meisten Denker der Stoa.

Die Philosophie Kants oder Hegels aber ist bewusst
post-christlich und bestrebt, den katholischen Glauben durch
etwas Neues und »Besseres« zu ersetzen. Deshalb versucht
der Modernismus das Unmögliche: Er will eine Neuinterpre-
tation des katholischen Glaubens innerhalb eines modernen
Systems vornehmen, welches das Christentum von vornherein ablehnt.

Der Modernismus hat laut Pius X. drei Merkmale. Das erste ist die kritische Analyse und »Entmythologisierung« der
Heiligen Schrift. Für die Modernisten ist die Bibel lediglich
eine – zugegebenermaßen bedeutungsvolle – Sammlung
von Legenden, die von mächtigen Völkern zusammengestellt

wurden, um eine Botschaft zu vermitteln. Die Existenz Noahs, Abrahams, Moses und Davids wird in Frage gestellt. Sogar die vier Evangelien werden aufgrund ihrer Wundererzählungen in Frage gestellt. Den naturalistischen Prämissen der Freimaurerei gemäß lehnt der Modernismus alles wirklich Übernatürliche ab. Als zum Beispiel unser Herr Jesus Christus das Brot und die Fische vermehrt hat, handelte es sich in Wirklichkeit nur um ein »Wunder des Teilens«. Es sei nichts Übernatürliches geschehen, um die Menge der Nahrungsmittel zu vermehren. Die Teufelsaustreibungen Christi, so erklärt der Modernist, seien eine Symbolgeschichte dafür, wie Menschen mit psychischen Problemen der Seelenfriede gebracht werde. Wenn Jesus Christus über das Wasser wandelt, handle es sich nur um eine literarische Metapher zur Darstellung seiner Überwindung der Probleme des Alltags. Wenn Christus seinen Aposteln sagt: »Dies ist mein Leib«, dann habe er sie damit gebeten, seiner zu gedenken. Das Brot werde nicht zu etwas Übernatürlichem gewandelt. Für alles nämlich gäbe es eine natürliche Erklärung.

Das zweite Merkmal des Modernismus ist sein Säkularismus und die allgemeine Brüderlichkeit. Der heilige Thomas von Aquin lehrte zurecht, dass die Gnade die Natur heilt und erhöht. In der wirklichen Ordnung der Dinge herrscht das Übernatürliche über das Natürliche. Aufgrund seiner Leugnung der Übernatur weist der Modernismus hingegen die beherrschende Rolle dem Weltlichen und Politischen zu. Die Begriffe von Seligkeit und Erlösung werden in weltliche oder politische Ziele uminterpretiert. Dies reduziert die Geistlichen zu politischen Aktivisten und der Papst wird zum bloßen Förderer von Belangen der säkularen Welt degradiert.

Staat und Kirche sind in solcher Weise getrennt, dass die Kirche im öffentlichen Raum keinerlei Relevanz mehr besitzt, denn Religion ist Privatsache.

Das dritte Element des Modernismus besteht in der Zurückweisung dessen, was die Katholiken als das Gute (die Moral), Wahre (die Lehre) und Schöne (die Ästhetik) erkannt haben. Das stringente System von Erbsünde, lässlicher und schwerer Sünde sowie der Vergebung und Heilung durch die Erlösung in Christus wird damit zugunsten von moralischem Relativismus aufgegeben. Modernisten behaupten, die Lehre müsse stets »pastoral« sein, nicht »wahr«. Und die herrliche Kunst, Bildhauerei, Architektur und Musik der katholischen Kirche wird zugunsten des Öden, Modernen und rein Utilitaristischen, des Zweckmäßigen, aufgegeben.

Jeder im dritten Jahrtausend lebende Katholik wird ohne weiteres die Restbestände des Modernismus erkennen, die der Kirche immer noch großen Schaden zufügen. Die Heilige Schrift wird überhaupt nicht mehr gelesen oder deren wahre Bedeutung durch Predigten wegerklärt. Wie oft hat man Sätze gehört wie: »Matthäus hat das in Wirklichkeit nicht geschrieben« oder »das stammt nicht wirklich von Paulus«? Der Papst und die Kardinäle werden im Allgemeinen zu Erfüllungsgehilfen des Globalismus, der Migration und Umverteilung herabgewürdigt. Das moralische Leben der Katholiken hat sich verschlechtert. Auf der Kanzel werden Häresien verkündet, einst herrliche Kirchen wurden renoviert, um Statuen aus dem Altarraum zu entfernen – zur Schaffung auf bloße Nützlichkeit reduzierter »Gottesdiensträume«.

Im Juli 1907 veröffentliche das Heilige Offizium das Dekret *Lamentabili sane exitu*, das 65 modernistische Sätze verurteilt. Die meisten dieser Lehrsätze sind den Schriften der verdächtigen Priester George Tyrrell S.J. und Alfred Loisy entnommen. Wenn die Frage gestellt wird: »Was ist nur den Jesuiten zugestoßen?«, so kann man die passende Antwort geben: »Pater Tyrell.« George Tyrrell war ein irisch-anglikanischer Konvertit, der sich den Jesuiten anschloss. Er wurde bekannt durch seine Ablehnung der scholastischen Tradition Thomas von Aquins. Tyrell lehrte öffentlich, die Vernunft lasse sich nicht auf die Dogmen der katholischen Kirche anwenden. Diese Behauptung richtet sich nicht nur gegen den Aquinaten, sondern gegen die Harmonie von Glaube und Vernunft insgesamt, wie sie das Mittelalter vertreten hatte. Anstelle dieser Harmonie verteidigte Tyrell »das Recht einer jeden Epoche, den historisch-philosophischen Ausdruck des Christentums an zeitgenössische Gewissheiten anzupassen und damit einen Schlussstrich unter den völlig unnötigen Konflikt zwischen Glaube und Wissenschaft zu ziehen, der nichts anderes als ein theologischer Popanz ist«.[40]

Diese Behauptung Tyrells bringt das modernistische Vorurteil zum Ausdruck, die Christenheit müsse sich an jedes neue Zeitalter anpassen, vor allem unserer modernen Zeit. Tyrrells Theologie wurde als Skandal betrachtet, selbst für jesuitische Verhältnisse[41], und er wurde 1906 aufgrund seiner häretischen Überzeugungen von der Gesellschaft Jesu ausgeschlossen – ein Jahr vor dem Erlass von *Lamentabili sane exitu*. Als Nächstes veröffentlichte Papst Pius X. im September 1907 seine anti-modernistische Enzyklika *Pascendi dominici gregis*, in der er den Modernismus als Sammelbecken oder »Synthese aller Häresien« bezeichnet. Pater Tyrell veröffentlichte in der *Times* zwei gegen die Enzyklika gerichtete Briefe und wurde daraufhin suspendiert und exkommuniziert. Ihm wurde später auch das kirchliche Begräbnis verwehrt, da er sich geweigert hatte, seine häretischen Überzeugungen zu widerrufen.

1908 wurde auch Alfred Loisy ebenfalls wegen seines Modernismus exkommuniziert. Die Dreistigkeit seiner Ideologie wird durch sein eigenes Eingeständnis deutlich: »Christus hat in meiner Religion noch weniger Bedeutung als in jener der liberalen Protestanten. Ich messe der Offenbarung Gott des Vaters nämlich wenig Bedeutung bei, derentwegen sie Jesus ehren. Wenn ich irgendetwas in Bezug auf das Religiöse bin, dann eher pantheistisch-positivistisch-humanitaristisch als christlich.«[42]

Mit dem Motu proprio *Sacrorum antistitum* wurde der obligatorische Antimodernisteneid für alle katholischen Bischöfe, Priester und Lehrer eingeführt. Dies war das förmliche und öffentliche Mittel, mit dem Pius X. Modernisten im Klerus und in den Seminaren und Universitäten zu entlarven versuchte.[43] Eine inoffizielle Priestervereinigung namens *Sodalitium Pianum* oder pianische Sodalität wurde damit beauftragt, jeden zur Anzeige zu bringen, der modernistische Lehren vertrat. In Bezug auf heimlich modernistische Geistliche sagte Pius X.: »Aber man sollte sie mit Fäusten schlagen. Beim Zweikampf kann man die Schläge nicht zählen oder messen, man schlägt zu, wie man kann. Einen Krieg führt man nicht mit Nächstenliebe: und hier geht es um einen Kampf, ein Duell.«[44]

Um die Lehrverkündigung zu verbessern und die Treue zur Lehre in der katholischen Kirche weiter zu festigen, schrieb Pius X. für alle Pfarreien weltweit Katechismusun-terricht vor. 1908 gab er den 115-seitigen *Katechismus Pius' X.* für den Unterricht in Pfarreien heraus. Er verlangte, dass bei Eheschließungen zwischen Katholiken und Nicht-Katholiken der nicht-katholische Part versprechen muss, die Erlaubnis zur katholischen Erziehung der Kinder zu geben.[45] Er wies den Bischöfen größere Aufsichtspflichten über die Kleri-kalseminare zu und forderte Regionalseminare. Er ordnete zudem die Zusammenstellung des ersten universalen kirchli-chen Gesetzbuches, des *Codex Iuris Canonici,* an, der jedoch erst nach seinem Tod vollendet und von seinem Nachfolger, Papst Benedikt XV., als pio-benediktinischer Kodex des ka-nonischen Rechtes promulgiert werden konnte.

Theologisch folgte Pius X. der Linie der glühenden Begeis-terung für den Thomismus, die Leo XIII. an den Tag gelegt hatte. Politisch war er jedoch deutlich konservativer als sein Vorgänger; Pius X. vertrat einen harten Kurs gegenüber dem säkularen italienischen Staat wie auch gegenüber Frank-reich, zu dem er die diplomatischen Beziehungen aus diesem Grund abbrach. Er lehnte nicht-katholische Gewerkschaften ab und empfahl den italienischen Katholiken, dass sie bei Wahlen niemals für Sozialisten stimmen dürfen. Einen Mo-nat vor seinem Tod genehmigte Papst Pius X. das Ansuchen Kardinal Gibbons' für die Errichtung des Nationalheiligtums der Unbefleckten Empfängnis in Washington, D.C. Nach dem Ausbruch des Ersten Weltkriegs litt er an Herzproble-men und verstarb am 20. August 1914.

Das Weltkriegskonklave

Das päpstliche Konklave von 1914 kam elf Tage nach dem Tod Pius' X. zusammen. Am 28. Juni 1914, weniger als zwei Monate zuvor, hatte der bosnisch-serbische Nationalist Gavrilo Princip den österreichisch-ungarischen Thronerben ermordet. Die Julikrise teilte Europa in zwei Koalitionen. Großbritannien, Frankreich und Russland standen Deutschland, Österreich-Ungarn und an der Gebirgsfront auch Italien gegenüber. Das Konklave von 1914 vereinigte Kardinäle aus allen verschiedenen Allianzen und Nationen. 55 Kardinäle nahmen am Konklave teil. Acht Kardinäle konnten aufgrund von Krankheit oder großer Entfernung nicht teilnehmen – so etwa die beiden amerikanischen Kardinäle und der kanadische Kardinal, der zu spät angekommen war, um noch wählen zu können. Das päpstliche Konklave dauerte vier Tage und benötigte zehn Wahlgänge. Zunächst wurden drei Kardinäle favorisiert. Domenico Kardinal Serafini war der erwartungsgemäße Nachfolger Pius' X. Er war ein äußerst konservativer Kandidat und beabsichtigte, die anti-modernistische Agenda des verstorbenen Papstes fortzusetzen. Ihm gegenüber stand der liberale Pietro Kardinal Maffi von Pisa. Zwischen Serafini zur Rechten und Maffi zur Linken stand ein Kompromisskandidat: Giacomo Kardinal della Chiesa von Bologna.

Die drei Kardinäle fanden gleich starke Unterstützung. Nach dem fünften Wahlgang verlor der liberale Maffi Stimmen und überließ Serafini und della Chiesa das Rennen. Maffis Unterstützer liefen auf della Chiesas Seite über, der beim zehnten Scrutinium die Zweidrittelmehrheit gewann. Es gab eine weitere Auszählung, da della Chiesa die nötige Mehrheit mit nur einer Stimme gewann und der fromme Kardinal Rafael Merry del Val bemerkte, dass die Wahl ungültig wäre, sollte della Chiesa für sich selbst gestimmt haben. Nachdem die Wahlzettel überprüft worden waren, wurde festgestellt, dass dies nicht der Fall war. Das Wahlergebnis hatte somit Bestand. Kardinal della Chiesa, im jungen Alter von 55 Jahren zum Papst gewählt, nahm den Namen Benedikt XV. an. Er wurde wegen seiner geringen Körpergröße *il piccoletto* (kleines Männlein) genannt und seine weiße Papstsoutane musste schleunigst gekürzt werden, damit sie ihm passte. Er erklärte sogleich, dass der Heilige Stuhl im Ersten Weltkrieg, den er den »Selbstmord Europas« nannte, neutral bleiben würde.

Der Krieg hatte aber auch die katholische Missionstätigkeit auf der ganzen Welt zum Erliegen gebracht. Papst Benedikt XV. strebte danach, die Missionen zu revitalisieren. Im Jahr 1917 promulgierte er den Kodex des Kanonischen Rechts, der von seinem Vorgänger, Pius X., initiiert worden war. Er sprach Johanna von Orleans sowie Margareta Maria Alacoque heilig und bewilligte das Fest von Maria, Mittlerin aller Gnaden, indem er eine Messe und ein Offizium unter diesem Titel für die belgischen Diözesen autorisierte. Vor allem aber setzte Papst Benedikt mit seiner Enzyklika *Ad Beatissimi Apostolorum* den Kampf gegen den Modernismus fort. Außerdem hielt er trotz seines anfänglichen Rufes als theologisch moderater Kirchenfürst die Exkommunikationen von Modernisten unter Pius X. aufrecht. Benedikt XV. starb am 22. Januar 1922 nach einer Lungenentzündung.

Seine Zeit als Papst ist weniger für seine Führung der Kirche bekannt als für das, was sich während seiner Regierungszeit zutrug. Gegen Ende des Krieges, vom 13. Mai bis zum 13. Oktober 1917, erschien die Gottesmutter im portugiesischen Fatima. Theologen und Historiker haben das Pastoralschreiben Papst Benedikts XV. vom 5. Mai 1917 mit dem Beginn der Erscheinungen in Fatima acht Tage später in Verbindung gebracht. In diesem Schreiben fügte der Papst offiziell in die Lauretanische Litanei den Titel »Königin des Friedens« ein und bat durch die Fürsprache der seligen Jungfrau Maria um ein Ende des Ersten Weltkrieges:

Aber Unsere Stimme, die um das Ende dieses gewaltigen Konfliktes flehte, der nichts anderes als der Selbstmord des zivilisierten Europas ist, blieb damals ungehört und bleibt es bis heute. Es schien wahrlich so, dass die dunkle Flut des Hasses unter den kriegsführenden Nationen immer höher und weiter stieg, weitere Länder mit seinem fürchterlichen Strom mitriss und den Ruin und die Massaker endlos vervielfältigte. Dennoch versiegt Unser Vertrauen nicht! [...] Lassen wir daher liebevolle und inbrünstige Bitten zu Maria, der Mutter der Barmherzigkeit und durch die Gnade allmächtig, von allen Enden der Erde emporsteigen, von edlen Tempeln hin zu den kleinsten Kapellen, von den königlichen Palästen und Villen der Reichen bis zur ärmlichsten Hütte, von blutgetränkten Feldern und Seen. Tragt zu ihr die gepeinigten Schreie der Mütter und Frauen, das Weinen der unschuldigen Kinder, die Seufzer aller großmütigen Herzen, auf dass ihre zarte und milde Sorge sich rühre und der Frieden, um den wir für unsere aufgewühlte Welt bitten, gewährt werden möge.[46]

Die Vorsehung scheint wunderbar am Werk gewesen zu sein, als acht Tage später die Erscheinungen von Fatima begannen und Papst Benedikt XV. am gleichen Tage Eugenio Pacelli zum Bischof weihte. Pacelli wurde schließlich Papst Pius XII. und er sollte als *der* Papst von Fatima in die Geschichte eingehen.

7. Unsere Liebe Frau von Fatima

Das Geschehen von Fatima kann als die wichtigste Marienerscheinung in der Geschichte der katholischen Kirche gelten. In Fatima geschah auch das größte bezeugte Wunder in
der Geschichte der Menschheit, das nur der Teilung des Roten Meeres, die beim von Moses geführten Auszug des auserwählten Volkes aus Ägypten geschah, nachsteht. Alles begann im Jahr 1916, als die neun Jahre alte Lúcia dos Santos und
ihre Cousins Francisco und Jacinta Marto an der Cova da Iria
nahe der Pfarre von Fatima in Portugal Schafe hüteten. Sie
wurden drei Mal von einem Engel aufgesucht, der sich ihnen
wie folgt vorstellte:

»Fürchtet euch nicht! Ich bin der Engel des Friedens. Betet
mit mir.« Er kniete auf die Erde nieder, beugte sein Haupt
bis zum Boden und ließ uns die folgenden Worte drei Mal
wiederholen: »Mein Gott, ich glaube an Dich, ich bete
Dich an, ich hoffe auf Dich und ich liebe Dich. Ich bitte
Dich um Verzeihung für jene, die nicht glauben, Dich
nicht anbeten, auf Dich nicht hoffen und Dich nicht lieben.« Danach erhob er sich und sagte: »So sollt ihr beten.
Die heiligsten Herzen Jesu und Mariä sind geneigt, euch
zu erhören.«

Es ist bemerkenswert, dass Papst Benedikt XV. während
des Ersten Weltkriegs die Anrufung der »Königin des Friedens« in die Lauretanische Litanei einfügte und dieser Engel
sich selbst als »Engel des Friedens« bezeichnet. Der Engel er-

schien ein zweites Mal und ermahnte sie zum Gebet: »Was macht ihr? Betet! Betet viel! Die heiligsten Herzen Jesu und Mariä wollen euch Barmherzigkeit erweisen. Bringt ständig dem Allerhöchsten Gebete und Opfer dar!«

Als die Kinder ihn fragten, welche Opfer sie bringen sollten, erklärte ihnen der Engel: »Bringt alles, was ihr könnt, als Opfer dar, als Akt der Wiedergutmachung für die Sünden, durch die er verletzt wird, als Bitte für die Bekehrung der Sünder. So werdet ihr eurem Vaterland den Frieden bringen. Ich bin sein Schutzengel, der Engel Portugals. Nehmt vor allem in Geduld die Leiden an und ertragt sie, die der Herr euch schicken wird.«

Während der dritten und letzten Erscheinung lehrte der Engel die Kinder folgendes Gebet:

Allerheiligste Dreifaltigkeit, Vater, Sohn und Heiliger Geist, ich opfere Dir auf den kostbaren Leib und das Blut, die Seele und die Gottheit unseres Herrn Jesus Christus, der in allen Tabernakeln der Welt zugegen ist, zur Sühne für alle Schmähungen, Sakrilegien und Gleichgültigkeiten, durch welche er selbst beleidigt wird. Durch die unendlichen Verdienste Seines heiligsten Herzens und die des Unbefleckten Herzens Mariens erflehe ich von Dir die Bekehrung der armen Sünder.

Dann reichte der Engel den Kindern Kelch und Hostie und sagte: »Nehmet hin den Leib und das Blut Jesu Christi, die von den so undankbaren Menschen furchtbar entehrt werden.« Dann verschwand er und ward nicht mehr gesehen.

Die erste Erscheinung von Fatima

So wie die Erscheinungen mit dem allerheiligsten Altarsakrament endeten, begannen sie beinahe acht Monate später auch wieder zum Fest Unserer Lieben Frau vom heiligsten Sakrament am 13. Mai 1917. An diesem Morgen gingen die drei Kinder an der Pfarrkirche von Fatima vorbei in nördliche Richtung auf eine Anhöhe der Senke von Iria, um ihre Schafe zu weiden, während sie auf dem Feld spielten. Sie aßen ihre mitgenommenen Mittagsbrote und entschlossen sich, den Rosenkranz zu beten. Die drei Kinder hatten sich eine Kurzversion des Rosenkranzes ausgedacht, in der sie nur die ersten Worte des jeweiligen Gebets verrichteten. Nachdem sie diesen eigenen, verkürzten Rosenkranz gebetet hatten, sahen sie Blitze am Himmel und beschlossen ob des sich androhenden Gewitters nach Hause zu gehen. Als sie ihre Herde dem Heimweg zutrieben, sahen sie zunächst einen weiteren Blitz. Dann schwebte wenige Schritte vor ihnen über einer kleinen Steineiche in einem Lichtglanz, »strahlender als die Sonne, heller und stärker als ein sonnendurchfluteter Kristall«, eine Frau in Weiß. »Von dieser Erscheinung überrascht, blieben wir stehen. Wir waren ihr so nahe, dass wir uns im Licht, das sie umgab, oder besser gesagt, das aus ihr hervorging, befanden, ungefähr eineinhalb Meter von ihr entfernt.« Die Frau trug einen goldumsäumten Mantel, der sie von Kopf bis Fuß umhüllte, und in ihren Händen, die sie vor der Brust gefaltet hielt, trug sie einen Rosenkranz aus weißen Perlen mit einem silbernen Kruzifix.

Die Frau wendete sich in liebevoller Weise den Kindern zu und sprach: »Fürchtet euch nicht! Ich tue euch nichts Böses!«

Lúcia fragte: »Woher kommen Sie?«

»Ich komme vom Himmel«, antwortete die Frau.

»Und was wollen Sie von mir?«

Die Frau erklärte: »Ich bin gekommen, euch zu bitten, dass ihr an den sechs folgenden Monaten jedes Mal am 13. des Monats zur gleichen Zeit wie heute hierherkommt. Später werde ich euch sagen, wer ich bin und was ich will. Und dann werde ich noch ein siebtes Mal kommen.«

»Werde ich auch in den Himmel kommen?«, fragte Lúcia.

»Ja, du wirst in den Himmel kommen«, antwortete die Frau.

»Und Jacinta?«

»Sie auch!«

»Und Francisco?«

»Ja, auch er, aber er muss noch viele Rosenkränze beten.«

Lúcia erinnerte sich dann an zwei ihrer Freunde, die vor kurzem gestorben waren: »Maria Neves, ist sie schon im Himmel?«

»Ja, sie ist es.«

»Und Amalia?«

»Sie muss im Fegefeuer bleiben. Wollt ihr euch Gott schenken, bereit, jedes Opfer zu bringen und jedes Leiden anzunehmen, das er euch schicken wird, als Sühne für die vielen Sünden, durch welche er beleidigt wird, und um die Bekehrung der Sünder zu erlangen?«

»Ja, das wollen wir.«

»Ihr werdet bald viel zu leiden haben, aber die Gnade Gottes wird euch helfen und euch die Kraft geben.«

In ihren Erinnerungen schrieb Lúcia: »Als sie diese letzten Worte sagte, öffnete sie zum ersten Mal die Hände und wir waren in ein himmlisches Licht getaucht, das direkt von ihren Händen auszugehen schien. Es drang in unsere Herzen und unsere Seelen und ließ uns selbst in Gott schauen, der dieses Licht war, viel klarer als wir uns im besten Spiegel sehen können. Durch eine innere Anregung, die uns ebenfalls mitgeteilt wurde, fielen wir nun auf die Knie und wiederholten in unseren Herzen: ›O Heiligste Dreifaltigkeit, ich bete Dich an; mein Gott, mein Gott, ich liebe Dich im heiligsten Sakrament!‹«

Nach einigen Augenblicken fügte Unsere Liebe Frau eine Bemerkung über den Krieg hinzu, dessentwegen der Papst acht Tage zuvor besondere Gebete verrichtet hatte, über den die Kinder jedoch kaum etwas wussten.

»Betet täglich den Rosenkranz, um den Frieden der Welt und das Ende des Krieges zu erlangen!«

Später erinnerte sich Lúcia: »Nach diesen Worten begann sich die Frau sanft zu erheben, um in unermesslicher Ferne dem Blick zu entschwinden. Sie war umgeben von einem hellen Licht, das ihr einen Weg durch das Firmament zu öffnen schien.«

Lúcia sagte den beiden anderen Kindern, sie sollten die Erscheinung geheim halten. Dennoch erzählte die siebenjährige Jacinta später ihrer Mutter alles, die zwar geduldig zuhörte, der Geschichte aber keinen Glauben schenkte. Ihre Geschwister, die alles mitangehört hatten, fielen mit Fragen und Scherzen ein. Man ist bewegt davon, dass einzig ihr Vater der Erzählung Glaubwürdigkeit beimaß. Er ging als Erster, der an die Erscheinung von Fatima glaubte, in die Geschichte ein.

Lúcias Mutter war nicht so geneigt, daran zu glauben. Sie fürchtete, ihre Tochter würde lügen und sich der Gotteslästerung schuldig machen. Sie verlangte, Lúcia solle Abstand davon nehmen, und als sie das nicht tat, zwang sie Lúcia, zum Pfarrer der Gemeinde, Hw. Manuel Ferreira, zu gehen. Lúcia hielt jedoch an ihrer Überzeugung fest, dass eine himmlische Frau in Weiß zu ihr gekommen sei.

In der Zwischenzeit bereiteten sich die Kinder auf ihr nächstes Treffen am 13. Juni 1917 vor.

Die zweite Erscheinung von Fatima

Die Frau hatte ihnen gesagt, sie sollten am 13. eines jeden Monats zur gleichen Zeit zur Steineiche zurückzukehren. Der 13. Juni fiel auf das Fest des berühmtesten Heiligen Portugals, des hl. Antonius von Padua, der in Lissabon geboren wurde, aber im italienischen Padua starb. Lúcias Mutter hatte gehofft, das Pfarrfest würde die drei Kinder von der verdächtigen Erscheinung ablenken, die an diesem Tag stattfinden sollte.

Zur Mittagszeit gingen die Kinder an jenen Ort, wo die Frau das letzte Mal erschienen war. Dort wartete bereits eine kleine, neugierige Menge auf sie. Nachdem sie den Rosenkranz mit Jacinta, Francisco und den anderen Anwesenden gebetet hatten, sahen die Kinder wieder die nahenden Blitze und dann die Frau auf der Steineiche – gleich wie im vergangenen Monat.

»Was wünschen Sie von mir?«, fragte Lúcia die Frau.

»Ich will, dass ihr am dreizehnten des nächsten Monats hierherkommt und dass ihr fortfahrt, täglich den Rosenkranz zu beten. Wenn ihr den Rosenkranz betet, dann sagt nach jedem Geheimnis: ›O mein Jesus, verzeihe uns unsere Sünden; bewahre uns vor dem Feuer der Hölle, führe alle Seelen in den Himmel, besonders jene, die Deiner Barmherzigkeit am meisten bedürfen.‹«

»Ich möchte Sie bitten, uns in den Himmel mitzunehmen.«

»Ja. Jacinta und Francisco werde ich bald holen. Du bleibst noch einige Zeit hier. Jesus möchte sich deiner bedienen, damit die Menschen mich erkennen und lieben. Er möchte auf Erden die Verehrung meines Unbefleckten Herzens begründen.«

»Muss ich also allein hier unten bleiben?«

»Nein, mein Kind! Betrübt dich das so sehr? Verliere nicht den Mut! Ich werde dich nie verlassen. Mein Unbeflecktes Herz wird deine Zuflucht sein und der Weg, der dich zu Gott führt.«

Lúcia beschreibt, was als Nächstes geschah:

Bei diesen Worten öffnete Maria wieder die Hände, aus denen eine Lichtflut über uns strahlte und uns ganz durchdrang, so dass wir uns selbst in Gott sahen. Und es gingen Strahlen zurück nach oben zum Himmel und in ihnen waren Francisco und Jacinta und Strahlen gingen zur Erde und in ihnen war ich. In der rechten Hand Mariens sahen wir ein Herz, rings von Dornen umgeben und von allen Seiten durchstochen. Wir verstanden, dass es das Unbefleckte Herz Mariä war, verletzt von den Sünden der Menschheit, das nach Sühne verlangte. Die Frau verschwand daraufhin wieder gen Osten in den Himmel. Die Leute sahen die Frau nicht, aber manche sagten, sie hätten das Licht oder den Blitz gesehen.

Die dritte Erscheinung und das Geheimnis von Fatima

Da die Erscheinungen nun öffentlich diskutiert wurden, intervenierte der Pfarrer von Fatima und äußerte Zweifel, die Erscheinungen könnten in Wirklichkeit dämonischen Ursprungs sein. Dies entmutigte Lúcia derart, dass sie nur ungern zur dritten Verabredung am 13. Juli gehen wollte. Trotzdem machte sie sich mit Jacinta und Francisco an jenem Tag zur Mittagszeit zum Treffpunkt auf, wo sich bereits eine große Menge versammelt hatte. Sie sahen einen Lichtblitz und die Frau erschien auf der Steineiche.

»Sprich, Lúcia«, forderte sie Jacinta auf. »Die Frau spricht mit dir.«

»Ja?«, entgegnete Lúcia. Sie sprach demütig und bat um Verzeihung für ihre Zweifel. Sie wandte sich an die Frau, und fragte: »Was wünschen Sie von mir?«

»Betet weiterhin jeden Tag den Rosenkranz zu Ehren Unserer Lieben Frau vom Rosenkranz, um den Frieden für die Welt und das Ende des Krieges zu erlangen, denn nur sie allein kann euch zur Hilfe kommen!«

Lúcia bat darauf um ein Zeichen. Doch die Gottesmutter verwies sie auf den Oktober. Dann werde sie ein Wunder wirken, damit alle glauben.

Nach dieser Versicherung begann Lúcia damit, der Frau die Bitten vorzubringen, die ihr so viele anvertraut hatten. Die Frau sagte sanft, sie werde manche heilen, andere aber nicht.

»Und der verkrüppelte Sohn von Maria da Capelinha?«

»Nein, er wird weder von seinem Gebrechen noch von seiner Armut erlöst werden, und er muss darauf achten, jeden Tag den Rosenkranz mit seiner Familie zu beten.«

Ein weiterer Fall, der Lúcia anvertraut worden war, war derjenige einer kranken Frau aus Atouguia, die darum bat, in den Himmel eingehen zu dürfen. »Sag ihr, sie soll keine Eile haben. Sag ihr, dass ich sehr wohl weiß, wann ich kommen werde, um sie abzuholen. Opfert euch auf für die Sünder und sagt oft, besonders wenn ihr ein Opfer bringt: ›O Jesus, aus Liebe zu Dir, für die Bekehrung der Sünder und zur Sühne für die Sünden gegen das Unbefleckte Herz Mariä!‹«

Bei diesen letzten Worten öffnete sie aufs Neue die Hände wie in den zwei vorhergehenden Monaten. Der Strahl schien die Erde zu durchdringen, und wir sahen gleichsam ein Feuermeer und in ihm versunken schwarze, verbrannte Wesen, Teufel und Seelen in Menschengestalt, die fast wie durchsichtige, glühende Kohlen aussahen. Sie trieben im Feuer dahin, emporgehoben von den Flammen, die aus ihnen selber, zusammen mit Rauchwolken, hervorbrachen. Sie wurden innerhalb der Flammen in die Höhe geschleudert und fielen von allen Seiten herab wie Funken bei einer großen Feuersbrunst, gewichtslos und doch nicht schwebend; dabei stießen sie so entsetzliche Klagelaute, Schmerzens- und Verzweiflungsschreie aus, dass wir vor Grauen und Schrecken zitterten. Die Teufel hatten die schreckliche und grauenvolle Gestalt von scheußlichen, unbekannten Tieren, auch waren sie durchsichtig und schwarz (ich muss wohl bei diesem Anblick aufgeschrien haben, wie die Leute es angeblich hörten). Sie sagte in einem Ton tiefer Traurigkeit und liebender Güte zu uns:

Ihr habt die Hölle gesehen, wohin die Seelen der armen Sünder kommen. Um sie zu retten, will Gott die Verehrung meines Unbefleckten Herzens in der Welt begründen. Wenn man tut, was ich euch sage, werden viele gerettet werden, wenn man aber nicht aufhört, Gott zu beleidigen, wird unter dem Pontifikat Pius' XI. ein anderer, schlimmerer Krieg beginnen. Wenn ihr eine Nacht sehen werdet, erhellt von einem unbekannten Licht,[47] dann wisset, dass dies das große Zeichen ist, das Gott euch gibt, dass er nun die Welt für ihre Missetaten bestrafen wird, und zwar durch Krieg, Hungersnot, Verfolgung der Kirche und des Heiligen Vaters. Um das zu verhüten, werde ich kommen, um die Weihe Russlands an mein Unbeflecktes Herz und die Sühnekommunion an den ersten Samstagen zu erbitten. Wenn man auf meine Wünsche hört, wird Russland sich bekehren, und es wird Frieden sein, wenn nicht, dann wird Russland seine Irrlehren über die Welt verbreiten, wird Kriege und Verfolgungen der Kirche heraufbeschwören, die Guten werden gemartert werden und der Heilige Vater wird viel zu leiden haben, verschiedene Nationen werden vernichtet werden. Am Ende aber wird mein Unbeflecktes Herz triumphieren. Der Heilige Vater wird mir Russland weihen, das sich bekehren wird, und der Welt wird eine Zeit des Friedens geschenkt werden. In Portugal wird das Dogma des Glaubens immer erhalten bleiben.

Die Höllenvision und die Russlandweihe sind der erste und zweite Teil des Geheimnisses von Fatima. Der kontroverse dritte Teil, der darauf folgte, war so fürchterlich und erschreckend, dass er erst 1960 enthüllt werden konnte. Wir werden uns mit dem dritten Geheimnis noch ausführlicher beschäftigen, aber an dieser Stelle soll der Bericht Lúcias über den 13. Juli fortgesetzt werden:

»Denkt daran, ihr dürft niemandem davon erzählen, außer Francisco. Wenn ihr den Rosenkranz betet, dann sagt nach jedem Geheimnis: ›O mein Jesus, verzeih uns unsere Sünden, bewahre uns vor dem Feuer der Hölle, führe alle Seelen in den Himmel, besonders jene, die Deiner Barmherzigkeit am meisten bedürfen.‹«

»Wünschen Sie nichts weiter von mir?«

»Nein, ich verlange heute nichts mehr von dir.«

Wie im vorhergehenden Monat erhob sich die Erscheinung und verschwand abermals in östlicher Richtung in der Ferne des Firmaments.

Die Familie, Nachbarn und der Pfarrer versuchten die Kinder zur Kundgabe der Geheimnisse zu bewegen, aber die Kinder hielten sich an ihr Versprechen, das sie der Gottesmutter gegeben hatten. Aus diesem Grund ist die Erscheinung vom 13. Juli 1917 weiterhin die umstrittenste. Lúcia behielt das dreiteilige Geheimnis bis 1941 für sich, als sie den ersten und zweiten Teil niederschrieb. Das Geheimnis von Fatima sollte als ein Ganzes aus drei zusammenhängenden Teilen betrachtet werden. Aber der Einfachheit halber werden wir vom ersten, zweiten und dritten Geheimnis sprechen. 1941 offenbarte Lúcia also das erste Geheimnis der Höllenvision sowie das zweite Geheimnis über die Weihe und Bekehrung Russlands.

Im Oktober des Jahres 1943 befahl der Ortsbischof Lúcia im Gehorsam, das dritte Geheimnis niederzuschreiben. Lúcia zögerte jedoch aufgrund seines erschreckenden Inhaltes. Am 2. Januar 1944 erschien ihr die Gottesmutter von Fatima und gab ihr die Erlaubnis, das dritte Geheimnis aufzuschreiben. Es solle jedoch bis 1960 versiegelt bleiben, da es »dann klarer sein wird«. Lúcia schrieb das Geheimnis nieder und versiegelte den Umschlag. Der versiegelte Umschlag wurde 1955 nach Rom gebracht und dort 1959 von Papst Johannes XXIII. geöffnet. Wir werden später noch auf diesen Streitpunkt zurückkommen.

Die vierte Erscheinung von Fatima

Im August galten die drei Kinder bereits als Berühmtheiten und zogen die kritische Aufmerksamkeit des Klerus und der Politik auf sich. Am 11. August 1917 wurden sie verhört, um sie dazu zu zwingen, das Geheimnis preiszugeben und einzugestehen, gelogen zu haben. Die Kinder weigerten sich jedoch, ihre Aussagen zu widerrufen. Daher ersann der freimaurerische und antikatholische Administrator, Artur Santos, einen Plan, um die Kinder zu verhaften.

Bevor sie am 13. August zur Cova da Iria gehen konnten, bot Santos ihnen an, sie in seinem Automobil zum Erscheinungsschauplatz zu fahren. Sein Ford Model T kam 1908 in den USA auf den Markt und wurde ab 1911 in Großbritannien und Frankreich verkauft. Im ländlichen Portugal war der Anblick eines Automobils auch im Jahr 1917 noch eine Seltenheit. Der Bürgermeister bot den Kindern die Mitfahrgelegenheit an, um sie sicher durch die Menge zu transportieren. Die wachsenden Besucherzahlen zeugen von der begeisterten lokalen Anteilnahme am Geschehen um die Seherkinder von Fatima.

Die drei Kinder schluckten den Köder und stiegen mit ihren Eltern ins Auto des Freimaurers. Bürgermeister Santos fuhr sie zunächst noch zur Kirche, um den Pfarrer zu besuchen. Sobald sie bei der Kirche waren, ließ Santos die Eltern zurück und brachte die drei Kinder zu seinem fünfzehn Kilometer entfernten Sitz nach Vila Nova de Ourém. Dort angekommen, versuchte er sie zu bestechen, und als dies nicht zum Erfolg führte, drohte er, sie zu anderen Kriminellen ins Gefängnis zu sperren. Schließlich drohte er ihnen sogar mit dem Tod. Lúcia war zehn, Francisco neun und Jacinta sieben Jahre alt. Trotz ihres kindlichen Alters blieben sie gegenüber dem Bürgermeister und seinen Drohungen standhaft.

In der Zwischenzeit war in der Cova erneut ein Blitz aufgezuckt, die Menge konnte jedoch auch dieses Mal keine weißgekleidete Frau auf der Steineiche sehen. Da die Kinder nicht anwesend waren, löste sich die Menge im Durcheinander auf. Zum Leidwesen der Eltern blieben die Kinder zwei Tage lang in Haft. Sie wurden am Fest Mariä Himmelfahrt, dem 15. August, freigelassen, als sie zurück nach Fatima gefahren und an der Kirchenpforte abgesetzt wurden. Aufgrund des Festtages waren die Kirchenbänke vollbesetzt und jeder sah, dass Bürgermeister Santos die drei Kinder entführt hatte.

Am 19. August hüteten Lúcia, Francisco und dessen Bruder João auf einer anderen Weide Schafe, wo ihnen 1916 der Engel des Friedens erschienen war. Am Ende des Tages spürte Lúcia die Anwesenheit der Gottesmutter. Sie gab João einige Münzen, damit er seine Schwester Jacinta holen möge. Als Jacinta schließlich ankam, erschien ihnen die Frau in Weiß.

»Was wünschen Sie von mir?«

»Mein Kind, ich möchte, dass ihr am 13. des nächsten Monats wieder zur Cova da Iria kommt und weiterhin täglich den Rosenkranz betet. Im letzten Monat werde ich ein Wunder wirken, damit alle glauben.«

»Was sollen wir mit dem Geld tun, das die Leute am Fuß der Steineiche in der Cova da Iria hinlegen?«

»Ich will, dass man damit zwei Prozessionstragbahren anfertigen lässt. Du wirst eine mit Jacinta und zwei anderen, weißgekleideten Mädchen tragen. Die andere soll Francisco mit drei anderen Knaben tragen. Dies soll am Festtag Unserer Lieben Frau vom Rosenkranz geschehen. Was übrig bleibt, soll für die Errichtung einer Kapelle an jenem Ort verwendet werden.«

Lúcia bat dann um die Heilung einiger Kranker.

»Ja, ich werde einige im Laufe des Jahres gesund machen. Betet, betet viel und bringt Opfer für die Sünder, denn viele Seelen kommen in die Hölle, weil niemand für sie opfert und für sie betet.« Nachdem sie dies gesagt hatte, verschwand sie gen Osten.

Die fünfte Erscheinung von Fatima

Im September 1917 hatte die Geschichte der Seherkinder bereits die Aufmerksamkeit der Landespresse auf sich gezogen. Die Freimaurer und die säkulare Presse hatten sich zusammengetan, um die monatlichen Erscheinungen als ein Beispiel katholischer Borniertheit ins Lächerliche zu ziehen. Am 13. September versammelten sich mehr als 30.000 Menschen in der Cova da Iria, um den Rosenkranz zu beten und darauf zu warten, dass die Gottesmutter den drei Kindern erscheine.

»Was wünschen Sie von mir?«, fragte Lúcia die Frau, die sie selbst sehen konnte, den Augen der Menge jedoch verborgen blieb.

Die Frau antwortete ihr: »Im Oktober wird auch unser Herr kommen, Unsere Liebe Frau von den Sieben Schmerzen und Unsere Liebe Frau vom Karmel. Der heilige Josef wird mit dem Jesuskind erscheinen, um die Welt zu segnen. Gott ist mit euren Opfern zufrieden, aber er will nicht, dass ihr mit dem Strick schlaft. Tragt ihn nur tagsüber.«[48]

»Viele haben mir ihre Bitten um Ihre Hilfe vorgetragen. Werden Sie einem kleinen Mädchen helfen, das taubstumm ist?«

»Ihr wird es noch in diesem Jahr besser gehen.«

»Und die Bekehrungen, um die einige gebeten haben? Die Heilung der Kranken?«

»Einige werde ich heilen, manche nicht. Im Oktober werde ich ein Wunder wirken, damit alle glauben«, sagte sie erneut.

Die Frau stieg auf und entfernte sich in Richtung Osten. Lúcia rief dabei der Menge zu: »Wenn ihr sie sehen wollt, dann schaut, schaut!«

Die sechste Erscheinung von Fatima

Am 13. Oktober regnete es schon frühmorgens in Strömen. Der Boden war aufgeweicht und die neugierigen Pilger marschierten auf dem Weg zur Cova da Iria durch den Morast.

Fünfzig- bis siebzigtausend Personen kamen zu Fuß, zu Pferd, in Kutschen oder sogar im Automobil. Inzwischen war ein Gestell um die kleine Steineiche herum aufgestellt worden, wo die Muttergottes stehen und zu den Kindern sprechen würde. Sechs Monate zuvor wurde ihnen dort mit ihren Rosenkränzen und Schafen allein die erste Erscheinung zuteil. Nun waren sie von Schaulustigen umgeben, sowohl von frommen als auch von skeptischen. Die Frau erschien nach dem Rosenkranz zur Mittagszeit.

»Was wünschen Sie von mir?«, sprach Lúcia die Gottesmutter an.

»Ich möchte dir sagen, dass hier eine Kapelle zu meiner Ehre gebaut werden soll. Ich wünsche, dass ihr fortfahrt, jeden Tag den Rosenkranz zu beten. Der Krieg geht zu Ende und die Soldaten werden nach Hause zurückkehren.«

»Ja. Ja. Sagen Sie mir Ihren Namen?«

»Ich bin Unsere Liebe Frau vom Rosenkranz.«

»Ich habe viele Bitten von vielen Leuten. Werden Sie sie gewähren?«, fragte Lúcia.

»Einige ja, andere nicht. Alle aber müssen sich bessern und um die Vergebung ihrer Sünden bitten. Man soll den Herrn, unsern Gott, nicht mehr beleidigen, der schon so sehr beleidigt worden ist.«

»Ist das alles, was Sie wünschen?«

»Ja, das ist alles.«

Lúcia beschreibt dann, wie die Frau in östliche Richtung verschwand und ihre Hände in Richtung Himmel öffnete. Licht durchbrach die dunklen Wolken und die Sonne rotierte wie eine Scheibe aus Silber.

»Schaut auf die Sonne!«

Die 50.000 bis 70.000 Augenzeugen beobachteten, wie sich die Sonne drehte und am Himmel tanzte.

Zur gleichen Zeit sahen die drei Kinder eine unbeschreibliche Himmelserscheinung, die den freudenreichen, schmerzhaften und glorreichen Geheimnissen des Rosenkranzes entsprachen. Zunächst erblickten sie neben der Sonne den heiligen Josef mit dem Jesuskind und Unsere Liebe Frau in Weiß, mit einem blauen Mantel. Der heilige Josef mit dem Jesuskind schien die Welt mit einer Handbewegung in Kreuzesform zu segnen.

Das ist bemerkenswert, weil es den heiligen Josef mit »priesterlicher Macht« ausgestattet an der Seite unseres Hohenpriesters Jesus Christus zeigt.

Die erste Erscheinung verschwand und die drei Kinder sahen als Nächstes ein Zeichen, das den schmerzhaften Geheimnissen entsprach. Lúcia setzt ihren Bericht fort: »Dann sahen wir unseren Herrn und die Gottesmutter. Ich hatte den Eindruck, es sei Unsere Liebe Frau von den Sieben Schmerzen. Unser Herr schien die Welt in der gleichen Weise zu segnen wie der heilige Josef. Diese Erscheinung verschwand und ich meine wohl, dass ich auch noch Unsere Liebe Frau vom Karmel gesehen habe.«

Die Darstellung Unserer Lieben Frau vom Berge Karmel deutet das glorreiche Königtum Mariens an, da all ihre Verehrer durch das Tragen des heiligen Skapuliers in sichtbarer Weise ihre Untertanen sind.

Mit diesem öffentlichen Wunder und den Privaterscheinungen für Lúcia, Francisco und Jacinta waren die Erscheinungen von Fatima beendet – mit einer Ausnahme. Die Gottesmutter sollte 1920 noch einmal für einen siebten und letzten Besuch zurückkehren, bevor Lúcia in ein Internat ging. Die allerseligste Jungfrau hielt sie dazu an, sich ganz Gott zu weihen. Diesen Wunsch würde Lúcia später durch ihren Eintritt in den Karmelitinnenorden erfüllen.

Die säkularen und freimaurerischen Zeitungen berichteten ebenfalls über das Sonnenwunder. Viele bekehrten sich wieder zur katholischen Kirche. Zahlreiche Bücher haben die Artikel und Augenzeugenberichte aufgezeichnet. Alle sind sich darin einig, dass die Anwesenden sahen, wie sich die Sonne bewegte und drehte. Es wurde von gelben, roten, blauen, purpurnen und weißen Farben, von Perlmutt und allen Farben des Regenbogens berichtet. Viele erklärten, es machte den Eindruck, dass die Sonne aufstieg und dann auf sie zu fallen schien. Einige schrien:»Wir werden alle sterben!« Der schlammige Boden wurde rissig, die nasse Kleidung der Menge trocknete durch eine zehn Minuten andauernde Hitze. Freudig und ängstlich schrie die Menschenmasse auf. Manche riefen:»Ein Wunder, ein Wunder!«

Ein Zeuge des Sonnenwunders war Alfredo da Silva Santos aus Lissabon:

Wir trafen unsere Vorkehrungen und fuhren am 13. frühmorgens los. Es herrschte dichter Nebel und das Auto bog falsch ab, weswegen wir uns alle eine Zeitlang verirrten und erst um die Mittagszeit an der Cova da Iria ankamen. Sie war voller Menschen, aber ich für meinen Teil konnte nichts Religiöses verspüren. Als Lúcia ausrief:»Schaut auf die Sonne!«, wiederholte die ganze Menge:»Achtet auf die Sonne!« An diesem Tag nieselte es unaufhörlich, aber wenige Augenblicke vor dem Wunder hörte es auf zu regnen.

Ich kann kaum Worte finden, um zu beschreiben, was darauf folgte. Die Sonne begann sich zu bewegen, plötzlich schien sie sich vom Himmel zu lösen und wie ein flammendes Rad auf uns niederzusausen. Meine Frau – wir hatten erst kürzlich geheiratet – wurde ohnmächtig. Ich war so benommen, dass ich ihr gar nicht zu Hilfe eilen konnte, so dass mein Schwager, João Vassalo, sich ihrer annahm und sie stützte. Ich fiel, alles um mich herum vergessend, auf meine Knie nieder. Als ich wieder aufstand, wusste ich nicht mehr, was ich gesagt hatte. Ich glaube, dass ich schrie wie die anderen auch. Ein alter Mann mit einem weißen Bart begann, die Atheisten laut zu attackieren und sie herausfordernd zu fragen, ob etwas Übernatürliches vonstatten gegangen sei.[49]

Pater Inacio Lourenço Pereira berichtet:

Ich war damals erst neun Jahre alt und besuchte die Elementarschule in meinem Geburtsort, einem kleinen Dorf, das auf einem einsamen Hügel gelegen ist, den Bergen von Fatima gerade gegenüber, etwa zehn oder elf Kilometer von dort entfernt. Es war ungefähr Mittag, als wir durch das Schreien einiger Männer und Frauen, die bei der Schule vorbeikamen, aufgeschreckt wurden. Die Lehrerin, ein sehr gutes und frommes Fräulein, doch leicht aufgeregt und sehr ängstlich, war die erste, die auf die Straße lief; natürlich konnte sie nicht verhindern, dass ihr die Kinder folgten. Draußen versammelten sich Leute, die weinend und schreiend auf die Sonne zeigten, ohne auf die Fragen zu achten, die unsere zitternde Lehrerin an sie richtete. Es

war das große Wunder, das man von der Anhöhe, auf der
mein Heimatdorf liegt, ganz deutlich sah: das Sonnenwunder mit allen seinen außerordentlichen Phänomenen.
Ich fühle mich unfähig, zu beschreiben, was ich damals
gesehen und empfunden habe. Ich blickte unverwandt die
Sonne an; sie schien mir bleich, ohne den gewöhnlichen
blendenden Glanz; sie kam mir vor wie eine Kugel aus
Schnee, die um sich selbst kreist; dann plötzlich schien sie
im Zickzack herunterzukommen und drohte, auf die Erde
zu stürzen. Aufs Höchste erschrocken, lief ich, um mich
hinter den Leuten zu verstecken.
Alle weinten und erwarteten jeden Augenblick den Welt-
untergang. Neben uns stand ein Ungläubiger, der den ganzen Vormittag über die Leute gespottet hatte, die eigens
nach Fatima gingen, um ein kleines Mädchen zu sehen ...!
Ich schaute ihn an: er war wie gelähmt; mit weitaufgeris-
senen, staunenden Augen betrachtete er die Sonne; dann
sah ich, wie er vom Kopf bis Fuß zitterte, endlich erhob er
die Hände gegen den Himmel, fiel auf die Knie, ohne auf
den Straßenschmutz zu achten, und schrie: »Die Madonna! Die Madonna!« Etwas anderes konnte er nicht sagen,
der arme Ungläubige, dem endlich eine bessere Erkenntnis aufgegangen war.
Inzwischen hörten die Leute nicht auf, zu schreien und
ihre Sünden zu beweinen [...] Dann eilten sie von allen
Seiten den kleinen Dorfkapellen zu, die sich in wenigen
Augenblicken füllten, sodass niemand mehr Platz fand ...
Während der langen Minuten, die das Sonnenphänomen
anhielt, strahlen die Gegenstände um uns alle Regenbo-
genfarben wider [...]

Wenn wir einander ins Gesicht schauten, sahen wir abwechselnd den einen blau, den anderen gelb, einen dritten rot usw. Alle diese seltsamen Erscheinungen erhöhten den Schrecken des Volkes. Nach etwa zehn Minuten kehrte die Sonne in gleicher Weise an ihren Platz zurück, wie sie ihn verlassen hatte, bleich und ohne Glanz [...] Als die Leute merkten, dass die Gefahr vorüber war, strahlten sie vor Freude.
Wie aus einem Munde riefen sie:»Ein Wunder! Ein Wunder! Unsere Liebe Frau sei gelobt!«[50]

Die Kirchen Portugals waren übervoll und die Bischöfe erkannten das Sonnenwunder an. Papst Benedikt XV. erhielt eine göttliche Antwort auf seine Anrufung der allerseligsten Jungfrau Maria und erkannte dies auch in gewissem Maße an. In einem auf den 29. April 1918 datierten Brief an die portugiesischen Bischöfe verwies er auf Fatima als eine »außergewöhnliche Hilfe der Gottesmutter«, er schien jedoch wenig förmliches Interesse für die Erscheinungen von Fatima von zeigen. Erst 1930 sollten die Erscheinungen Unserer Lieben Frau von Fatima während des Pontifikats Pius' XI. für »glaubwürdig« erklärt werden.

8. Das Konklave von 1922: Papst Pius XI.

*Und die geheimen Gesellschaften, die allzeit bereit sind,
den Kampf gegen Gott und gegen die Kirche zu fördern, wer
auch immer ihn führen mag, unterlassen es nicht, diesen
verderblichen Hass mehr und mehr zu schüren, der gar keiner sozialen Klasse weder Frieden noch Glück zu bringen
vermag, sondern sicher alle Nationen ins Verderben stürzen wird.*

— Papst Pius XI., *Caritate Christi compulsi*

Das Konklave von 1922 begann elf Tage nach dem Tode Papst
Benedikts XV., der am 22. Januar 1922 an einer Lungenentzündung verstorben war. Zu diesem Zeitpunkt gab es 65 Kardinäle, aber nur 53 nahmen am Konklave teil. Drei waren
krank und einer sagte sein Kommen wegen der langen Anrei-
se von Rio de Janeiro ab. Die zwei amerikanischen Kardinäle
und ein kanadischer Kardinal trafen zu spät ein, um noch an
der Wahl teilnehmen zu können (wie bereits zuvor im Konklave, das Benedikt XV. gewählt hatte). Mehrere Kardinäle
drängten darauf, dass die Ankunft der nichteuropäischen
Kardinäle abgewartet werden solle; diesem Wunsch wurde
jedoch nicht nachgekommen.

Das Konklave des Jahres 1922 war das verfahrenste
des 20. Jahrhunderts. Während die drei vorhergehenden
Konklaven innerhalb von höchstens drei Tagen einen Papst
gewählt hatten, währte dieses Konklave ganze fünf Tage
lang – mit vierzehn Wahlgängen. Die zwei Parteien entspra-

chen jeweils der Linie einer der beiden vorangegangenen Pontifikate. Die »Eiferer« (*zelanti*) waren stramm antimodernistisch. Sie verehrten Papst Pius X. und stimmten für dessen Staatssekretär, Kardinal Merry del Val (dem von Papst Benedikt XV. ein unbedeutendes Amt zugewiesen worden war). Die gemäßigte Partei der »Politiker« (*politicanti*) stand hinter der diplomatischeren Vorgehensweise Papst Benedikts XV. Ihr Kandidat war Pietro Kardinal Gasparri, der Staatssekretär unter Benedikt XV.

Ein altes römisches Sprichwort besagt: »Wer als Papst ins Konklave geht, kommt als Kardinal wieder heraus.« Das heißt, dass diejenigen, die anfangs über die größte Unterstützung verfügen, am Ende nicht auf die nötige Zweidrittelmehrheit kommen werden. 1922 standen sich die beiden Lager in gleicher Stärke gegenüber und konnten keine Mehrheit erringen. Als deutlich wurde, dass weder Merry del Val noch Gasparri gewinnen würde, ging Gasparri auf Achille Kardinal Ratti als möglichen Kompromisskandidaten zu und bot ihm die Stimmen seiner Unterstützer an. Kardinal Gaetano de Lai soll Kardinal Ratti gesagt haben: »Wir werden für Eure Eminenz stimmen, wenn Eure Eminenz verspricht, Kardinal Gasparri nicht zum Kardinalstaatssekretär zu machen«.[51]

Kardinal Ratti aber wies ihn brüsk ab: »Ich hoffe und bete, dass der Heilige Geist unter so vielen verdienten Kardinälen einen anderen auswählen wird. Aber sollte ich gewählt werden, werde ich in der Tat Kardinal Gasparri zu meinem Kardinalstaatssekretär machen.«[52] Ratti zeigte sich auf diese Weise also Kardinal Gasparri und dem Erbe Papst Benedikts XV. verbunden. Die Anhänger Kardinal Merry del Vals versuchten im Sinne der Bewahrung des Erbes Papst Pius' X., die Mehrheit zu erlangen, am 6. Februar 1922 gewann jedoch Kardinal Ratti im 14. Wahlgang mit 38 Stimmen. Überraschenderweise nahm Ratti nicht den Namen Benedikt, sondern den der Gegenseite an, indem er sich Pius XI. nannte. Als er gefragt wurde, warum er den Namen Pius wählte, antwortete er, er wolle, dass »ein Pius die Römische Frage[53] zu einem Ende bringt, die unter einem Pius begonnen hat.«[54] So missbilligte er auf subtile Weise die kompromisslose Linie der Päpste Pius' IX. und Pius' X.

Einige der konservativen Kardinäle, die Anhänger Kardinal Merry del Vals waren, baten den neugewählten Papst inständig, den Segen *Urbi et Orbi* nicht von der Loggia des Petersdoms aus zu erteilen. Die Unterlassung des Segens war nämlich zu einem symbolischen Protest gegen den säkularen italienischen Nationalstaat und zum Zeichen der Gefangenschaft des Papstes im Vatikan geworden. Papst Pius XI. entgegnete ihnen: »Denkt daran, ich bin nicht länger Kardinal. Ich bin jetzt der Papst.«[55] Papst Pius XI. begann sein Pontifikat damit, den Segen *Urbi et Orbi* zur Volksmenge gewandt zu spenden – als erster Papst seit dem Verlust des Kirchenstaates im Jahre 1870. Dies deutete darauf hin, dass er sich tatsächlich von der entschiedenen Position Pius' IX., Leos XIII. und Pius' X. abwenden wollen könnte. Er würde dem modernen italienischen Staat nachgeben und die Ansprüche des Papsttums auf zeitliche Macht aufgeben. Zur Enttäuschung der konservativen Kardinäle ernannte Papst Pius XI. Kardinal Gasparri sogleich zu seinem Staatssekretär, wie er es bereits im Konklave angekündigt hatte.

Papst Pius XI. war ein begeisterter Bergsteiger und belesener Gelehrter. 1879 zum Priester geweiht, widmete er sein

Leben dem Studium mittelalterlicher Manuskripte. Seine Leidenschaft galt der Biblioteca Ambrosiana in Mailand, wo er eine Ausgabe des ambrosianischen Missales im Mailänder Eigenritus edierte und herausgab. Danach wurde er Vizepräfekt (1914–1915) und schließlich Präfekt der Vatikanischen Bibliothek (1915–1919). Seine Freizeit verbrachte er gern mit anspruchsvollen Hochgebirgswanderungen und erklomm etwa das Matterhorn und den Mont Blanc.

Er veröffentlichte 31 Enzykliken, die der Verbreitung des wahren katholischen Glaubens gewidmet waren. Mit der Veröffentlichung der Enzyklika *Studiorum ducem* im Jahr 1923 förderte er das Studium des hl. Thomas von Aquin. 1925 führte er das Christkönigsfest ein und er förderte die Lehre vom Sozialen Königtum Jesu Christi. 1928 wies er die Meinung zurück, die Einheit der Christenheit könne durch einen Bund christlicher Konfessionen erreicht werden. Er lehrte, dass im Gegenteil alle Christen Glieder der einzig wahren (katholischen) Kirche werden müssen und verbot Katholiken zudem, ökumenischen Vereinigungen beizutreten bzw. an ökumenischen Konferenzen teilzunehmen.

Nachdem die englische Staatskirche 1930 die künstliche Empfängnisverhütung erlaubt hatte, promulgierte Papst Pius XI. die Enzyklika *Casti connubii*, die die christliche Ehe pries und künstliche Empfängnisverhütung mit deutlichen Worten verurteilte: »Jeder Gebrauch der Ehe, bei dessen Vollzug der Akt durch die Willkür der Menschen seiner natürlichen Kraft zur Weckung neuen Lebens beraubt wird, verstößt gegen das Gesetz Gottes und der Natur, und die solches tun, beflecken ihr Gewissen mit schwerer Schuld.«[56]

Zum 40. Jahrestag der Verkündigung der Sozialenzyklika *Rerum novarum* Papst Leos XIII. veröffentlichte er *Quadragesimo anno*, in der er den Sozialismus als in sich falsch und den ungehemmten Kapitalismus als der Menschenwürde widersprechend verurteilte.

Während alle vorherigen Päpste sich geweigert hatten, den italienischen Staat anzuerkennen oder einen Kompromiss mit ihm einzugehen, war Papst Pius XI. jedoch entschlossen, eine Lösung zu finden. Der italienische Ministerpräsident, Benito Mussolini, war ebenfalls darauf bedacht, zu einer Einigung mit dem Papst zu gelangen. Mussolini unterbreitete Pius XI. dabei folgende Bedingungen:

- Die Vatikanstadt (0,44 km² innerhalb der vatikanischen Mauern) wird im Gegenzug für die Aufgabe aller Ansprüche auf die ehemaligen Gebiete des Kirchenstaates zu einem souveränen Staat.
- Pius XI. wird als Souverän dieses Vatikanstaates anerkannt.
- Der Katholizismus wird als alleinige Religion Italiens anerkannt.
- Italien wird die Gehälter der Priester und Bischöfe zahlen.
- Kirchliche Eheschließungen werden staatlich anerkannt (bis dahin nämlich verlangte das Königreich Italien zunächst eine standesamtliche Eheschließung).
- An öffentlichen Schulen wird katholischer Religionsunterricht stattfinden.
- Dem italienischen Staat wird das Vetorecht bei Bischofsernennungen zuerkannt.

- Dem Vatikan wird von Italien 1,75 Milliarden Lire (heute etwa 60 Millionen Euro) als Entschädigung für die Enteignungen seit 1860 zugesprochen.

Das war zwar kein gutes Geschäft, aber Pius XI. ließ sich darauf ein. Er stimmte 1929 den Lateranverträgen zu. Mussolini kaufte die katholische Kirche zu einem Schleuderpreis von umgerechnet 60 Millionen Euro und einigen Zugeständnissen, die später aber widerrufen werden würden. Man kann sich das breite Grinsen Mussolinis vorstellen, als Papst Pius XI. dessen Bedingungen annahm und die Verträge anschließend vom italienischen Parlament ratifiziert wurden. Leider unterminierte dieser Kompromiss die Lehre Pius' X. von der Herrschaft des Christkönigs über das Politische.[57]

Rückblickend wirken die Lateranverträge mehr wie ein Bestechungsgeschenk als eine auf katholischen Prinzipien beruhende Übereinkunft. Da der Papst nun nicht länger mit dem italienischen Staat in Konflikt stand, erklärte Pius XI., dass die Leoninischen Gebete bleiben, jedoch in einem neuen Anliegen gebetet werden würden, nämlich dass Christus »dem bedrängten Volk in Russland Ruhe und Freiheit wiedergeben möge, um ihren Glauben zu bekennen«[58]. Die Achse des Bösen verschob sich von Rom nach Moskau. Das war durchaus angemessen, da die Gottesmutter 1917 vor den Irrtümern Russlands gewarnt hatte und Moskau 1929 eine neue, antichristliche Kampagne umsetzte, bei der die Kirchenzerstörungen 1932 ihren Höchpunkt erreichten.

Ich persönlich glaube, dass Papst Pius XI. zweifelsohne guten Willens war, er sich aber auf ein Geschäft mit dem

Teufel in der Person Benito Mussolinis eingelassen hat. Papst Pius X. und sein heiligmäßiger Staatssekretär, Kardinal Merry Del Val (der die Litanei der Demut verfasste) vertraten den richtigen Ansatz, der sich gegen den Modernismus und gegen das freimaurerische Königreich Italien richtete. Wie wir noch sehen werden, öffneten die Lateranverträge 1929 dämonischen Einflüssen in der Welt die Schleusen.

9. Die kommunistische Infiltration des Klerus

Er wird eine Gegenkirche errichten, welche die Kirche nach-
äfft; denn er, der Teufel, ist der Affe Gottes. Sie wird alle
Merkmale und Eigenschaften der Kirche haben, aber unter
umgekehrtem Vorzeichen und ihres göttlichen Inhaltes ent-
leert. Es wird einen mystischen Leib des Antichristen geben,
der in allen Äußerlichkeiten dem Mystischen Leib Christi
gleichen wird.

— Erzbischof Fulton J. Sheen[59]

Während des Pontifikats Pius' XI. unterlag die Christenheit in
Mexiko, Spanien und Russland gnadenlosen Repressionen von
Freimaurern und Sozialisten. Pius XI. beauftragte den Berliner
Nuntius Eugenio Pacelli, den späteren Pius XII., damit, heimlich diplomatische Beziehungen zwischen dem Vatikan und
der Sowjetunion aufzunehmen. Dieser Annäherungsversuch
scheiterte jedoch. Pius XI. wird zur Last gelegt, die Cristeros
im Stich gelassen zu haben, die in der Guerra Cristera in Mexiko (1926–1929) für die katholische Kirche kämpften.

Während des Spanischen Bürgerkriegs (1936–1939) wurden Priester, Mönche und Nonnen brutal angegriffen,
Kirchen wurden geplündert und Gläubige gefoltert. Die
ehemalige kommunistische Agentin Bella Dodd erklärte später:»Während des Spanischen Bürgerkriegs konnte die Kommunistische Partei einige der klügsten Köpfe des Landes für
den Kampf gegen die katholische Kirche gewinnen, indem
sie sich wieder auf alte Vorurteile stützte und behauptete,

die Kirche sei den Armen gegenüber gleichgültig und gegen all jene, die einfach nur frei sein wollten.«[60] Infolgedessen enteignete die freimaurerisch-kommunistische Regierung Spaniens den gesamten Kirchenbesitz und die kirchlichen Schulen. 1937 befürwortete Pius XI. in seiner Enzyklika *Divini redemptoris* einen dritten Weg sowohl gegen den Kommunismus als auch gegen den Faschismus, doch das konnte weder die neu entstehende Macht der kommunistischen Sowjets noch die Faschisten in Italien, Deutschland und Spanien aufhalten. Pius XI. starb am 10. Februar 1939. Am 1. September 1939 sollte Deutschland mit dem Polenfeldzug den Zweiten Weltkrieg beginnen. Zwischen diesen beiden Daten wurde Papst Pius XII. gewählt.

Pius XI. wusste nicht, dass sich der Angriff der Kommunisten nicht lediglich gegen katholische Regierungen und Monarchen richtete. Seit den 1930er Jahren begannen die Russen damit, heimlich katholische Seminare zu infiltrieren, um ihre eigenen Leute als Priester einzuschleusen, damit diese irgendwann einmal das Bischofs-, Kardinals- und sogar Papstamt erlangen. Man erinnere sich an die Carbonari-Freimaurer, die schon in den 1840er Jahren folgende Strategie empfahlen: »Um also einen Papst nach unserem Herzen zu machen, müssen wir diesem Papst eine Generation heranbilden, die der Herrschaft, die wir erträumen, würdig ist. Lasst das Alter und die reifen Jahre beiseite, haltet euch an die Jugend und, wenn es möglich ist, sogar an das Kindesalter.«[61] Seit dem 19. Jahrhundert war es das dedizierte Ziel der Feinde Christi, eines Tages »einen Papst nach unserem Herzen zu machen«. Und ein notwendiger Bestandteil dieses Plans war es, ihre eigenen Leute zunächst in den Seminaren unterzubringen.

Bella Dodd sagte 1953 vor dem »Komitee für unamerikanische Umtriebe« des amerikanischen Repräsentantenhauses aus, mit welchen subversiven Methoden die Kommunisten versuchten, amerikanische Institutionen zu unterwandern. Sie wandte sich ursprünglich dem Kommunismus zu, da »sich nur die Kommunisten dafür zu interessieren schienen, was den Menschen 1932 und 1933 widerfuhr. [...] Sie kämpften damals gegen Hunger, Not und Faschismus, und weder die großen politischen Parteien noch die Kirchen schien es zu kümmern. Deswegen bin ich Kommunistin.« Nachdem sie als kommunistische Agentin in den USA gelebt hatte, wandte sie sich vom Kommunismus ab, begab sich unter die geistliche Leitung Erzbischof Fulton J. Sheens und kehrte 1952 in den Schoß der katholischen Kirche zurück. Dodd sagte vor oben genanntem Komitee des Repräsentantenhauses aus, in den späten 1920er und während der gesamten 1930er Jahre hätten kommunistische Agenten in den USA Weisungen aus Moskau befolgt. Eine solche Anweisung sah vor, die katholische Kirche durch die Unterbringung von Mitgliedern der Kommunistischen Partei in Seminaren und diözesanen Positionen zu zerstören.

Dodd sagte aus, dass »wir in den 1930ern 1100 Männer in Seminaren untergebracht haben, um die Kirche von innen zu zerstören, und heute sind sie auf den höchsten Posten der Kirche«.[62] Sie arbeitete laut eigener Aussage nicht alleine, sondern mit einer Gruppe von Kommunisten, die außer dem katholischen Klerus auch das amerikanische Schulsystem infiltrieren wollten, wie es in der *Alta Vendita* offen ausgesprochen wird: »Lasst das Alter und die reifen Jahre beiseite, haltet euch an die Jugend und, wenn es möglich ist, sogar an das Kindesalter.« Als ehemalige kommunistische Agentin in den USA gibt ihre Aussage genau jene Strategie wieder, die schon in der *Alta Vendita* entworfen wird.

Ein weiterer ehemaliger Kommunist, der afroamerikanische Spion Manning Johnson, machte 1953 ebenfalls vor dem »Komitee für unamerikanische Umtriebe« einige Aussagen bezüglich der Unterwanderung des katholischen Klerus durch russische Kommunisten:

> Sobald die Taktik, religiöse Organisationen zu infiltrieren, einmal vom Kreml festgelegt worden war [...] stellten die Kommunisten fest, dass die Zerstörung der Religion sehr viel schneller durch eine Unterwanderung der [katholischen] Kirche vonstattengehen könnte, wenn innerhalb der Kirche selbst Kommunisten operierten. [...] In den frühesten Stadien wurde festgelegt, dass es bei den geringen Kräften, die ihnen zur Verfügung standen, notwendig sein würde, die kommunistischen Agenten in den Seminaren zu konzentrieren. Die von den roten Anführern gezogene praktische Schlussfolgerung war, dass es diese Institutionen einer kleinen kommunistischen Minderheit ermöglichen würden, die Weltanschauung künftiger Geistlicher in der Weise zu beeinflussen, dass sie den Zwecken der Kommunisten dienlich wären. Diese Vorgehensweise der Seminarinfiltrierung übertraf hinsichtlich ihres Erfolges sogar die Erwartungen der Kommunisten.[63]

Damit liegen uns also zwei eidesstattliche Aussagen ehemaliger kommunistischer Agenten vor, laut denen der Kreml strategisch seine eigenen Kräfte in die amerikanische und europäische Gesellschaft unterbrachte, um den katholischen Klerus zu infiltrieren, und dass diese Methode sämtliche Erwartungen übertroffen habe – alles vor 1953. Anders ausgedrückt: Die Kommunisten hatten schon lange vor dem Zweiten Vatikanischen Konzil (1962–1965) ihre Leute in den Seminaren, im Klerus und im Episkopat. Bella Dodd enthüllt, dass vier jener eingeschleusten Priester den Kardinalsrang erreicht hatten.

1967 und 1968 wurde Dodd, kurz vor ihrem Tod, von dem Gelehrten Dietrich von Hildebrand und seiner Frau, Alice, in New Rochelle im US-Bundesstaat New York dazu befragt. Alice von Hildebrand berichtete über ihre Unterhaltung:

Dietrich von Hildebrand: Ich fürchte, die Kirche wurde infiltriert.

Bella Dodd: Sie fürchten es, lieber Professor, ich weiß es! Als ich eine glühende Kommunistin war, habe ich eng mit vier Kardinälen im Vatikan zusammengearbeitet, und sie sind auch heute noch sehr aktiv.

Dietrich von Hildebrand: Um wen handelt es sich? Mein Neffe, Dieter Sattler, ist ein Deutscher, der beim Heiligen Stuhl akkreditiert ist.[64]

»Aber Bella, die unter der geistlichen Führung Erzbischofs Sheens stand, lehnte es ab, ihm diese Auskunft zu geben«, erklärte Alice von Hildebrand.[65]

Wer waren diese vatikanischen Kardinäle?

Wir können die denkbaren Namen eingrenzen, wenn wir bedenken, dass Dodd seit den 1930ern aktiv war und 1952 konvertierte. Zudem waren diese Kardinäle noch bis 1966 oder 1967 im Amt. Diese historischen Einschränkungen ergeben eine Liste von nur 26 möglichen Kardinälen, bei denen es sich um die vier kommunistischen Kardinäle handeln könnte, von denen Dodd sprach:

- Grégoire-Pierre XV. Aghagianian
- Benedetto Aloisi Masella
- Clemente Micara
- James Charles McGuigan
- Carlos Carmelo de Vasconcelos Motta
- Norman Thomas Gilroy
- Francis Joseph Spellman
- Jaime de Barros Câmara
- Enrique Pla y Deniel
- Josef Frings
- Ernesto Ruffini
- Antonio Caggiano
- Thomas Tien Ken-sin
- Augusto Álvaro da Silva
- Pietro Ciriaci
- Maurice Feltin
- Carlos María Javier de la Torre Nieto
- Giuseppe Siri
- James Francis Louis McIntyre
- Giacomo Lercaro
- Stefan Wyszyński
- Benjamín de Arriba y Castro
- Fernando Quiroga y Palacios
- Paul-Émile Léger
- Valerian Gracias
- Alfredo Ottaviani

Einige dieser Kardinäle, wie Siri und Ottaviani, kommen von vornherein wegen ihrer einwandfreien Rechtgläubigkeit nicht in Betracht. Unter den wahrscheinlicheren Kandidaten wären Kardinal Spellman, der im Ruf stand, Sodomit zu sein, und der ein Förderer des jungen Theodore McCarrick war, Kardinal Lercaro, der führende liberale Papabile im Konklave von 1963, aus dem jedoch Kardinal Montini als Papst hervorging und Kardinal Frings, eine führende Persönlichkeit auf dem Zweiten Vatikanum und Förderer des jungen Joseph Ratzinger.[66]

Ein weiterer Fall von Unterwanderung hat mit dem mysteriösen Inhalt einer Aktentasche zu tun. 1975 ließ Erzbischof Annibale Bugnini seine Aktentasche in einem vatikanischen Konferenzraum liegen. Bugnini war der Hauptarchitekt der Novus-Ordo-Messe, die 1969 bzw. 1970 eingeführt wurde, und wir werden weiter unten noch gründlich auf seinen Einfluss auf Pius XII. und Paul VI. zu sprechen kommen. An dieser Stelle soll die Feststellung genügen, dass Bugnini ein eingeschleuster Freimaurer war. Ein Dominikanerpater entdeckte die unbeaufsichtigt zurückgelassene Aktentasche und öffnete sie, um ihren Besitzer zu ermitteln. Darin fand er Dokumente, die »an Bruder Bugnini« adressiert waren und »Unterschriften und Herkunftsorte enthielten, die zeigten, dass sie von Würdenträgern römischer Geheimgesellschaften stammten«[67]. Dies führte in Rom zu einem Skandal und Papst Paul VI. sah sich gezwungen, seinen Chefliturgiker und jüngst ernannten Erzbischof als Pro-Nuntius in den Iran zu entsenden – eine überraschende und offensichtliche Degradierung und Verbannung. Der angesehene Theologe Brian Harrison bezeugt ebenfalls die Wahrhaftigkeit der Entdeckung der Freimaurerdokumente Bugninis: »Ein international bekannter Geistlicher von tadelloser Integrität hat mir ebenfalls gesagt, er habe den Bericht von der Entdeckung der Beweise gegen Bugnini direkt von dem römischen Priester gehört, der die Aktentasche gefunden hat, die Bugnini nach einer Besprechung unabsichtlich in einem vatikanischen Konferenzraum zurückgelassen hatte.«[68][69]

Nachdem 1976 das italienische Freimaurer-Register veröffentlicht worden war, tauchte darin Annibale Bugninis Name neben dessen Logen-Decknamen »Buan« auf.[70] Er trat am 23. April 1963, dem Fest des hl. Georg, der Freimaurerloge bei. Das war weniger als zwei Monate vor dem Tod Johannes' XXIII.

Es hat also zweifellos hochrangige Priester und Bischöfe gegeben, vor und während des Zweiten Vatikanums, die eingeschleuste Freimaurer waren. Die Aussagen Bella Dodds und Manning Johnsons, sowie die Entlarvung und Entfernung Bugninis[71], lassen erkennen, dass die Unterwanderung des katholischen Klerus vor und nach 1940 bewerkstelligt wurde. Bevor wir jedoch das Zweite Vatikanische Konzil genauer betrachten, müssen wir zunächst zum Verlauf jener Ereignisse zurückkommen, die zur Wahl Papst Pius' XII. und nach ihm Papst Johannes' XXIII. führten.

10. Das Konklave von 1939: Pius XII.

Papst Pius XI. hatte festgelegt, dass das Kardinalskollegium zu warten habe, um die Teilnahme der Kardinäle aus Nord- und Südamerika an der Papstwahl zu ermöglichen. Er ordnete an, das Konklave solle bis zu 18 Tage nach Eintritt der Sedisvakanz auf die amerikanischen Purpurträger warten. Zum ersten Mal seit langem nahmen alle Kardinäle am Konklave teil, also alle 62 Würdenträger.

Eugenio Kardinal Pacelli war der unangefochtene Favorit und er obsiegte am ersten Wahltag im dritten Wahlgang. Wie bereits erwähnt, war Pacelli am 13. Mai 1917 zum Bischof geweiht worden, jenem Tag, an dem die Gottesmutter zum ersten Mal den drei Kindern in Fatima erschienen war. Pius XI. hatte zu verstehen gegeben, dass Pacelli sein Wunschnachfolger war. Kardinal Pacelli war Camerlengo (Kardinalkämmerer) und damit für die Organisation des Konklaves zuständig. Er nahm die Wahl an, indem er sagte: »*Accepto in crucem*« (Ich nehme sie als Kreuz an). Er wählte den Namen Pius XII. »als Zeichen der Dankbarkeit gegenüber Pius XI.«.[72]

Papst Pius XII. wurde 1876 als Eugenio Maria Giuseppe Giovanni Pacelli geboren. Seine Familie war tief in der *nobiltà nera* verwurzelt, dem sogenannten Schwarzen Adel, also jenem Teil der römischen Aristokratie, der nach der Invasion Roms im Jahre 1870 dem Papst die Treue gehalten hatte.[73] Sein Großvater, Marcantonio Pacelli, war Staatssekretär im Päpstlichen Finanzministerium und schließlich von 1851 bis 1870 Unterstaatssekretär für die inneren Angelegenheiten unter Papst Pius IX. Er war 1861 außerdem Mitgründer des *Osservatore Romano* gewesen. Sein Vater, Filippo Pacelli, war Konsistorialadvokat und zeitweise Dekan der Römischen Rota. Sein Bruder, Francesco Pacelli, wurde, wie sein Vater, Konsistorialadvokat und führte als päpstlicher Justiziar die Verhandlungen über die Lateranverträge vom Februar 1929. Pius XII. wuchs in Rom und innerhalb des päpstlichen Hofes auf. Seine Familie besuchte die Messe in der Chiesa Nuova. Dort feierte der junge Eugenio auch seine Erstkommunion und er ministrierte in den dortigen Messen der Oratorianerpatres. Im Seminar scheint er aufgrund des Ansehens seiner Familie beim päpstlichen Hof eine Sonderstellung genossen zu haben. So wurden etwa seine Mitseminaristen zusammen in der Lateranbasilika geweiht, während Pacelli die Priesterweihe am Ostersonntag 1899 durch einen Freund der Familie, Francesco di Paola Cassetta, den Vertreter (*Viceregente*) des Kardinalvikars von Rom, in dessen Privatkapelle empfing. Seinen ersten priesterlichen Dienst verrichtete er als Beichtvater und Prediger in der Pfarre der Familie, der Chiesa Nuova. 1901 bat Papst Leo XIII. Pacelli persönlich, König Eduard VII. von England seine Beileidsbekundungen zu übermitteln, nachdem Königin Victoria gestorben war.

Pacelli hatte also bereits diplomatisches Parkett betreten, als er 1904 über Konkordate und die kirchenrechtlichen Aspekte bei Außerkraftsetzung eines Konkordats promovierte. 1908 begleitete er Kardinal Merry del Val nach London, wo er Winston Churchill traf. 1911 vertrat er den Heiligen Stuhl anlässlich der Krönung König Georgs V. Am 24. Juni 1914, nur vier Tage vor der Ermordung des österreichischen Thronfolgers Erzherzog Franz Ferdinands in Sarajevo, waren Pacelli und Kardinal Merry del Val dort als Vertreter des Heiligen Stuhls anwesend, als das serbische Konkordat unterschrieben wurde. Wie bereits erwähnt starb Papst Pius X. am 20. August desselben Jahres. Sein Nachfolger, Papst Benedikt XV., ernannte, wie er es angekündigt hatte, Kardinal Gasparri zu seinem Staatssekretär, der seinerseits Pacelli zu seinem Untersekretär machte. 1915 reiste Pacelli nach Wien, um mit Kaiser Franz Josef I. von Österreich mit Blick auf Italien in Verhandlungen zu treten.

Papst Benedikt ernannte Pacelli 1917 zum Nuntius in Bayern und konsekrierte ihn am 13. Mai 1917 in der Sixtinischen Kapelle zum Titularerzbischof von Sardes. Da es zu dieser Zeit weder in Preußen noch in Deutschland einen Nuntius gab, vertrat Pacelli den Heiligen Stuhl im gesamten Deutschen Reich. In dieser Funktion traf er auf König Ludwig III. und Kaiser Wilhelm II. Dort wurde ihm auch Mutter Pascalina Lehnert zur Seite gestellt, eine bayrische Ordensschwester, die ihm für sein übriges Leben als Haushälterin und Sekretärin dienen sollte. Mutter Pascalina ist unsere Primärquelle für Details aus dem dienstlichen und privaten Leben Pacellis vor und nach seiner Wahl zum Papst.

Ihr zufolge wurde Pacelli wiederholt bedroht, einmal sogar mit vorgehaltener Waffe. 1920 wurde er offiziell zum Nuntius für die Weimarer Republik ernannt. Fast zehn Jahre lang beobachtete Pacelli dabei mit Abscheu den Aufstieg des Nationalsozialismus. Als Apostolischer Nuntius für das Deutsche Reich hielt er 44 Reden, von denen sich 40 explizit gegen den Nationalsozialismus richteten.[74]

Aufgrund seiner Stellung in Deutschland wurde Pacelli während der 1920er Jahre de facto auch zum Nuntius für Russland. Mittels inoffizieller und geheimer Verhandlungen ermöglichte er Lebensmittellieferungen und Nothilfe für Katholiken in Russland, bis Papst Pius XI. 1927 den Abbruch aller Gespräche mit Moskau anordnete.

Nachdem Papst Pius XI. die Lateranverträge unterschrieben und die »Römische Frage« einer Klärung zugeführt hatte, berief er Pacelli nach Rom zurück und ernannte ihn vor dem Weihnachtsfest des Jahres 1929 zum Kardinal. Dann erhob Papst Pius XI. Kardinal Pacelli zum Kardinalstaatssekretär. Weil der Vatikan seit dem Untergang des Kirchenstaates im Jahr 1870 seines internationalen politischen Status beraubt war, bedeutete dies für Pacelli als Staatssekretär, die unterbrochenen Beziehungen zu den anderen Staaten für den jüngst geschaffenen Vatikan neu aufzubauen. Er besuchte Franklin Roosevelt und stellte die diplomatischen Beziehungen zu den Vereinigten Staaten wieder her. Da er in den 1920ern lange Zeit in Deutschland gedient hatte, wurde ihm die einzigartige Rolle zuteil, die Welt in den 1930ern vor der drohenden Gefahr des Nationalsozialismus zu warnen, insbesondere nach der Ernennung Adolf Hitlers zum Reichskanzler. Mit Pacellis Unterstützung veröffentlichte Papst Pius XI. in deutscher Sprache die Enzyklika *Mit brennender Sorge*, die den Nationalsozialismus als unmenschliche und heidnische Ideologie verurteilte. Das Schreiben wurde nach Deutschland geschmuggelt und heimlich zu jeder katholischen Kirche gebracht, sodass die Geistlichen sie am Palmsonntag des Jahres 1937 von der Kanzel verlesen konnten.

Angesichts einer Welt, die von einander bekämpfenden Bündnissen und drohender Kriegsgefahr zerrissen war, klagte Kardinal Pacelli, dass die von der Rosenkranzkönigin von Fatima prophezeiten Gefahren kurz vor ihrem tatsächlichen Eintreten stünden:

Die Botschaften der Heiligen Jungfrau an Lúcia von Fatima sind mir Anlass zur Sorge. Diese dringliche Betonung der Gefahren, die die Kirche bedrohen, ist eine Warnung des Himmels vor dem Selbstmord, den Glauben in der Liturgie, in der Theologie und in seinem innersten Wesen zu verändern.

Ich höre um mich herum Erneuerer, die die Heilige Kapelle niederreißen wollen, die universelle Flamme der Kirche zerstören, ihre Ornamente zurückweisen und ihr Gewissensbisse über ihre historische Vergangenheit einreden wollen.

Es wird ein Tag kommen, an dem die zivilisierte Welt ihren Gott leugnen wird, an dem die Kirche zweifeln wird, wie Petrus zweifelte. Sie wird versucht sein zu glauben, dass der Mensch Gott geworden ist.

In unseren Kirchen werden die Christen vergebens nach dem Ewigen Licht suchen, wo Gott auf sie wartet. Wie Maria Magdalena, weinend vor dem leeren Grab, werden sie fragen: »Wo haben sie ihn hingebracht?«[75]

Es war kein Geheimnis, dass Pacelli der unangefochtene Kandidat für das Papstamt nach dem Tode Pius' XI. war, und auch Pacelli war sich darüber im Klaren. Als er der Zukunft entgegenblickte, sah er womöglich die Angriffe gegen die heilige Mutter Kirche und ihre Liturgie, ihre Theologie und ihre Seele voraus. Noch erstaunlicher ist, dass er die Entfernung der Tabernakel aus den Kirchen vorherzusehen schien, dass die Gläubigen vergebens nach dem Ewigen Licht suchen werden, durch das die Gegenwart unseres Herrn Jesus Christus angezeigt und geehrt wird. »Die Kirche wird zweifeln, wie Petrus zweifelte.«

11. Pius XII. als Papst von Fatima

Es muss also die ganze und ungekürzte katholische Lehre vorgetragen und dargelegt werden. Keineswegs darf man verschweigen oder mit zweideutigen Worten verschleiern, was die katholische Lehre sagt über die wahre Natur und die Stufen der Rechtfertigung, über die Verfassung der Kirche, über den Jurisdiktionsprimat des römischen Papstes, über die einzig wahre Union durch die Rückkehr der Dissidenten zur einen wahren Kirche Christi.

— Papst Pius XII., Instruktion *Ecclesia catholica* über die ökumenische Bewegung

Es scheint, zumindest oberflächlich betrachtet, ein Fehler in der Botschaft von Fatima vorzuliegen. Die Frau in Weiß teilte Lúcia mit, dass der Krieg enden würde, aber »wenn man nicht aufhört, Gott zu beleidigen, wird unter dem Pontifikat Pius XI. ein anderer, schlimmerer Krieg beginnen«. Pius XI. starb am 10. Februar 1939 und der Zweite Weltkrieg begann offiziell nicht vor dem deutschen Überfall auf Polen am 1. September 1939 – während des Pontifikats Pius' XII. Irrte Lúcia sich bezüglich des Beginns des Zweiten Weltkriegs?

Lúcia enthüllt diese Information erst im Jahre 1941, also hätte sie den Fehler leicht »zurechtbiegen« oder korrigieren können. Man könnte aber auch argumentieren, dass der »schlimmere Krieg«, von dem Unsere Liebe Frau von Fatima sprach, bereits vor 1939 begann, als Deutschland Österreich annektierte und 1938 Ansprüche auf Teile der

Tschechoslowakei erhob – alles noch unter dem Pontifikat Pius' XI. Die Schachfiguren wurden bereits hier in Stellung gebracht.

Ungeachtet des genauen Ausbruchsdatums ist Pius XII. als Papst von Fatima und Papst des Zweiten Weltkriegs bekannt. Pius XII. war der Gottesmutter von Fatima eng verbunden und sich dessen bewusst, dass seine Bischofsweihe zum Zeitpunkt ihrer ersten Erscheinung am 13. Mai 1917 stattfand. 1941 teilte Lúcia das erste und zweite Geheimnis von Fatima mit und Papst Pius XII. nahm Kenntnis vom zweiten Geheimnis, das sowohl ein »unbekanntes Licht« als auch die Weihe Russlands beschrieb:

Wenn man tut, was ich euch sage, werden viele gerettet werden, wenn man aber nicht aufhört, Gott zu beleidigen, wird unter dem Pontifikat Pius XI. ein anderer, schlimmerer Krieg beginnen. Wenn ihr eine Nacht sehen werdet, erhellt von einem unbekannten Licht, dann wisset, dass dies das große Zeichen ist, das Gott euch gibt, dass er nun die Welt für ihre Missetaten bestrafen wird, und zwar durch Krieg, Hungersnot, Verfolgung der Kirche und des Heiligen Vaters.

Um das zu verhüten, werde ich kommen, um die Weihe Russlands an mein Unbeflecktes Herz und die Sühnekommunion an den ersten Samstagen zu erbitten. Wenn man auf meine Wünsche hört, wird Russland sich bekehren, und es wird Frieden sein, wenn nicht, dann wird Russland seine Irrlehren über die Welt verbreiten, wird Kriege und Verfolgungen der Kirche heraufbeschwören, die Guten werden gemartert werden und der Heilige Vater wird viel zu leiden haben, verschiedene Nationen werden vernichtet werden. Am Ende aber wird mein Unbeflecktes Herz triumphieren. Der Heilige Vater wird mir Russland weihen, das sich bekehren wird, und der Welt wird eine Zeit des Friedens geschenkt werden.

Was das »unbekannte Licht« betrifft, so erschien in der Nacht vom 25. auf den 26. Januar 1938 eine Aurora borealis, ein Nordlicht. Vom späten Morgen bis zum Mittag waren diese Nordlichter ungewöhnlicherweise sogar bis Spanien, Österreich und Portugal zu sehen, wo Lúcia sie selbst als ein Zeichen bezeugte. Papst Pius XI. in Rom soll Gerüchten zufolge ebenfalls das »unbekannte Licht« gesehen haben. Die *New York Times* berichtete am 26. Januar 1938 Folgendes:

Das Polarlicht, das man in Süd- und Westeuropa selten zu sehen bekommt, verbreitete in Teilen Portugals und Niederösterreichs Angst und Schrecken, während tausende Briten verwundert auf die Straßen strömten. Das rötliche Schimmern ließ viele glauben, dass die Stadt in Flammen stünde. Die Feuerwehr von Windsor rückte aus, weil man glaubte, das Schloss Windsor stünde in Brand. Die Lichter wurden in Italien, Spanien und sogar Gibraltar deutlich gesehen. Die in Lichtschein gehüllten, schneebedeckten Berggipfel Österreichs und der Schweiz waren ein herrlicher Anblick, aber Feuerwehrleute waren überall unterwegs, um nicht vorhandene Feuer zu löschen. Portugiesische Dorfbewohner verließen erschrocken ihre Häuser, weil sie das Ende der Welt fürchteten.

Zwei Wochen später, am 10. Februar 1938, starb Pius XI., und am 2. März 1939 wurde Pius XII. zum Papst gewählt. Aber es war schon zu spät: »Wenn ihr eine Nacht sehen werdet, erhellt von einem unbekannten Licht, dann wisset, dass dies das große Zeichen ist, das Gott euch gibt, dass er nun die Welt für ihre Missetaten bestrafen wird, und zwar durch Krieg, Hungersnot, Verfolgung der Kirche und des Heiligen Vaters.«

Während der Zweite Weltkrieg – als Strafe für deren Sünden – durch die Welt flammte, versuchte Papst Pius XII. der Rosenkranzkönigin von Fatima zu gehorchen. 1942 weihte er die Welt dem Unbefleckten Herz Mariens, wie es die Gottesmutter in der Botschaft von Fatima verlangt hatte. Diesem Beispiel sollten viele weitere päpstliche Weihen an das Unbefleckte Herz Mariens folgen, bei denen nicht ausdrücklich von Russland gesprochen wurde. Dies führte zu jahrzehntelangen Debatten über die Weihe Russlands. Entspricht die Weltweihe wirklich der Weihe Russlands, wie sie die Gottesmutter in Fatima gefordert hatte?

Vielleicht hilft eine Analogie, um diese Streitfrage zu beantworten. Wenn ein Vater den Papst bittet, seinen todkranken Sohn zu segnen, und der Papst antwortet: »Ja, das tue ich sehr gerne. Ich segne alle Kinder auf der Welt *in nomine Patris, et Filii, et Spiritus Sancti*«, hat der Papst dann den kranken Sohn gesegnet? Ja, er hat den Jungen gesegnet, aber auf allgemeine und nicht bestimmte Weise. Und darin besteht ein wesentlicher Unterschied: Die katholische Kirche verlangt in ihren Segensformulierungen und in ihrer Liturgie Bestimmtheit! Ein Priester darf nicht mehrere Leute gleichzeitig mit einem Eimer Wasser oder einem Schlauch taufen, sondern muss jeden einzeln taufen. Wenn der Priester die Hostien im Messopfer konsekriert, konsekriert er nur die Hostien auf dem Korporale – nicht aber diejenigen nebenan in der Sakristei. In einem Exorzismus wird ein Individuum exorziert, keine Gruppe.

Die von der Jungfrau von Fatima an Lúcia übermittelten Anweisungen betrafen die spezifische Weihe Russlands, keine allgemeine Weltweihe. Dennoch unterließen die Päpste diese, weil Russland Europa und die katholische Kirche ab den 1940er Jahren bis in unsere heutige Zeit schwer unter Druck setzte. Die spezifische Weihe Russlands wurde unterlassen von:

• Pius XII. am 31. Oktober 1942
• Paul VI. am 21. November 1964
• Johannes Paul II. am 13. Mai 1982
• Johannes Paul II. am 25. März 1984 mit allen Bischöfen
• Franziskus am 13. Oktober 2013

Bei all diesen Weihen handelte es sich um allgemeine Weiheakte der Welt an das Unbefleckte Herz Mariens und sie waren als solche gnadenreich, gut und für die katholische Kirche – infolgedessen damit auch für die Menschheit – heilsam. »Gedenke, gütigste Jungfrau Maria, man hat es noch niemals gehört, dass jemand, der zu dir seine Zuflucht nahm, deine Hilfe anrief, um deine Fürsprache flehte, von dir verlassen worden sei.« Und doch handelt es sich nicht im eigentlichen Sinne um eine päpstliche Weihe Russlands an das Unbefleckte Herz. Es gibt nur einen einzigen päpstlichen Weiheakt in der Geschichte der katholischen Kirche, der einer spezifischen Russlandweihe an das Unbefleckte Herz nahekommt.

Er findet sich im Apostolischen Brief *Sacro vergente anno*
Pius' XII. vom 7. Juli 1952. Darin verweist Pius XII. auf die
tausendjährige Beziehung Roms mit dem russischen Volk,
angefangen von den Missionsbemühungen der hll. Cyrill und
Methodius (an deren Fest das Schreiben verfasst wurde), die
von Papst Hadrian II. zu den Slawenvölkern entsandt worden
waren. Pius erinnert an die glücklichen Beziehungen zwischen Rom und Russland in der Vergangenheit und erwähnt
die Nothilfe, die Russland (durch seine eigene Vermittlung
als Kardinal) durch die Päpste Benedikt XV. und Pius XI. zu-
teilwurde. Er merkt unumwunden an, dass Pius XI. verfügt
hatte, dass die traditionellen Leoninischen Gebete nach der
Stillen Messe für die Beendigung der»Religionsverfolgung in
Russland« gebetet werden mögen. Dann weiht er Russland
ausdrücklich dem Unbefleckten Herzen:

Damit Unsere und eure Gebete leichter Erhörung finden,
und um euch einen besonderen Beweis Unseres Wohlwollens zu geben, *weihen Wir heute in besonderer Weise alle
Völker Russlands dem Unbefleckten Herzen der jungfräulichen Gottesmutter*, so wie Wir vor einigen Jahren die ganze Welt diesem Unbefleckten Herzen geweiht haben. Wir
tun es in dem festen Vertrauen, dass durch den mächtigen
Schutz und die Hilfe der Allerseligsten Jungfrau Maria Unsere, eure und aller Gutwilligen Gebete um den wahren
Frieden, die brüderliche Eintracht, die Freiheit, die jedem
zusteht, vor allem der Kirche, möglichst bald glücklich erfüllt werden. Wenn ihr so euer Gebet mit Uns und allen
christlichen Völkern vereint, möge durch dieses Flehen
das heilbringende Reich Christi in allen Teilen der Welt

fest gegründet werden, »das Reich der Wahrheit und des Lebens, das Reich der Heiligkeit und der Gnade, das Reich der Gerechtigkeit, der Liebe und des Friedens« (Präf. des Christkönigsfestes). Demütig bitten Wir die mildreiche Mutter, sie möge euch in aller Not der Gegenwart beistehen und möge von ihrem göttlichen Sohn für euren Geist jenes Licht, das vom Himmel stammt, und für eure Seelen Tugend und Kraft erflehen, auf dass ihr mit Hilfe der göttlichen Gnade allen Irrtum und alle Gottlosigkeit siegreich überwindet.[76]

Pius XII. verweist explizit auf die internationale Weihe aller Nationen des Jahres 1942. Hier, im Jahr 1952, erneuert er diese Weihe, aber dieses Mal jedoch gezielt auch für Russland: »Damit unsere und eure Gebete leichter Erhörung finden, und um euch einen besonderen Beweis unseres Wohlwollens zu geben, weihen wir heute in besonderer Weise alle Völker Russlands dem Unbefleckten Herzen der jungfräulichen Gottesmutter.« Dies scheint tatsächlich eine ausdrückliche und präzise päpstliche Weihe Russlands an das Unbefleckte Herz zu sein und erfüllt in gewisser Weise die Bitte Mariens von 1917 – allerdings geschah dies nicht in Einheit mit allen Bischöfen der Welt. Folglich erfüllt diese Weihe nicht genau die Anweisungen der Gottesmutter.

Keine zwei Monate später sandte Papst Pius XII. am 2. September 1952 P. Joseph Schweigl nach Coimbra in Portugal, um Schwester Lúcia in ihrem Konvent bezüglich des dritten Geheimnisses von Fatima zu befragen. Bei seiner Rückkehr in das Russicum in Rom vertraute P. Schweigl einem seiner Mitbrüder an: »Ich kann von dem, was ich in Fatima betreffs des dritten Geheimnisses erfahren habe, nichts offenbaren, aber ich kann sagen, dass es zwei Teile enthält: einer betrifft den Papst. Der andere – obwohl ich nichts darüber sagen kann – muss logischerweise die Fortsetzung der Worte sein: In Portugal wird das Dogma des Glaubens immer erhalten bleiben.«[77,78]

12. Die kommunistische Infiltration der Liturgie

Unglücklicherweise verlief die zweite Hälfte des Pontifikats Pius' XII. nicht in der gleichen herausragenden Form wie die erste. 1948 berief er den umstrittenen Vinzentinerpater Annibale Bugnini in die Kommission zur Generalreform der Liturgie.

Die Kommission wurde damit beauftragt, die Karsamstagsliturgie, die gewöhnlich[79] morgens gefeiert wurde, in der Weise wiederherzustellen, dass sie als Ostervigil in der Nacht als Vorfeier des Osterfestes zu zelebrieren wäre. Im Jahr 800 n. Chr. wurde die Karsamstagsmesse kurz vor Einbruch der Dunkelheit gefeiert. Um 1076 fand die Karsamstagsmesse am Nachmittag statt. Im 16. Jahrhundert wurde diese Karsamstagsmesse mit der Triangelkerze, der Osterkerze und den zwölf Lesungen bereits überall am frühen Morgen des Karsamstags gefeiert. Der hl. Papst Pius V. dekretierte in seiner Bulle *Sanctissimus*, dass es allen Priestern verboten sein werde, die Karsamstagsmesse nach der Mittagsstunde zu feiern.

Liturgiker hatten schon lange angemerkt, dass das »Exsultet«, das vom Diakon bei der Segnung der Osterkerze gesungen wird, von einem Gesang zu nächtlicher Zeit spricht:

Der Glanz dieser heiligen Nacht nimmt den Frevel hinweg, reinigt von Schuld, gibt den Sündern die Unschuld, den Trauernden Freude. Weit vertreibt sie den Hass, sie einigt die Herzen und beugt die Gewalten. *In dieser gesegneten Nacht*, heiliger Vater ...

Da die Liturgie selbst aus frühester Zeit stammt und sich auf den Kontext »dieser gesegneten Nacht« bezieht, wollten die Liturgiker der 1940er Jahre die Liturgie in die Nacht des Karsamstags kurz vor Ostersonntag zurückverlegen. Ältere Theologen wie der heilige Thomas von Aquin oder der heilige Pius V. verteidigten die morgendliche Karsamstagsfeier. Das Argument für die Vigil am Morgen bestand darin, dass das Fasten die frühe Zelebrationszeit verlange und die meisten Laien nicht in der Lage seien, an einer nächtlichen Samstagsmesse und zusätzlich einer Messe am Sonntagmorgen teilzunehmen – die Vorstellung, die Sonntagspflicht mit einer Vigilmesse am Samstagabend erfüllen zu können, existierte nämlich noch nicht.[80] Interessanterweise wurde es als »pastorales« Zugeständnis betrachtet, die Karsamstagsmesse am Samstagmorgen und nicht etwa zu vorgerückter Nachtstunde zu feiern. Traditionelle Theologen merkten außerdem an, dass die Liturgie voller »Zeitverschiebungen« ist. Unser Herr Jesus Christus feierte die erste Eucharistie zu nächtlicher Zeit, aber wir feiern sie beinahe immer am Morgen. Das Letzte Abendmahl hat beispielsweise zwar an einem Donnerstag stattgefunden, wir jedoch haben eine Sonntagspflicht.

Die Liturgische Bewegung ignorierte all dies. Ihre Vertreter wollten die Karsamstagsmesse als in später Nachtzeit stattfindende Ostervigil wiederherstellen, merkten dabei jedoch schnell, dass dies (wie seit Jahrhunderten bekannt) nicht den pastoralen Erfordernissen mit Hinblick auf die Laien entspräche. Also zogen diese liturgischen Erneuerer die Schlussfolgerung, sie hätten die ganze Karsamstagsliturgie umzugestalten, damit sie der nächtlichen Zeit angepasst sei.

Leider traf Pius XII. die unkluge Entscheidung, Pater Annibale Bugnini mit der »Restauration« dessen zu betrauen, was bis dato so nie existiert hatte.[81]

Annibale – der Name bedeutet »Geschenk Baals« – wurde 1912 in Civitella del Lago in Umbrien geboren. Im Alter von 24 Jahren wurde er für die Kongregation der Mission, die besser unter dem Namen »Lazaristen« bekannt ist, zum Priester geweiht. Er erlangte sein theologisches Doktorat an der Päpstlichen Universität des Heiligen Thomas von Aquin mit der Verteidigung seiner Dissertation über die Liturgie und das Konzil von Trient. Er wurde Schriftleiter der *Ephemerides Liturgicae*, einer katholischen Zeitschrift, die sich der Zielsetzungen der Liturgischen Bewegung annahm, und in dieser Stellung wurde Papst Pius XII. auf ihn aufmerksam. Letzterer wusste nicht, dass Bugnini Gerüchten zufolge Freimaurer war.

Die erneuerte Karsamstagsliturgie von 1951 führte 1955 zur reformierten Karwoche. Bugnini arbeitete bereits zu diesem Zeitpunkt an dem, was später als »Protestantisierung« der katholischen Liturgie bezeichnet werden sollte:

- Segnungen wie die Palmweihe wurden in ihrem rituellen Umfang reduziert oder abgeschafft.
- Der Priester betete vom Stuhl aus, nicht vom Altar.
- Die Triangelkerze, die die allerheiligste Dreifaltigkeit und die drei Marien am Grab symbolisiert, wurde abgeschafft.
- Die traditionellen *casulae plicatae* und andere Paramente wurden abgeschafft oder vereinfacht.
- Der Priester begann, sich verstärkt dem Volk zuzuwenden.

- Die Verwendung der Volkssprache wurde eingeführt.
- Die Anzahl der Lesungen wurde von zwölf auf vier reduziert, um die Ostervigil unter Rücksichtnahme auf die Laien zu kürzen.
- Die Allerheiligenlitanei wurde verändert.
- Im Gegensatz zur traditionellen Praxis wurde die Gemeinde aufgefordert, bei der Karfreitagsfürbitte für die Juden eine Kniebeuge zu machen.
- Das Taufwasser wurde vor dem Volk und nicht am Taufbrunnen geweiht.
- Die Erneuerung der Taufgelübde in Landessprache wurde eingeführt, um eine »Teilnahme« der Laien zu ermöglichen.
- Die Trauermetten entfielen.
- Für den Gründonnerstag und Karsamstag wurden Abendmessen vorgeschrieben.

Von der Karwoche abgesehen, beseitigte Bugnini zahlreiche Oktaven und Vigilien, schaffte die erste Vesper vieler Feste ab und machte das »Dies Irae« bei Requien fakultativ.[82]

Hier lag offensichtlich nicht mehr der alte und überkommene Ritus vor. Die Karwochenliturgie des römischen Ritus ist die älteste Liturgie der Welt – und Bugnini zerstückelte sie um eines Experimentes willen. Die Anhänger der Liturgischen Bewegung bejubelten diese »Wiederherstellungen«, die nichts anderes als zeitbedingte Projektionen früherer Liturgiestadien auf Kosten der tatsächlichen Texte und Rubriken der klassischen Liturgien »wiederherstellten«.

Am schlimmsten jedoch war, dass Bugnini und andere dadurch ermutigt wurden, noch radikalere Veränderungen am

Messritus selbst anzustoßen. Sie forderten die Abschaffung des Stufengebetes, der Offertoriumsgebete, des Schlussevangeliums und der Leoninischen Gebete nach der Stillen Messe. Alles schien der Willkür überantwortet.

Die ursprüngliche Reform des Karsamstags 1951 hatte als »Experiment« begonnen, doch sie wurde zur vorgeschriebenen Norm. Diese Vorgehensweise hatte Vorbildcharakter. Veränderungen wurden »ad experimentum« vorgeschlagen und anschließend unter Berufung auf die Gewissenspflicht in die Vorschriften aufgenommen. Was in den Jahren 1969–1970 zum *Novus Ordo Missae* ausgestaltet werden sollte, erwuchs aus dem Keim der Karwochenreform Bugninis aus dem Jahr 1955.

13. Das beklagenswerte Leiden Pius' XII. – Drei Kryptomodernisten

Es ist schwierig zu verstehen, warum Papst Pius XII. in seinen späten Jahren einen liberaleren Kurs verfolgte und wie es geschehen konnte, dass er anscheinend von Personen wie Pater Bugnini manipuliert wurde. Seine Freunde und Bekannten bemerkten einen drastischen Persönlichkeitswandel, der im Jahr 1954 begann, als der Papst an einem schweren Anfall von Gastritis litt. Fotografische Zeugnisse belegen, dass Pius XII. die Zeremonien des römischen Ritus sowie die Pracht und den Glanz der Papstliturgien sehr schätzte. Oft sieht man ihn auf Fotos mit ausgestreckten Armen und nach oben gerichtetem Gesicht. Vielleicht sind diese Aufnahmen Pius' XII. die herrlichsten Darstellungen des Papsttums in der Menschheitsgeschichte.

Doch seit dem Beginn seiner schweren Erkrankung 1954 mied der Papst pompöse Zeremonien. Ganz im Gegensatz zu seinem früheren Stil, den er als Nuntius in Deutschland und in der ersten Periode seines Pontifikates gepflegt hatte, zögerte er zunehmend, Entscheidungen zu treffen. Vielleicht lag es an seinem schlechten Gesundheitszustand, dass ihm lange Liturgien und die Verantwortung des Papstamtes zu einer schweren Last wurden. Von 1955 bis 1958 wurde er von Albträumen und Halluzinationen geplagt und er scheint sich damals bereits seinem bevorstehenden Lebensende ergeben zu haben.

Mit dem Auftreten seiner Krankheit, am 17. Mai 1955, entsandte Papst Pius XII. den ihm loyalen Kardinal Ottaviani, Pro-Sekretär des Heiligen Offiziums, um Schwester Lúcia über die versiegelte Botschaft des dritten Geheimnisses von Fatima zu befragen. Aufgrund der Unterredung des Kardinals mit Lúcia bat der Heilige Stuhl den zuständigen Ortsbischof im April 1957 darum, den Text des dritten Geheimnisses, der sich noch immer in einem versiegelten Umschlag befand, nach Rom zu übersenden. Bevor er das dritte Geheimnis an den Heiligen Stuhl versandte, hielt Bischof João Pereira Venâncio das versiegelte Kuvert gegen eine Lampe. Er sah, dass der Umschlag ein Blatt Papier mit 25 Zeilen handgeschriebenem Text und einem Rand von einem dreiviertel Zentimeter zu beiden Seiten enthielt. Als das dritte Geheimnis den Vatikan erreichte, wurde es in einen Tresor in den päpstlichen Gemächern verbracht, wie auf einem Foto auf der französischen Illustrierten *Paris Match* zu sehen ist. Als guter und den Weisungen der Gottesmutter gehorsamer Papst öffnete Pius XII. den versiegelten Umschlag nicht, sondern unterwarf sich der darauf befindlichen Anweisung, wonach er erst im Jahr 1960 geöffnet werden solle.

Indes übten drei Geistliche einen sehr erheblichen Einfluss auf den todkranken Pius XII. aus: Bugnini, Montini und der deutsche Jesuit Augustin Bea. Diese drei Kryptomodernisten nutzten die letzten drei Jahre des Pontifikats aus, um ihren Plan für einen neuen Typus von Papst, ein neues Konzil und eine neue Liturgie auszubrüten. Pius XII. hatte keinen Kardinalstaatssekretär ernannt. Er behalf sich damit, das Amt des Staatssekretärs aufzuteilen, indem er Montini (den künftigen Papst Paul VI.) als Pro-Staatssekretär für ordentliche Angelegenheiten und Domenico Kardinal Tardini zum Pro-Staatssekretär für außerordentliche kirchliche Angelegenheiten ernannte. Damit war Montini faktisch derjenige, der die Führung des Vatikans und des Papsttums von 1955 bis zum Tod Pius XII. 1958 innehatte.[83] Dennoch hatte er wegen seiner bekannten Nähe zum linken Flügel der italienischen Partei Democrazia Cristiana starke Gegner in der Kurie, die ihn als liberal oder gar sozialistisch und damit nicht papsttreu verdächtigten. So erlaubte Montini zum Beispiel dem in Ungnade gefallenen päpstlichen Leibarzt, die Papstgemächer zu betreten und Fotoaufnahmen des sterbenden Pius' XII. zu machen – Fotos, die er gewinnbringend an Zeitungen verkaufte. Montini hatte eine dunkle Seite, wie aus seiner Freundschaft mit Saul Alinsky deutlich wird. Im späten Frühling des Jahres 1958, nur wenige Monate vor dem Tod Pius' XII. am 9. Oktober 1958, traf sich Montini durch die Vermittlung des französischen Philosophen Jacques Maritain dreimal mit dem jüdisch-amerikanischen Linksintellektuellen aus Chicago, einem Mann, der auf dem Gebiet der Unterwanderung sehr geschickt war. Maritain war ein Pseudothomist, der 1935 das modernistische Buch *Christlicher Humanismus* verfasst hatte. Darin schlägt Maritain auf der Grundlage des von ihm vertretenen philosophischen, religiösen und politischen Pluralismus eine »neue Form« des Christentums vor. Kurz: Es handelte sich um einen Prototyp der Ideale und Ziele des Zweiten Vatikanums.[84] Nebenbei sei bemerkt, dass Maritain auch der Ghostwriter für das »Credo des Gottesvolkes« war, das von Papst Paul VI. am 30. Juni 1968 feierlich verkündet wurde.

Mitte der 1940er Jahre wurde Jacques Maritain Saul Alinskys Freund und Kollaborateur. Alinsky hatte seit den 40er Jahren als gemäßigt sozialistischer »Community Organizer« in Chicaco gearbeitet, also auf dem Gebiet der Gemeindeorganisation gewirkt, und sich zum Ziel gesetzt, gemeinsam mit der protestantischen und katholischen Geistlichkeit eine geschlossene Front für soziale Gerechtigkeit aufzubauen. In verlogener Weise pries Maritain den Agnostiker Alinsky als jemand an, der »praktisch Thomist« sei.[85] Leider ermutigte Maritain Alinsky außerdem, sein berüchtigtes Unterwanderungsmanifest *Die Stunde der Radikalen* zu veröffentlichen, das dem »allerersten Radikalen« gewidmet war, »der gegen das Establishment rebellierte, und das so erfolgreich, dass er immerhin sein eigenes Königreich erkämpfte — Luzifer«.[86] Soviel zur These, es handle sich bei Alinsky »praktisch« um einen »Thomisten«. Dieses Buch wurde später zum Handbuch für die Chicagoer Community Organizer, insbesondere für den künftigen Präsidenten der Vereinigten Staaten Barack Obama. Alinskys These besteht darin, dass ein vermeintlich edler Zweck immer alle Mittel heiligt, ganz gleichgültig, wie unmoralisch oder verderblich diese Mittel auch sein mögen. Maritain pries *Die Stunde der Radikalen* als »großartiges Buch, bewundernswert offen, absolut unerschrocken und radikal revolutionär«[87] und erhielt die exklusiven Übersetzungsrechte für die französische Auflage. Über seine Bewunderung für Saul Alinksy schrieb er:

In der westlichen Welt kann ich nur drei Revolutionäre erkennen, die dieses Namens würdig sind: Eduardo Frei in Chile, Saul Alinsky in Amerika [...] und mich selbst in Frankreich, mich, der ich völlig wertlos bin, da meine Berufung zum Philosophen mir jede Tätigkeit als Agitator unmöglich gemacht hat. [...] Saul Alinsky, der mir ein sehr guter Freund ist, ist ein mutiger und auf bewunderungs-

würdige Weise standhafter Organisator in der Gemeinwe-
senarbeit und ein antirassistischer Bürgerrechtler, dessen
Methoden ebenso effektiv wie unkonventionell sind.[88]

Maritain verehrte Alinsky und als Mentor Montinis wollte
Maritain die beiden miteinander bekannt machen.

Vor dem ersten Treffen zwischen Alinsky und Montini 1958 schrieb Maritain einen Brief an Ersteren, um ihn
der Begeisterung Montinis zu versichern:»Der neue Kardinal hat Sauls Bücher gelesen und wird bald Kontakt zu ihm
aufnehmen.«[89] Warum aber studierte Kardinal Montini von
Mailand die Bücher eines jüdisch-amerikanischen Agnosti-
kers? Montini schien irgendein Interesse an den Methoden
organisierter Unterwanderung und Infiltration zu haben,
denn er wollte Alinsky persönlich treffen. Wir wissen von
mindestens drei persönlichen Treffen, die zwischen den beiden stattgefunden haben, da Alinsky dies in einem Brief an
Maritain vom 20. Juni 1958 erwähnt:»Ich hatte drei wunder-
bare Begegnungen mit Montini und ich bin mir sicher, dass
du seitdem schon von ihm gehört hast.«[90] Wir wissen nicht,
was bei diesen Zusammenkünften besprochen wurde, aber
die beiden Männer bewunderten einander. Im selben Jahr,
nach dem Tod Pius' XII., schrieb Alinsky Folgendes an einen
Freund:»Nein, ich weiß nicht, wer der nächste Papst werden
wird. Sollte es jedoch Montini sein, gehen die nächsten Jahre
alle Getränke auf meine Rechnung.«[91] Mit anderen Worten:
Der Autor der *Stunde der Radikalen* konnte sich keinen bes-
seren »radikalen« Papst vorstellen als Montini. Dieser war
nicht der einzige radikale Kardinal, der die letzten Tage des
schwer kranken Pius' XII. unterminierte.

Seit 1946 geriet Papst Pius XII. unter den Einfluss seines selbst gewählten Beichtvaters und Seelenführers, Augustin Kardinal Bea SJ, der nach dem Tod des Papstes den jungen irischen Jesuitenpater Malachi Martin zu seinem persönlichen Sekretär berief. Vor Bea war der streng thomistische Theologe Michel-Louis Guérard des Lauriers OP päpstlicher Beichtvater gewesen, der bei der Abfassung der Apostolischen Konstitution mitgeholfen hatte, in der 1950 die leibliche Aufnahme Mariens in den Himmel als Dogma definiert wurde. Aus irgendeinem Grund entließ Pius XII. Guérard des Lauriers, dem er zuvor noch vertraut hatte und begann damit, bei Kardinal Bea zu beichten und sich seiner Seelenführung anheimzustellen.

Doch Kardinal Bea sollte sich als Modernist erweisen. Auf dem Zweiten Vatikanischen Konzil bekämpfte er offen die Verpflichtung der Geistlichen zum Antimodernisteneid. Er schätzte den neuen »Ökumenismus« und arbeitete unermüdlich daran, jüdischen Rabbinern und Intellektuellen Zugeständnisse zu machen und alles aus der katholischen Lehre und Liturgie zu entfernen, was diese für »antisemitisch« hielten. Er würde später die Konzilserklärung *Nostrae aetate* entwerfen – jenes umstrittene Dokument über das Verhältnis der Kirche zu den nichtchristlichen Religionen.

Bea setzte sich außerdem für radikale liturgische Veränderungen ein, die von Bugnini vorgeschlagen und zur Diskussion gebracht wurden. Tatsächlich hatte Bea selbst eine neue, auf dem hebräischen Psalter beruhende Psalmenübersetzung vorgelegt, die sich destruktiv auf den Gregorianischen Choral auswirkte, dessen traditionelles lateinisches Psalterium die griechische Septuaginta zur Grundlage hat.

Ähnlich wie es J.R.R. Tolkien in *Der Herr der Ringe* darstellt, wo ein sterbender Théoden unter dem üblen Einfluss von Gríma Schlangenzunge und Saruman steht, so stand der todkranke Pius XII. unter dem Bann seiner drei falschen Freunde: Bugnini, der Liturgiker; Montini, der Sekretär; und Bea, der Beichtvater. Ähnlich wie König Théoden wurde er sprichwörtlich nicht von Gandalf erlöst, sondern von Gandolfo.

14. Das mysteriöse Konklave von 1958

Papst Pius XII. starb am 9. Oktober 1958 in Castel Gandolfo. Einige Tage zuvor klagte er über heftige Magenschmerzen und sein Arzt versuchte, ihm den Magen auszupumpen jedoch, ohne eine Besserung zu erwirken. Er empfing die Sterbesakramente und bereitete sich auf den Tod vor. In der Nacht vor seinem Dahinscheiden schaute er zu den Sternen auf und sagte: »Sehen Sie, wie schön – wie groß ist doch der liebe Gott!«[92] Um 3:52 Uhr lächelte er, senkte den Kopf und starb. Mutter Pascalina erinnerte sich, dass der Arzt bemerkte: »Der Heilige Vater stirbt nicht an einer eigentlichen Krankheit, er ist nur völlig aufgearbeitet. Er hat alles aus sich herausgeholt, was ein Mensch aus sich herausholen kann. Er hat ein völlig gesundes Herz und eine ebenso gesunde Lunge. Hätte er sich nur ein wenig geschont, er hätte noch 20 Jahre leben können.«[93]

Das Konklave von 1958 währte vom 25. bis 28. Oktober. Von den damals insgesamt 53 Kardinälen nahmen 51 daran teil. Die zwei fehlenden Kardinäle – József Mindszenty und Alojzije Stepinac – wurden von den kommunistischen Regimen ihrer Heimatländer an der Ausreise gehindert. Für die erforderliche Zweidrittelmehrheit zur Wahl eines neuen Papstes genügten damit 35 Stimmen.

Die konservativen Kardinäle unterstützten Giuseppe Kardinal Siri von Genua, mit einem Alter von 52 Jahren ein junger Kandidat. Siri schien außerdem Pius' XII. Wunschkandidat für seine Nachfolge gewesen zu sein. Die liberalen Kardinäle dagegen unterstützten Giacomo Kardinal Lercaro von Bologna im idealen Alter von 67 Jahren. Der Kompromisskandidat war Angelo Kardinal Roncalli, Patriarch von Venedig, der in mehr als 25 Jahren Erfahrungen im diplomatischen Dienst in Bulgarien, der Türkei und Frankreich gesammelt hatte. Da Kardinal Roncalli 77 Jahre alt war, war keine lange Amtszeit zu erwarten. Es war fast allgemeine Meinung, dass entweder Kardinal Siri oder Kardinal Roncalli als Papst aus dem Konklave hervorgehen würde.

Während des ersten Tages fanden keine Wahlgänge statt, es wurde nur diskutiert. Am zweiten Tag, Sonntag dem 26. Oktober, stieg nach angeblich vier Wahlgängen um 18 Uhr weißer Rauch aus dem Schornstein der Sixtinischen Kapelle auf, um die Wahl eines Papstes zu signalisieren. Der weiße Rauch war ganze fünf Minuten zu sehen. Aber die Wahl eines Papstes wurde nicht nur vom Rauch angezeigt, auch die Glocken des Petersdoms bestätigten sie. Radio Vatikan verkündete: »Es steht außer Zweifel. Ein neuer Papst wurde gewählt.« Die Schweizergarde bezog ihre Posten und auf dem Petersplatz versammelte sich eine Volksmenge, um den neuen Papst zu sehen und seinen ersten Segen zu empfangen. Die Menge wartete eine halbe Stunde, aber kein Papst erschien. Radio Vatikan gab bekannt, es habe sich um einen Irrtum gehandelt. Die Menge löste sich auf. *Non habemus Papam.*

Es wurde behauptet, dass Kardinal Siri an diesem Tag gewählt worden sei, die Wahl angenommen und den Papstnamen Gregor XVII. angenommen, bzw. dessen Annahme erwogen habe. Daraufhin sei eine Intervention der französischen Kardinäle geschehen oder eine Botschaft von außen übermittelt worden, Siri oder dessen Familie werde im Falle der Annahme der Wahl etwas zustoßen. Andere wiederum stellten die These auf, die Russen hätten für den Fall der Wahl

Siris mit einer »großen Verwüstung« gedroht. Der ehemalige FBI-Berater Paul L. Williams versichert, Dokumente des amerikanischen Geheimdienstes gesehen zu haben, laut denen Kardinal Siri gewählt worden war.[94] Jedoch existieren diese Dokumente nicht mehr oder sind immer noch unter Verschluss. Wir werden wohl niemals erfahren, was an diesem zweiten Konklavetag wirklich passiert ist. Der weiße Rauch und die Glocken bezeugten, dass ein Papst gewählt worden war und irgendein Fehler oder Missverständnis stattgefunden hatte. Es existiert sogar noch eine weitere Version der Geschichte, nach der der Camerlengo Kardinal Masella die Wahl aus irgendeinem Grund für ungültig erklärt habe.

Am Montag, dem 27. Oktober, ereignete sich von 17:13 bis 18:36 Uhr eine Halbschatten-Mondfinsternis am Himmel Roms. Am nächsten Tag wählten die Kardinäle Kardinal Roncalli, der sich der Weltöffentlichkeit auf der Loggia als Johannes XXIII. präsentierte – so lautete auch der Name eines Gegenpapstes aus der Zeit des Großen Abendländischen Schismas. Aufgrund seines hohen Alters wurde er als Übergangspapst betrachtet, sein Pontifikat erwies sich jedoch als eines der umwälzendsten in der Geschichte der katholischen Kirche.

15. Papst Johannes XXIII. öffnet den Umschlag mit dem Dritten Geheimnis

Die drei einflussreichsten Personen während der Krankheit Pius' XII. – Bugnini, Montini und Bea – gewannen unter Papst Johannes XXIII. sogar noch an Relevanz. Eine der ersten Amtshandlungen des neuen Papstes im Jahre 1958 bestand darin, Montini zum Kardinal zu erheben.

Am 29. Januar 1959, etwa drei Monate nach seiner Wahl, gab Papst Johannes XXIII. zum Schrecken mancher seiner Kardinäle seine Absicht kund, ein ökumenisches Konzil einzuberufen. Der Staatssekretär, Kardinal Tardini, und der jüngst kreierte Kardinal Montini unterstützten dieses Vorhaben begeistert. Interessanterweise befürworteten auch die beiden angesehenen konservativen Kardinäle Ruffini und Ottaviani die Idee eines Konzils zur Reform der Kirche.

Am 17. August 1959 ließ sich Papst Johannes XXIII. das dritte Geheimnis von Fatima bringen, als er in Castel Gandolfo auf Sommerfrische weilte. Er öffnete das versiegelte Kuvert, obwohl Lúcia hatte wissen lassen, es solle »entweder nach ihrem Tod oder im Jahr 1960 geöffnet und vor aller Welt verlesen werden«, je nachdem, was von beidem zuerst eintreffen würde.[95] Aus diesem Grund hatte Papst Pius XII., der den versiegelten Umschlag bis dahin aufbewahrt hatte, ihn niemals geöffnet oder gar gelesen. Doch Papst Johannes XXIII. hielt sich nicht daran. Er öffnete das Kuvert und las seinen Inhalt ein Jahr zu früh.

Als der versiegelte Umschlag eintraf, zögerte Papst Johannes und meinte: »Ich warte auf meinen Beichtvater, um es

141

gemeinsam mit ihm zu lesen.« Man weiß es nicht sicher, aber es kann angenommen werden, dass sein Beichtvater zu diesem Zeitpunkt Alfredo Cavagna war.[96] Der Übersetzer aus dem Portugiesischen war Paulo José Tavares vom Staatssekretariat. Kardinal Ottaviani las das dritte Geheimnis ebenfalls, entweder bei dieser ersten Kenntnisnahme oder später. Danach sagte Johannes XXIII. lediglich, dies betreffe nicht sein Pontifikat, und ordnete, ungeachtet der Forderung Lúcias und der Gottesmutter, an, das Geheimnis 1960 nicht zu veröffentlichen. Der Papst konnte sich wegen seiner optimistischen Hoffnung auf eine Verbrüderung mit der Welt nicht dazu bewegen, die Meinungen der »Unglückspropheten« zu billigen. Johannes XXIII. brachte die pessimistische und apokalyptische Botschaft von Fatima zum Schweigen.

Am 8. Februar 1960 verkündete eine vatikanische Pressemeldung, dass das dritte Geheimnis der Öffentlichkeit nicht wie erwartet im Jahr 1960 bekannt gemacht werden würde, und endete wie folgt:»Obwohl die Kirche die Erscheinungen von Fatima anerkennt, wünscht sie nicht, die Verantwortung für die Worte zu übernehmen, welche, wie die drei Hirtenkinder sagten, die Jungfrau Maria an sie gerichtet habe.« Anders ausgedrückt: Papst Johannes XXIII. zweifelte an den Worten der drei kindlichen Zeugen.

Kardinal Ottaviani berichtete, Johannes XXIII. habe das dritte Geheimnis zu den Akten gelegt,»in eines jener Archive, die wie ein Brunnen sind, wo das Papier in tiefe Finsternis versinkt und wo niemand mehr etwas davon zu Gesicht bekommt«.[97] Dies könnte der Grund dafür sein, dass viele vermuten, es gäbe möglicherweise zwei Teile oder zwei Versionen des dritten Geheimnisses.

Besteht das dritte Geheimnis aus zwei Teilen?

Um den Inhalt des dritten Geheimnisses ranken sich drei verschiedene Theorien. Die eine besagt, es handle sich tatsächlich um den apokalyptischen Text, der im Jahr 2000 vom Vatikan veröffentlicht wurde. Laut der zweiten Theorie handelt es sich bei dem veröffentlichten Text um den ersten Teil, jedoch gebe es einen weiteren Teil vom Umfang einer Blattseite, zumindest aber habe es ihn gegeben. Gemäß der dritten Theorie ist der Text des dritten Geheimnisses verloren gegangen oder 1959 bzw. 1960 von Papst Johannes XXIII. vernichtet worden und er werde daher nie ans Licht kommen.

Der spätere Kardinal Loris Francesco Capovilla, 1959 Privatsekretär Johannes' XXIII., behauptete, dabei zugegen gewesen zu sein und gesehen zu haben, wie der Papst das intakte Umschlagssiegel aufbrach und das dritte Geheimnis las. Capovilla gab außerdem an, das dritte Geheimnis selbst gelesen zu haben und dass es demjenigen Geheimnis entsprach, das im Jahr 2000 veröffentlicht wurde.

Das Problematische der Angaben Capovillas besteht darin, dass Bischof João Pereira Venâncio zuvor bezeugt hatte, das dritte Geheimnis sei auf einem einzigen Blatt Papier niedergeschrieben worden. Das im Jahr 2000 veröffentlichte Geheimnis umfasst jedoch vier Seiten. Außerdem wissen wir aus Lucías *Vierter Erinnerung*, dass das dritte Geheimnis wie folgt beginnt:»In Portugal wird das Dogma des Glaubens immer erhalten bleiben.« Aber in der Version des 2000 veröffentlichen Geheimnisses erscheint dieser Satz nicht im eigentlichen Text, sondern lediglich als Fußnote. Darüber hinaus wissen wir, dass das dritte Geheimnis von Fatima aus zwei Teilen besteht; einem über den Papst und einem mit Bezug auf die Schlussworte des zweiten Geheimnisses: »In Portugal wird das Dogma des Glaubens immer erhalten bleiben.« Wie zuvor erwähnt, wurde Schwester Lúcia 1952 auf Anweisung Papst Pius' XII. von Pater Joseph Schweigl nach Details des dritten Geheimnisses befragt. P. Schweigl berichtete hierzu: »Ich kann von dem, was ich in Fatima betreffs des dritten Geheimnisses erfahren habe, nichts offenbaren, aber ich kann sagen, dass es zwei Teile enthält: einer betrifft den Papst. Der andere – obwohl ich nichts darüber sagen kann – muss logischerweise die Fortsetzung der Worte sein: In Portugal wird das Dogma des Glaubens immer erhalten bleiben.«[98]

Das Zeugnis P. Schweigls lässt vermuten, dass das dritte Geheimnis aus zwei Teilen besteht. Dies entspricht auch dem ersten und zweiten Geheimnis, da beide jeweils eine komplizierte Offenbarung mit einer anschließenden Erklärung der allerseligsten Jungfrau Maria darüber enthalten, was sie damit ausdrücken möchte und was sie verlangt. Das Gleiche würde vermutlich auch auf das dritte Geheimnis zutreffen. Es müsste zunächst eine Vision oder Offenbarung geschildert werden, auf die eine direkte Erklärung der Gottesmutter über dasjenige folgen würde, was damit gemeint ist und was sie fordert.

Das Dokument mit dem dritten Geheimnis, das im Jahr 2000 freigegeben wurde, ist vier Seiten lang und handelt vom Leiden und der Ermordung des Papstes. Ich gebe an dieser Stelle das dritte Geheimnis in seiner Gänze und genau so wieder, wie es von Kardinal Ratzinger seitens der Glaubenskongregation am 26. Juni 2000 veröffentlicht wurde:

Der dritte Teil des Geheimnisses, das am 13. Juli 1917 in der Cova da Iria, Fatima, offenbart wurde.

Ich schreibe aus Gehorsam gegenüber Euch, meinem Gott, der es mir aufträgt, durch seine Exzellenz, den Hochwürdigsten Herrn Bischof von Leiria, und durch Eure und meine allerheiligste Mutter.

Nach den zwei Teilen, die ich schon dargestellt habe, haben wir links von Unserer Lieben Frau etwas oberhalb einen Engel gesehen, der ein Feuerschwert in der linken Hand hielt; es sprühte Funken, und Flammen gingen von ihm aus, als sollten sie die Welt anzünden; doch die Flammen verlöschten, als sie mit dem Glanz in Berührung kamen, den Unsere Liebe Frau von ihrer rechten Hand auf ihn ausströmte: den Engel, der mit der rechten Hand auf die Erde zeigte und mit lauter Stimme rief:»Buße, Buße, Buße!« Und wir sahen in einem ungeheuren Licht, das Gott ist:»etwas, das aussieht wie Personen in einem Spiegel, wenn sie davor vorübergehen« einen in Weiß gekleideten Bischof»wir hatten die Ahnung, daß es der Heilige Vater war«.

Wir sahen verschiedene andere Bischöfe, Priester, Ordensmänner und Ordensfrauen einen steilen Berg hinaufsteigen, auf dessen Gipfel sich ein großes Kreuz befand aus rohen Stämmen wie aus Korkeiche mit Rinde. Bevor er dort ankam, ging der Heilige Vater durch eine große Stadt, die halb zerstört war und halb zitternd mit wankendem Schritt, von Schmerz und Sorge gedrückt, betete er für die Seelen der Leichen, denen er auf seinem Weg begegnete. Am Berg angekommen, kniete er zu Füßen des großen Kreuzes nieder. Da wurde er von einer Gruppe von Soldaten getötet, die mit Feuerwaffen und Pfeilen auf ihn schossen. Genauso starben nach und nach die Bischöfe, Priester, Ordensleute und verschiedene weltliche Personen, Männer und Frauen unterschiedlicher Klassen und Positionen. Unter den beiden Armen des Kreuzes waren zwei Engel, ein jeder hatte eine Gießkanne aus Kristall in der Hand. Darin sammelten sie das Blut der Märtyrer auf und tränkten damit die Seelen, die sich Gott näherten.[99]

Die Vision beschreibt einen Engel mit einem Feuerschwert zur Linken Unserer Lieben Frau, der »Buße, Buße, Buße!« ruft. Ein »Bischof in Weiß«, bei dem es sich wohl um den Papst handeln muss, wurde gemeinsam mit »Bischöfe[n], Priester[n], Ordensleute[n] und verschiedene[n] weltliche[n] Personen« niedergeschossen. Die Vision ist jedoch recht schwierig zu interpretieren und es fehlt die zentrale Aussage: »In Portugal wird das Dogma des Glaubens immer erhalten bleiben.«

Dies ist der Offenbarungsteil des dritten Geheimnisses, den ich als Geheimnis 3a bezeichne. Es muss jedoch noch einen zweiten Teil des dritten Geheimnisses geben, wie Schweigl auch bestätigt, in dem die allerseligste Jungfrau Maria erklärt, was diese Vision bedeuten soll. Zudem wissen wir von Schwester Lúcia, dass es mit den Worten »In Portugal wird das Dogma des Glaubens immer erhalten bleiben« beginnt. Und bis heute hat der Heilige Stuhl dieses eine Blattseite umfassende Dokument mit den Worten der Gottesmutter nicht veröffentlicht, das mit diesen Worten anfängt. Das bedeutet, dass es noch einen weiteren Abschnitt (Geheimnis 3b) des dritten Geheimnisses von Fatima geben muss, das der Öffentlichkeit noch nicht zugänglich gemacht worden ist.

Um die These der Existenz eines Geheimnisses 3b zu erhärten, kann ein Interview mit dem damaligen Kardinal Ratzinger mit dem Magazin *Jesus* der italienischen Paulinerschwestern vom 11. November 1984 angeführt werden. Ratzinger gibt an, das dritte Geheimnis gelesen zu haben, und sagt, es beziehe sich auch auf die »Wichtigkeit der *novissima* [der Letzten Dinge]« und die »Gefahren, die den Glauben und das Leben der Christen bedrohen und damit [das Leben] der Welt«. Der damalige Präfekt der Glaubenskongregation erklärte darüber hinaus: »Sollte es, zumindest einstweilen, nicht veröffentlicht werden, so um zu verhindern, dass die religiöse Prophetie mit der Sensationshascherei verwechselt wird.«[100] Aber die im Jahre 2000 veröffentlichte Version des dritten Geheimnisses sagt nichts über jene Gefahren, die den Glauben der Christen bedrohen.

Malachi Martin gibt in einem Interview mit Charles Fiore eine weitere Schilderung des Vorganges der ersten Kenntnisnahme des dritten Geheimnisses. Martin behauptet, er sei als Sekretär Beas zugegen gewesen, als der Umschlag mit dem Geheimnis 1959 vom Papst geöffnet wurde: »Ich wartete in den Gängen vor den Papstgemächern, während mein Vorgesetzter, Kardinal Bea, drinnen mit dem Heiligen Vater sowie einer Gruppe von Bischöfen und Priestern diskutierte. Zwei junge portugiesische Seminaristen übersetzten den einseitigen, auf Portugiesisch verfassten Brief für alle im Raum Anwesenden.«[101] Auch hier sehen wir wieder, dass von einem einseitigen anstelle eines vierseitigen Dokuments, wie es im Jahre 2000 veröffentlicht wurde, die Rede ist.

Malachi Martin bietet einige Details, die den uns bekannten Fakten über die erste Lektüre durch Johannes XXIII. widersprechen. Laut den uns vorliegenden Informationen fand sie in Castel Gandolfo statt. Martin dagegen berichtet, er habe »in den Gängen vor den Papstgemächern« im Vatikan gewartet. Martin erwähnt außerdem zwei portugiesische Seminaristen, während im offiziellen Bericht nur ein portugiesischer Priester genannt wird. Malachi Martin gibt ferner an, er sei im Februar 1960 mit dem dritten Geheimnis in Berührung gekommen: »Frühmorgens, Februar 1960 – bevor ich es lesen konnte, musste ich einen Eid schwören, nichts davon preiszugeben. Es wäre zweifellos schockierend und manche würden sehr ungehalten werden.« Entweder hat Malachi Martin eine dramatisierte Version erfunden, um seine eigene Person in die Geschehnisse einzubinden, oder aber er war bei einer zweiten Lesung zugegen, an der Kardinal Bea und womöglich auch Kardinal Ottaviani (der es scheinbar später gelesen hat) teilnahmen. Martin legte nicht offen, was er angeblich gelesen hatte, aber er gab in diesem Interview folgende Antwort:

Ich halte Fatima für das Schlüsselereignis der für die römisch-katholische Institution nachteiligen Entwicklungen der nächsten Zukunft im dritten Jahrtausend – das entscheidende Ereignis. Unter den Mächtigen Roms gibt es Männer von starkem Willen, die ihr gesamtes Leben mit Regierungstätigkeiten auf höchster Ebene verbracht haben, nicht nur mit Blick auf die Religion, sondern auch auf das Staatswesen. Sie würden es [das Geheimnis] nicht einmal mit der Kneifzange anfassen. Papst Johannes Paul II. ist ein glühender Unterstützer einer Weltregierung. Natürlich will er seine eigene Spielart des Chris-

tentums dabei miteinbringen. Zur UNO sagte er:»Ich bin
ein Angehöriger der menschlichen Gemeinschaft.« Das
sind nicht mehr Pius IX. und Pius X., die sagen:»Ich bin
der Stellvertreter Christi.« Das Königtum Christi ist hier
in Gänze abwesend.

Aus Gründen, die ich an anderer Stelle genannt habe, ver-
traue ich Malachi Martin nicht vorbehaltlos, jedoch scheint
sich seine Aussage mit den Worten derjenigen zu decken, die
direkten Zugang zu Lúcia und dem dritten Geheimnis hatten:

Das dritte Geheimnis von Fatima hat nichts mit Atom-
bomben und Sprengköpfen, nichts mit Pershing- und
SS-20-Raketen, nichts mit der Vernichtung der Welt zu
tun. Der Inhalt betrifft vielmehr unseren Glauben. Alle
Versuche, das dritte Geheimnis als Unglücksbotschaft und
Ankündigung eines atomaren Holocausts zu interpretieren, lenken nur von der wahren Bedeutung der Marien-
erscheinungen in Fatima ab. Der Glaubensverlust eines
Kontinents ist schlimmer als die Vernichtung eines Landes, und es ist wahr, dass der Glaube in Europa kontinuierlich abnimmt.[102]

Es ist durchaus möglich, dass sich der Text für die in Frage
kommende Zwischenperiode [die Zeit nach 1960] konkret
auf die Glaubenskrise der Kirche und die Fahrlässigkeit
der Hirten selbst bezieht.

– Pater Joaquín María Alonso CMF, offizieller Archivar von
Fatima.[103]

Es [das dritte Geheimnis] hat nichts mit Gorbatschow zu tun. Die selige Jungfrau Maria hat uns vor der Apostasie in der Kirche gewarnt.

– Kardinal Silvio Oddi[104]

Aus dem dritten Geheimnis geht hervor, dass unter anderem der große Abfall vom Glauben in der Kirche an der Spitze beginnen wird.

– Kardinal Mario Luigi Ciappi OP[105]

16. Das Zweite Vatikanum –
Der Modernismus auf dem Vormarsch

Papst Johannes XXIII. eröffnete das Zweite Vatikanische Konzil am 11. Oktober 1962 mit den Worten:»Wir aber sind völlig anderer Meinung als diese Unglückspropheten, die immer das Unheil voraussagen, als ob die Welt vor dem Untergange stünde. In der gegenwärtigen Entwicklung der menschlichen Ereignisse, durch welche die Menschheit in eine *neue Ordnung* einzutreten scheint, muß man viel eher einen verborgenen Plan der göttlichen Vorsehung anerkennen.«[106] Es ist dabei erwähnenswert, dass es zur Zeit Papst Johannes XXIII. nur drei anerkannte, zeitgenössische Propheten oder Seher gab, die drei Kinder von Fatima. Waren sie es, die Papst Johannes im Sinn hatte, als er die»Unglückspropheten« verurteilte? Ungeachtet dessen, trägt diese Eröffnungsansprache die Handschrift der Freimaurerei. Unglückspropheten werden verurteilt. Die Welt wird nicht schlechter, sondern besser. Und Johannes XXIII. meint»die Menschheit in eine *neue Ordnung* ein[treten]«zu sehen.

Überzeugte Katholiken verteidigen das Zweite Vatikanum oft, indem sie sagen, es sei»gekapert« worden, was sicherlich auch nicht ganz von der Hand zu weisen ist. Die Frage ist jedoch, wann und von wem. Wie noch deutlich werden wird, hatten Papst Johannes XXIII. und seine Günstlinge Bugnini, Bea und Montini die optimistische neue Ordnung oder den *Novus Ordo* bereits auf die Tagesordnung des Konzils gesetzt. Bugnini würde eine Liturgie der neuen Ordnung entwerfen. Bea würde eine *Novus-Ordo*-Ökumene schaffen, die das Gewissen über das Dogma stellt. Und Montini würde der *Novus-Ordo*-Papst werden.

Bei der Eröffnung des Zweiten Vatikanums waren mehr als zweitausend Bischöfe gemeinsam mit ihren Periti (Experten), sowie Vertreter der orthodoxen Kirchen und protestantischen Gemeinschaften anwesend. Die Vorbereitung des Konzils hatte zwei Jahre gedauert, in denen über ein Dutzend Kommissionen an der Erstellung vorbereitender Dokumente arbeiteten. Die erste Amtshandlung des Konzils bestand darin, die Schemata oder Entwürfe dieser vorbereitenden Sitzungen zu verwerfen. Neue Kommissionen entwarfen dann auch neue Dokumente. Papst Johannes stimmte dem zu.

Beunruhigt durch diesen plötzlichen Kurswechsel kam Erzbischof Marcel Lefebvre mit zwei brasilianischen Bischöfen – Geraldo de Proença Sigaud von Diamantina und José Maurício da Rocha von Bragança Paulista – zusammen, um eine konservative Widerstandsgruppe zu bilden. Erzbischof Lefebvre errichtete ein informelles Lenkungskommittee, aus dem schließlich der Coetus Internationalis Patrum (Coetus) oder »Internationale Vereinigung der Väter« wurde. Diesem schlossen sich Bischof Antônio de Castro Mayer von Campos in Brasilien und Jean Prou OSB, der Abt von Saint-Pierre de Solesmes, an. Die Mitgliederzahl des Coetus wuchs auf 250 Bischöfe und bis zu neun Kardinälen aus Kanada, Chile, China und Pakistan an. 250 von 2.400 Bischöfen, die am Zweiten Vatikanum teilnahmen bedeuten, dass der Coetus unter Lefebvre mehr als zehn Prozent der Konzilsbischöfe für sich gewinnen konnte![107] Damit wurde der Coetus für die Dauer des Konzils in den nächsten zwei Jahren zum Stachel im Fleisch der modernistischen Agenda.

Nach der Ablehnung der ursprünglich vorbereiteten Dokumente wurde das Konzil am 8. Dezember 1962 vertagt, damit die neuen Kommissionen Unterlagen für die nächste Sitzung im Jahre 1963 vorbereiten konnten. Papst Johannes XXIII. verstarb am 3. Juni 1963, was eine wirkliche Unterbrechung des Zweiten Vatikanischen Konzils bedeutete.

17. Das Konklave von 1963: Paul VI.

Die Kryptomodernisten wollten die Fortsetzung des Zweiten Vatikanischen Konzils. Die Wahl eines Konzilsgegners aus den Reihen der Kardinäle zum Papst hätte das Konzil beenden oder für die Vorgabe Johannes' XXIII., »die Menschheit [möge] in eine neue Ordnung ein[treten]«, eine erhebliche Veränderung bedeuten können. Das Konklave dauerte vom 19. bis 21. Juni 1963 und war das größte aller Zeiten. Papstwahlen fanden schon unter Beteiligung von nur zwölf oder auch von 60 Kardinälen statt. Dieses Mal aber waren 82 Kardinäle wahlberechtigt, von denen 80 auch am Konklave teilnahmen. Kardinal József Mindszenty wurde erneut von den ungarischen Kommunisten an seiner Reise nach Rom gehindert. Und Kardinal Carlos María de la Torre von Quito (Ecuador) war mit seinen 89 Jahren zu alt und zu schwach, um die lange Reise nach Europa anzutreten.

Die beiden aussichtsreichsten Kardinäle, die ins Konklave gingen, waren Siri und Montini. Kardinal Siri gehörte zur alten Garde Pius' XII. und hatte sich gegen die geplanten Reformen des Zweiten Vatikanischen Konzils ausgesprochen. Kardinal Montini hingegen galt in der Öffentlichkeit als der Agenda Johannes' XXIII. nahestehend und war ein glühender Verteidiger der Reformpläne des Konzils.

Das Pontifikat Papst Johannes' XXIII. mag kurz gewesen sein, doch er hatte es sich zur Aufgabe gemacht, das Kardinalskollegium mit seinen Günstlingen zu besetzen. Von den 80 Kardinälen, die den neuen Papst wählten, waren 45 von Johannes' XXIII. kreiert worden (acht von Pius XI.

und 27 von Pius XII.). Sechsundfünfzig Prozent der Kardinäle waren Kreaturen Johannes' XXIII. Es schien gewiss, dass das Zweite Vatikanische Konzil unter einem seiner Kardinäle fortgeführt werden würde. Für Kardinal Siri wäre es schwierig gewesen, die Zweidrittelmehrheit gegen Kardinal Montini zu erreichen. Wie üblich, kam es am ersten Tage des Konklaves nicht zu einer Abstimmung. Es wird berichtet, dass die konservativen Kardinäle ein Lager um Siri bildeten, um die Wahl Montinis zu verhindern. Am zweiten Tag gab es nach vier Wahlgängen noch immer keinen neuen Papst. Nach diesen ersten vier Wahlgängen fehlten Montini angeblich nur vier Stimmen zur Zweidrittelmehrheit. Am nächsten Tag stieg nach dem sechsten Wahlgang um 11:22 Uhr weißer Rauch über der Sixtinischen Kapelle auf. Kardinal Ottaviani, der zweifelsohne für Kardinal Siri gestimmt hatte, verkündete der Menge die Wahl Kardinal Montinis, der den Namen Paul VI. angenommen hatte. Zur Enttäuschung der wartenden Massen (und der Welt) unterließ es Papst Paul VI., den traditionellen Segen Urbi et orbi, bei dem man schon dann einen Ablass gewinnen kann, wenn man ihn nur hört, zu spenden. Stattdessen spendete er den kürzeren Bischofssegen. Die erste Amtshandlung Pauls VI. als Papst war charakteristisch für die gesamte Zeit seines Pontifikats: *aggiornamento* oder »Verheutigung«.

18. Kryptomodernsismus und *Nouvelle Théologie*

Die erste Aufgabe Pauls VI. bestand darin, sicherzustellen, dass das Zweite Vatikanische Konzil wie geplant fortgesetzt werden würde. Er reduzierte die eingebrachten Schemata-Entwürfe auf 17 und legte Termine fest. Zum Entsetzen vieler Kardinäle erklärte Papst Paul VI., dass er katholische Laien und sogar Nichtkatholiken zur Teilnahme am Konzil einladen wollen würde. Das hatte es so zuvor noch nicht gegeben, sieht man einmal von der Anwesenheit Kaiser Konstantins beim ersten ökumenischen Konzil von Nicäa ab.

Papst Paul VI. stellte sich hinter das, was als *Nouvelle Théologie* oder »Neue Theologie« bezeichnet wurde. Seitdem die umsichtige Politik Pius' X. gegen den Modernismus zu Beginn der 1940er Jahre gelockert worden war, hatten katholische Theologen damit begonnen, die Grenzen zum Rationalismus und Naturalismus vollständig zu verwischen. Ihre theologische Richtung stand der Scholastik mit Geringschätzung gegenüber, gleichzeitig propagierten sie eine »Rückkehr zu den Kirchenvätern« (*ressourcement*). Dabei bezog man sich eher auf Origenes und die Kirchenväter des Ostens. Im Grunde gaben die Theologen, die sich auf die *Nouvelle Théologie* einließen, damit ihre Verachtung der klaren Präzision des hl. Thomas von Aquin zum Ausdruck.

Bereits im Jahre 1946 standen die Zeichen auf Sturm, als der fromme und angesehene thomistische Theologe P. Réginald Garrigou-Lagrange O.P. in seinem Aufsatz *Wohin führt die neue Theologie?*[108] die Dinge bei Namen nannte. Er schrieb dort, dass die Theologen, die sich hinter die *Nouvelle*

Théologie stellten, damit unmittelbar dem Modernismus und dem Unglauben Vorschub leisteten. Er merkte an, dass ihre »Rückkehr zu den Kirchenvätern« unredlich sei. Bugnini bediente sich später derselben Taktik wie die Parteigänger der *Nouvelle Théologie*, als er vorgab, den überlieferten römischen Ritus auf seine Ursprünge zurückzuführen und wiederherzustellen, wobei er schließlich doch etwas völlig Neues schuf – den *Novus Ordo*.

Die Vertreter der sogenannten *Nouvelle Théologie* sollten unter Papst Paul VI. zum Rang der bestbekannten Theologen der 1960er Jahre aufsteigen. Ihre Publikationen sollten zur intellektuellen Grundlage dessen werden, was als Geist des Konzils bezeichnet wird. Die Namen einiger dieser Theologen:

- Pierre Teilhard de Chardin (französischer Jesuit, 1955 verstorben)
- Hans Urs von Balthasar (schweizer Jesuit)
- Louis Bouyer (französischer Oratorianer)
- Henri de Lubac (französischer Jesuit)
- Jean Daniélou (französischer Jesuit)
- Jean Mouroux (französischer Diözesan)
- Joseph Ratzinger
- Walter Kasper
- Yves Congar (französischer Dominikaner)
- Karl Rahner (deutscher Jesuit)
- Hans Küng (Schweizer)
- Edward Schillebeeckx (belgischer Dominikaner)
- Marie-Dominique Chenu (französischer Dominikaner)

Die meisten dieser Theologen, insbesondere Congar, Daniélou, de Lubac, Küng, Rahner und Schillebeeckx, standen während des Pontifikats Pius' XII. im Verdacht der Häresie.[109] Diese Theologen strebten nicht einfach nur nach einer Rückkehr zum Urchristentum: Sie beseitigten die traditionelle katholische Unterscheidung zwischen Gnade und Natur. Ihrer Meinung nach ist alles gnadenhaft, und das bedeutet in Wirklichkeit, dass alles auf den Naturzustand reduziert und das Naturverlangen (*desiderium naturale*) jedes Menschen zum Heilsmittel wird. Demzufolge würde die Erlösung jedem Menschen schon auf natürlichem Wege zuteil. In diesem Sinne wäre dann auch eine solche Liturgie anzustreben, in der der Gedanke an die Übernatur zurückgedrängt wird; auch müssten andere Religionen als Heilswege anerkannt werden. Aus dieser Theologie ergab sich also das Postulat einer neuen Liturgie, eines neuen Ökumenismus und einer neuen Form von Katholizismus. Sie war nichts anderes als mit Kirchenväterzitaten drapierter freimaurerischer Naturalismus. Die *Nouvelle Théologie* war ein Frontalangriff auf Thomas von Aquin und die von Garrigou-Lagrange vertretene thomistische Tradition.

Die Enzyklika *Humani generis* von Papst Pius' XII. aus dem Jahre 1950 beinhaltet eine direkte Kritik an der *Nouvelle Théologie* und vor allem an Henri de Lubac. Insbesondere dessen einflussreiches Buch *Surnaturel* aus dem Jahre 1946 wird in *Humani generis* unter die Lupe genommen. De Lubac behauptet in seinem Buch, dass die menschliche Natur natürlicherweise auf die übernatürliche Vollendung der beseligenden Gottesschau im Himmel hingeordnet sei, und dass die scholastische Lehre über eine reine Natur (*natura pura*) falsch sowie eine Verfremdung der Lehre des Aquinaten sei. Die Enzyklika *Humani generis* weist die Aufstellungen de Lubacs entschieden zurück und lehrt, dass vernunftbegabte Wesen, also Menschen und Engel, nicht kraft ihrer Natur auf die übernatürliche Seligkeit hingeordnet sind. Damals hielt sich lange das Gerücht, der eigentliche Verfasser von *Humani generis* sei Garrigou-Lagrange, der mit Papst Pius XII. befreundet war. Die Enzyklika kann als einer der seltenen Fälle im 20. Jahrhundert gelten, in denen ein katholischer Theologe von einem Papst widerlegt und korrigiert wird. De Lubac zog sein Buch zurück und gab es später in korrigierter Form unter dem Titel *Die Freiheit der Gnade* erneut heraus.

Mit dem Erscheinen dieser Enzyklika 1950 war der Kampf zwischen den traditionellen Theologen, die hinter Thomas von Aquin, der Scholastik und Papst Pius X. (vertreten durch Réginald Garrigou-Lagrange) auf der einen Seite standen und den Theologen des *ressourcement* (vertreten durch Henri de Lubac) auf der anderen Seite, entbrannt.

Papst Pius XII. unterstützte nicht nur Garrigou-Lagrange, er sprach auch Papst Pius X. heilig. Letzteres versetzte dem Lager der *ressourcement* einen neuerlichen Schlag. Wie jedoch bereits berichtet, traf Pius XII. um 1954 eine lange Phase schwerer Krankheit, die an seinen Kräften zehrte. Ab diesem Zeitpunkt machte sich bei ihm der Einfluss von Bea, Bugnini und Montini geltend. In den Jahren 1954 bis 1958 strebten die Anhänger des *ressourcement* danach, ihren Einflussbereich zu vergrößern, was zur Wahl Johannes' XXIII. und später Pauls VI. führen sollte.

19. Die theologische Infiltration
des Zweiten Vatikanums

Karl Rahner, Edward Schillebeeckx, Hans Küng, Henri de Lubac und Yves Congar waren die Architekten des Zweiten Vatikanums. Alle fünf standen zu Zeiten Pius' XII. unter Modernismusverdacht. Kein anderer hatte einen größeren Einfluss auf die Theologie des Zweiten Vatikanums als Karl Rahner SJ – man könnte sagen, das Zweite Vatikanum war geradezu Rahnerismus.[110] Er war der federführende Kopf der deutschen Progressisten im Konzil und seine beiden hochbegabten Protegés Hans Küng und Joseph Ratzinger standen ihm zur Seite. Rahner zeichnete sich durch großen Fleiß aus und hatte bis zur Eröffnung des Konzils im Jahre 1962 so viele Aufsätze und Bücher verfasst, dass sie insgesamt fünf Bände füllten. Dreimal hatte Kardinal Ottiviani erfolglos versucht, Pius XII. zu einer Exkommunikation Rahners zu bewegen.

Das Blatt wendete sich, als Johannes XXIII. Rahner zum Peritus beim Zweiten Vatikanum ernannte. Er wurde, wie gesagt, von dem ihm befreundeten Joseph Ratzinger begleitet. Rahner wurde damit beauftragt, die Lehre der Kirche im Sinne der modernen Zeit auszurichten. Ergebnis seiner Arbeit war das rahnersche Dokument *Lumen gentium*.[111] Rahner etablierte eine neue Ekklesiologie, in der die Kirche Christi nicht *die* katholische Kirche ist, sondern »in der katholischen Kirche [verwirklicht ist] (subsistit in)«.[112] Dies scheint der Lehre Papst Pius' XII. in seiner Enzyklika *Mystici corporis* aus dem Jahre 1943 zu widersprechen, nach der der Mystische Leib Christi und die katholische Kirche identisch sind.[113]

Rahners Vorstellung zufolge gebe es zahlreiche »anonyme Christen«. Darunter versteht er »Menschen guten Willens«, etwa überzeugte Protestanten, Juden, Mohammedaner, Buddhisten, Hindus, Heiden oder sogar Atheisten. Durch deren »guten Willen« und ihre Aufgeschlossenheit gegenüber dem Transzendenten werden auch sie der Kirche verbunden und gerettet. Daher »verwirklicht« sich die Kirche auch nur in der katholischen Kirche.[114] Außerhalb der katholischen Kirche existiert das vielgestaltigere »Volk Gottes«, dem nicht nur Katholiken angehören, sondern alle Menschen guten Willens, die sich zu anderen Religionen bekennen.[115] Diese Theologie ebnete den Weg für die optimistische Annäherung an die Welt, die von Papst Johannes XXIII. gewollt war, und zum religiösen Ökumenismus des Zweiten Vatikanums. Anstatt danach zu streben, alle Völker und Nationen durch die Taufe in der katholischen Kirche zu Christus zu bekehren, sollten die Katholiken nun alle Menschen auf ihrem jeweiligen religiösen Weg begleiten. Aus der katholischen Kirche wurde eine pilgernde Kirche, die nicht Konversion, sondern Konversation anstrebt.[116] Nach Rahner ist die katholische Kirche das *sacramentum mundi* – das »Sakrament für die Welt«. Papst Paul VI. sollte dieses Konzept aufgreifen und den Begriff des »Volkes Gottes« befürworten. Auch heute noch dient dieser Ausdruck Theologen und Päpsten als Schlagwort.

Rahner war ein Anhänger der destruktiven Philosophie Heideggers. Für ihn zählte nur der jeweils gegebene existentielle Augenblick. Daher interpretierte Rahner alle christlichen Lehren in diesem Sinne neu. Rahner behauptete, der Tod Jesu sei eine geschichtliche Tatsache, seine Auferstehung hingegen habe nicht in historischer Art stattgefunden.[117]

Die Auferstehung Christi war für ihn nur eine existentielle »Rechtfertigung« Gottes. Dies alles ist sehr schwammig formuliert, lässt aber zumindest erkennen, wie Rahner die Menschwerdung, die Auferstehung, die Gründung der Kirche und ihre Geschichte versteht. Er geht sogar davon aus, dass Christus derjenige ist, der gerettet ist: »Wir sind errettet, weil der eine, der einer von uns ist, von Gott errettet wurde. Und damit hat Gott der Welt seinen Heilswillen historisch, wirklich und unwiderruflich verkündet.«[118] Diese fadenscheinige Theologie ist leider der Hintergrund des Zweiten Vatikanums und seiner Konstitution *Lumen gentium*.

Zwei weitere Jesuiten sollten eine Schlüsselrolle bei den beiden umstrittensten Dokumenten des Konzils spielen: *Dignitatis humanae* und *Nostra aetate*. *Dignitatis humanae*, die Erklärung des Zweiten Vatikanischen Konzils über die Religionsfreiheit, deutete die katholische Lehre zur religiösen Freiheit um.[119] Der geistige Urheber dieses Dokumentes war der deutsche Jesuitenkardinal Bea, wenngleich es von einem amerikanischen Jesuiten, John Courtney Murray, verfasst wurde. Die Promulgation erfolgte in letzter Minute am 7. Dezember 1965 – einen Tag bevor Papst Paul VI. das Zweite Vatikanische Konzil offiziell beendete.

Es ist nach wie vor umstritten, ob *Dignitatis humanae* ein gottgegebenes Recht geltend macht, das den Glauben an eine falsche Religion gestattet.[120] Nach der katholischen Morallehre hat niemand das Recht dazu, eine Sünde zu begehen. Niemand darf die Zehn Gebote brechen, in denen es heißt: »Du sollst keine anderen Götter neben mir haben.« Deshalb kann sich etwa ein Hindu nicht auf ein gottgegebenes Recht berufen, das ihm die Anbetung seiner vielen Götter

erlaubt. Die Anbetung eines falschen Gottes ist in sich sünd-
haft und weder nach dem Naturrecht noch nach dem Deka-
log erlaubt. Eine menschliche Person hat nicht das »Recht«
eine Abtreibung vorzunehmen oder Satan anzubeten. Früher
hatten Katholiken danach verlangt, dass man *ihnen* religiöse Freiheit gewährt und andere Religionen lediglich duldet.
Dignitatis humanae scheint nun jedoch zu suggerieren, dass
Katholiken sich in gleicher Weise für die religiöse Freiheit aller anderen (falschen) Religionen einsetzen sollten, wie sie es
für den Katholizismus tun.

Die Geschichte des Katholizismus ist voll von Berichten
über Missionare wie den hl. Bonifatius, die das »heilige To-
tem« und die Götzenbilder der Heiden zerstörten. Bonifatius
erkannte nicht an, dass die Verehrung der »heiligen Eiche«
durch die Heiden bloß aufgrund deren Menschenwürde gut-
zuheißen sei, sondern im Gegenteil fällte er diesen Baum ei-
genhändig. Nachdem er den Glauben gepredigt und die Heiden in Christus getauft hatte, errichteten die soeben getauften
Konvertiten aus dem Holz ihrer ehemals heiligen Eiche ein
Gotteshaus. In ähnlicher Weise ging der hl. Benedikt nach
Cassino, wo die Landbevölkerung noch immer in einem alten von Hainen umgebenen Tempel den Gott Apollo anbe-
tete. »Dort angekommen, zertrümmerte er das Götzenbild,
stieß den Altar um, zündete die Haine an, erbaute anstelle des
Apollotempels eine Kapelle zu Ehren des seligen Martin und
statt des heidnischen Altars ein Oratorium des heiligen Johannes. Die Bevölkerung der Umgebung lud er durch unablässige
Predigt zur Annahme des Glaubens ein.«[121] Die alten Heiligen
und Missionare zerstörten das Heidentum mit ihren eigenen
Händen und predigten Christus in ihrer Verkündigung.

Der zweite hochumstrittene Text des Zweiten Vatikanums ist *Nostra aetate*, die Erklärung über das Verhältnis der Kirche zu den nichtchristlichen Religionen. Darin heißt es: »die Kirche [erwägt] mit um so größerer Aufmerksamkeit, in welchem Verhältnis sie zu den nichtchristlichen Religionen steht.«[122] Das Dokument stand unter der Verantwortung von Kardinal Bea, wurde aber von P. Gregory Baum verfasst, der später sein Priesteramt niederlegte, um seine Freundin Shirley Flynn zu heiraten. Ungeachtet seiner heterosexuellen Ehe verhielt er sich ganz offen homophil und gestand ein, in den 1980er Jahren unzüchtige Beziehungen zu einem anderen laisierten Priester unterhalten zu haben. In »reifem« Alter wurde er ein Wortführer für »LGBT-Rechte«, bevor er 2017 verstarb. Der führende Kopf hinter diesem Schriftstück des Zweiten Vatikanums war also ein Mann, der als ein Aktivist der Schwulenbewegung endete.

Das Dokument selbst befasst sich direkt mit dem Status von Juden, Mohammedanern, Hindus, Buddhisten und allen anderen nichtchristlichen Religionen. Es enthält Behauptungen, wie: »So erforschen im Hinduismus die Menschen das göttliche Geheimnis [...].«[123] Wie erwägen Polytheisten das göttliche Geheimnis?[124] Tun sie dies in gleicher Weise wie katholische Mönche oder die Engel im Himmel? In Bezug auf den Buddhismus heißt es: »In den verschiedenen Formen des Buddhismus wird das radikale Ungenügen der veränderlichen Welt anerkannt und ein Weg gelehrt, auf dem die Menschen mit frommem und vertrauendem Sinn entweder den Zustand vollkommener Befreiung zu erreichen oder – sei es durch eigene Bemühung, sei es vermittels höherer Hilfe – zur höchsten Erleuchtung zu gelangen vermögen.«[125] Wie kann der

Buddhismus einen »Weg [lehren], auf dem die Menschen [...]
den Zustand vollkommener Befreiung zu erreichen oder
[...] zur höchsten Erleuchtung zu gelangen vermögen.«[126] Ist
damit der Zustand der Vollkommenheit gemeint, von dem
die hl. Teresa von Ávila spricht? Ist dies die wirkliche, voll-
kommene Befreiung? Und wie erreichen Buddhisten »höher[e] Hilfe [zur] höchsten Erleuchtung«? Handelt es sich um
die gleiche Erleuchtung, die der Getaufte durch die Sakramente, das Gebet und die Buße erlangt?

Hinsichtlich der Moslems ist in *Nostra aetate* zu lesen:
»Mit Hochachtung betrachtet die Kirche auch die Muslim
(sic!), die den alleinigen Gott anbeten, den lebendigen und in
sich seienden, barmherzigen und allmächtigen, den Schöpfer
Himmels und der Erde, der zu den Menschen gesprochen hat.
Sie mühen sich, auch seinen verborgenen Ratschlüssen sich
mit ganzer Seele zu unterwerfen, so wie Abraham sich Gott
unterworfen hat, auf den der islamische Glaube sich gerne
beruft.«[127] Verehren die Mohammedaner die Dreieinigkeit in
richtiger Weise, oder richtet sich ihre Anbetung lediglich an
einen philosophischen Gott? Mühen sie sich wirklich »seinen verborgenen Ratschlüssen [...] mit ganzer Seele zu unterwerfen«?[128] Unterwerfen sie sich dem göttlichen Gebot in
Bezug auf Taufe, Monogamie und die Sonntagspflicht? Diese
Aussagen sind augenscheinlich falsch oder bedienen sich einer äußerst freien Interpretation der Lehre.

Es ist offensichtlich, dass die freudige Begeisterung Papst
Pauls VI. für die Ökumene in diesem Dokument ihre Grundlage findet[129], das zur Voraussetzung hat, dass falsche Religionen die Seele zu »vollkommener Befreiung«, »zur höchsten Erleuchtung« und zur Unterwerfung unter »sein[e]

verborgenen Ratschlüssen« erheben kann und wird. Papst Leo XIII. und der hl. Papst Pius X. hätten diesen theologischen Behauptungen nicht zugestimmt. Die Freimaurer jedoch würden der Aussage, dass sämtliche Religionen die Menschheit in ausreichendem Maße zur Erleuchtung führen, uneingeschränkt beipflichten. Dass Papst Paul VI. wirklich Freimaurer war, ist niemals bewiesen worden. Sein Denken entsprach jedoch so sehr freimaurerischen Zielen, dass sogar der heilige Pater Pio nach der Wahl Pauls VI. einmal in spaßhafter Weise bemerkt haben soll:»Mut, Mut, Mut! Denn die Freimaurerei ist bereits in die Kirche eingedrungen.« Außerdem habe er noch gesagt:»Die Freimaurerei ist bereits in die Schuhe des Papstes geschlüpft.«[130] Zweifelsohne jubelten die Freimaurer, als Papst Paul VI. während des Zweiten Vatikanums zum Papstaltar des Petersdoms hinaufstieg, sich der päpstlichen Tiara entledigte und sie auf dem Altar als Zeichen dafür ablegte, dass er auf weltliche Ehre und Macht verzichte und nur als Ungekrönter den Lauf der Dinge begleiten wolle. Die Tage Papst Pius' X. waren endgültig vorüber.

Papst Paul VI. promulgierte *Dignitatis humanae* am 7. Dezember 1965, einen Tag bevor er das Zweite Vatikanische Konzil beendete und erklärte, das kirchliche Lehramt selbst habe keine außerordentlichen dogmatischen Erklärungen abgeben wollen.[131] Es trifft zu, dass in den Konzilsdokumenten theologische Feststellungen zum Ausdruck gebracht werden. *Dennoch hat das Konzil keine außerordentlichen dogmatischen Erklärungen abgegeben.* Das Zweite Vatikanum hat nichts Verbindliches formuliert.[132] Dies stellte Paul VI. etwas mehr als einen Monat später klar, als er darlegte:»In Anbetracht des pastoralen Charakters des Konzils, wurde es vermieden, auf außerordentliche Weise ein Dogma zu verkünden.«[133] Es ist einem göttlichen Wunder zuzuschreiben, dass der Konzilspapst äußerte, dass das Zweite Vatikanische Konzil kein auf feierliche Weise verkündetes Dogma beinhaltete.

In den Jahren nach dem Konzil gründeten die kryptomodernistischen Theologen eine theologische Zeitschrift, durch die sie den sogenannten Konzilsgeist und das *aggiornamento* der katholischen Kirche weiterführen und vorantreiben konnten. Die Begründer dieser neuen Publikation waren die siegreichen Theologen der *Nouvelle Théologie*, die die Dokumente des Zweiten Vatikanums vorbereitet und verfasst hatten:

- ◆ Karl Rahner
- ◆ Hans Küng
- ◆ Edward Schillebeeckx
- ◆ Joseph Ratzinger
- ◆ Henri de Lubac
- ◆ Anton van den Boogaard
- ◆ Paul Brand
- ◆ Yves Congar
- ◆ Johann Baptist Metz

Die Zeitschrift erhielt den zynisch anmutenden Titel *Concilium* und wurde dazu geschaffen, den Geist des kürzlich zu Ende gegangenen Konzils zu verbreiten.[134] Für die kryptomodernistischen Theologen waren die vorangegangenen 20 Konzilien ohne Belang. Wie Karl Rahner betont hatte, bedurfte es nur der gegenwärtigen Situation, um die Theologie pastoral auf die Bedürfnisse der modernen Menschheit zu übertragen. Um ihre dreiste Theologie in den

Hochschulen und Seminaren zu verbreiten, erschien *Concilium* fünfmal jährlich in sechs verschiedenen Sprachen: Kroatisch, Englisch, Deutsch, Italienisch, Portugiesisch und Spanisch. P. Schillebeeckx hatte eingestanden: »Wir haben auf dem Konzil doppelsinnige Ausdrücke verwendet, und wir wissen, was wir nachher daraus machen werden.«[135] Die Zeitschrift *Concilium* sollte das Mittel sein, das bei der »späteren Auslegung« dienlich werden sollte.

Das Projekt dieser Zeitschrift aber lief aus dem Ruder. Vor allem Hans Küng und Edward Schillebeeckx führten das Blatt in die offene Häresie, indem sie die Wirklichkeit der unbefleckten Empfängnis, der Auferstehung Christi, des Wunders der Transsubstantiation, der leiblichen Aufnahme Mariens in den Himmel und andere Dogmen (als *de fide* definierte Lehren) der katholischen Kirche in Frage stellten. *Concilium*-Theologen waren es auch, die der Inkulturation und der »Pastoral« wegen für extreme liturgische Reformen plädierten.

Besorgt über die immer radikaleren Entwicklungen der Zeitschrift *Concilium* zogen manche der Richtung eines *aggiornamento* zugerechnete Theologen die Notbremse. Sie entschlossen sich zur Gründung einer neuen Zeitschrift, deren Bestreben es sein sollte, sich innerhalb der Grenzen der katholischen Rechtgläubigkeit zu bewegen. Der Name der neuen Zeitschrift sollte daher *Communio* lauten und zu ihren Gründern 1972 gehörten Joseph Ratzinger, Henri de Lubac, Hans Urs von Balthasar, Walter Kasper, Marc Ouellet und Louis Bouyer. Für die katholische Kirche aber folgten 1970 mit der Einführung der *Novus-Ordo*-Messe in den nächsten Jahren stürmische Zeiten. Es kam zur Bildung von verschiedenen Interessensgruppen innerhalb der Kirche. Die

Traditionalisten hielten am Thomismus und an der Moraltheologie des hl. Alfons Maria von Liguori fest und baten dringend um die (Wieder-) Zulassung der überlieferten lateinischen Messe. Rahner, Küng und Schillebeeckx blieben unter Paul VI. bei ihrer törichten Begeisterung für den Modernismus, während Ratzinger, de Lubac und Balthasar sich auf eine konservativere Auslegung des Zweiten Vatikanums zurückzogen. Ihr Festhalten an der *Nouvelle Théologie* sollte zur Entwicklung von Theologie und Sprache der »Reform der Reform« und der »Hermeneutik der Kontinuität« führen.[136] Papst Johannes Paul II. machte sich sicherlich die Anliegen einer »Reform der Reform« zu eigen. Ganz davon überzeugt entschloss er sich 1981, Ratzinger als Präfekt der Glaubenskongregation zu seinem Cheftheologen zu ernennen.

Das Ratzingerepos von 1981 bis zu seinem Rücktritt vom Papstamt 2013 ist ein Projekt, das zweiunddreißig Jahre lang den »Geist des Zweiten Vatikanums«, den Rahner, Küng, Schillebeeckx und sogar Ratzinger selbst in den 1960er Jahren heraufbeschworen, hat dämpfen können. Das Erbe der »Johannes-Paul-Konservativen« oder »Ratzingerianer« besteht durch *Communio* fort. Es lebt aber auch durch die Bücher von Ignatius Press, die weitgehend die Werke Johannes Pauls II., Ratzingers (Benedikt XVI.), Balthasars, de Lubacs, Ouellets, Schönborns und Bouyers publizieren. Damit legten sie den Grundstein für Ratzingers theologisches Vermächtnis der Priestergenerationen zwischen den 1980er und den 2000er Jahren. Zeitschriften wie *First Things*, das Programm von EWTN, das Entstehen eines katholischen Rundfunks und die Schriften von George Weigel und Richard John Neuhaus führten zur Popularität dessen, was später als »Johannes Paul II.-Katholik« oder »Johannes Paul II.-Priester« bezeichnet wurde. Und dennoch tendiert man immer noch in nahezu jeder Diözese, jedem Ordinariat und jedem Seminar zum Liberalismus in der Art eines Hans Küng. Während Johannes Paul II. wenig Geduld mit den Traditionalisten hatte, waren die späteren Jahre Ratzingers als Benedikt XVI. von einem zunehmenden Verständnis für traditionalistische Positionen und die Möglichkeit einer kleineren, aber treueren Kirche geprägt. Tatsächlich scheint es, als sei Ratzinger schließlich zu einem jener »Untergangspropheten« geworden zu sein, vor denen uns Johannes XXIII. im Geiste seines Optimismus gewarnt hatte.

20. Die Infiltration der Liturgie

Um mich herum vernehme ich die Stimmen von Reformern, die das Heiligtum zerstören, die die alles beseelende Glut der Kirche auslöschen, all ihren Schmuck entfernen wollen und sie mit Gewissensbissen über ihre historische Vergangenheit quälen wollen.

– Kardinal Eugenio Pacelli (der spätere Papst Pius XII.) an Conte Enrico P. Galeazzi

Die Eröffnungsansprache Papst Pauls VI. anlässlich der Fortsetzung des Zweiten Vatikanischen Konzils deutete darauf hin, dass sich das Konzil nicht vorrangig mit dogmatischen Fragen, sondern mit der Rolle der Bischöfe, der Ökumene, den Übereinstimmungen mit Nichtkatholiken und dem Dialog mit der modernen Welt befassen sollte. Am 4. Dezember 1963 erließ das Konzil sein erstes Dokument – nämlich die Konstitution über die heilige Liturgie mit dem Titel *Sacrosanctum concilium*. Das Dokument wurde mit 2.147 Stimmen – bei vier Gegenstimmen – bestätigt. Ziel war eine Reform der katholischen Liturgie, die den Laien eine aktivere Teilnahme am Gottesdienst ermöglichen sollte. Schon früher hatte Papst Pius X. in seinem 1903 erschienenen Apostolischen Schreiben zur Kirchenmusik, das den italienischen Titel *Tra le sollecitudini* trägt, dazu aufgerufen, dass alle Katholiken lernen mögen, an der Feier des heiligen Messopfers mit wirklicher innerer Teilnahme teilzuhaben:

Denn es ist Uns innerste Herzenssache, dass der wahrhaft christliche Geist überall in allen Gläubigen wieder aufblühe und unvermindert erhalten bleibe. Daher müssen Wir vor allem für die Heiligkeit und Würde des Gotteshauses sorgen. Denn dort versammeln sich die Gläubigen, um diesen Geist aus der ersten und unentbehrlichen Quelle zu schöpfen, nämlich aus der *aktiven Teilnahme* an den hochheiligen Mysterien und dem öffentlichen, feierlichen Gebet der Kirche.[137]

Liturgiker merken an, dass es sich hierbei um die erste historisch bedeutende Exhortation zur »aktiven Teilnahme« der Laien an der Liturgie handelt. Dem Wortlaut wurde jedoch in der italienischen Übersetzung, in der von »partecipazione attiva« die Rede ist, eine übertriebene Bedeutung beigemessen. Ebenso verhält es sich mit der englischen Fassung, in der es in gleicher Weise »active participation« heißt. Im lateinischen Originaltext ist die nähere Bestimmung »aktiv« nirgends zu finden: »*quae est participatio divinorum mysteriorum*«[138] oder »der Teilnahme an den hochheiligen Mysterien«. Der Gedanke der »aktiven Teilnahme« entspricht nicht der offiziellen lateinischen Ausgabe des Textes. Er wurde ihr hinzugefügt. Selbst wenn eine »aktive Teilnahme« vorgesehen ist, befasst sich das Dokument eigentlich mit der Musik und dem Gregorianischen Choral, und das tatsächliche Anliegen Papst Pius' X. ist es gewesen, dass die Gemeinde die gesungenen Responsorien beherrscht und sich an den Gesängen des Gregorianischen Chorals beteiligt. Das Zweite Vatikanische Konzil meinte mit der »aktiven Teilnahme« jedoch etwas gänzlich anderes,[139] wenn es feststellte:

Der Meß-Ordo soll so überarbeitet werden, daß der eigentliche Sinn der einzelnen Teile und ihr wechselseitiger Zusammenhang deutlicher hervortreten und die fromme und tätige Teilnahme der Gläubigen erleichtert werde. Deshalb sollen die Riten unter treulicher Wahrung ihrer Substanz einfacher werden. Was im Lauf der Zeit verdoppelt oder weniger glücklich eingefügt wurde, soll wegfallen. Einiges dagegen, was durch die Ungunst der Zeit verlorengegangen ist, soll, soweit es angebracht oder nötig erscheint, nach der altehrwürdigen Norm der Väter wiederhergestellt werden.[140]

Das Dokument legt dar, dass die Notwendigkeit einer »aktiven Teilnahme« erfordert, dass »die Riten [...] einfacher werden«. Warum? Weil es Laien ebenfalls möglich sein muss, sie so zu vollziehen, dass eine »aktive Teilnahme« erreicht wird.[141] Das ist ein gefährlicher Schritt zur »Vereinfachung« des römischen Ritus. Die Texte und Rubriken der heiligen Messe und der Liturgie haben keine Tendenz zur Vereinfachung von Riten. Ebenfalls ist es bemerkenswert, dass *Sacrosanctum concilium* in Bezug auf den römischen Ritus mit Aussagen wie »verdoppelt«, »weniger glücklich eingefügt«, »wegfallen« oder »durch die Ungunst der Zeit verlorengegangen« operiert. Die Liturgie ist zum Werkzeug degradiert, seitdem die Riten immer wieder »soweit es angebracht oder nötig erscheint« verändert werden. So nämlich stellt sich Bugninis liturgisches Konzept dar – es ist der gleiche Zugang zur Liturgie, den Martin Luther bei den Lutheranern und Thomas Cranmer und Martin Bucer bei den Anglikanern zur Anwendung brachte.[142]

Lex orandi, lex credendi: Das Gesetz des Betens entspricht dem Gesetz des Glaubens. Eine Veränderung der Liturgie und der Gebete zieht notwendigerweise eine Veränderung des Glaubens nach sich. *Sacrosanctum concilium* forderte außerdem die Verwendung der Landessprache und bis 1965 wurde *ad experimentum* ein Umbau an der Liturgie des Heiligen Messopfers vollzogen, genau wie es Bugnini zehn Jahre zuvor 1955 mit der Reform der Karwochenliturgie gelungen war. Papst Paul VI. begann umgehend damit, die Liturgie zu verändern, um eine »aktive Teilnahme« im Sinne von *Sacrosanctum concilium* zu erreichen:

1964: Papst Paul VI. ernennt Bugnini zum Sekretär des Consilium zur Ausführung der Liturgiekonstitution.

1964: Papst Paul VI. verkürzt die eucharistische Nüchternheit auf eine Stunde vor dem Empfang der heiligen Kommunion.

1965: Papst Paul VI. approbiert ein Missale »ad experimentum«. Dieses enthält folgende Änderungen: Die Verwendung der Landessprache wird teilweise zugelassen. Es werden freistehende Altäre empfohlen. Der Psalm *Judica* zu Beginn der Messe wird ausgelassen. Das Schlussevangelium am Ende der Messe wird weggelassen. Die Leoninischen Gebete (einschließlich des Gebetes zum hl. Erzengel Michael) nach den Stillen Messen, die Papst Leo XIII. angeordnet hatte, werden abgeschafft.

- 1967: Durch das Dokument *Tres abhinc annos* werden die Rubriken und die priesterlichen Gewänder vereinfacht. Die Konzelebration von Priestern am Altar wird zur Regel.[143]

- 1967: Mit *Sacrum diaconatus ordinem* lässt Papst Paul VI. verheiratete Diakone zu.
- 1968: Papst Paul VI. ändert den *Ritus für die Weihen der Bischöfe, der Priester und der Diakone.*
- 1969: Papst Paul VI. erteilt den Nationen, in denen es »bereits Brauch« ist (Holland, Belgien, Deutschland) das Indult, die heilige Kommunion in der Form der Handkommunion zu spenden.
- 1969: Am 3. April verkündet Papst Paul VI. in seiner Apostolischen Konstitution *Missale Romanum* die Einführung des *Novus Ordo Missae.*
- 1969: Papst Paul VI. ernennt Bugnini im Mai zum Sekretär der Kongregation für den Gottesdienst.
- 1970: Papst Pauls VI. *Novus Ordo Missae* wird am 26. März veröffentlicht.

Es war Bugnini, der all diese Änderungen vorbereitete und umsetzte und der sein persönliches Werk mit seiner Ernennung zum Sekretär der Kongregation für den Gottesdienst zum Abschluss brachte. Der Freimaurer Bugnini bewirkte insbesondere die Abschaffung der machtvollen Leoninischen Gebete (drei Ave Maria, ein Salve Regina, das Gebet zum hl. Erzengel Michael und das Gebet zur Verteidigung der Kirche) nach der Stillen Messe, die auf Papst Leo XIII. zurückgehen. Der einfältige Optimismus des Zweiten Vatikanums veranlasste Papst Paul VI. zu dem falschen Schritt, dem Schutz der Gottesmutter und des hl. Erzengels Michael für die Liturgie und die universelle katholische Kirche zu entsagen.

Bevor Bugninis Messe 1970 offiziell der Welt verkündet wurde, schloss sich eine Gruppe von Kardinälen und Bischö-

fen zusammen, um mit einem letzten verzweifelten Versuch
die Reformen Pauls VI. und Bugninis zu verhindern. Sie äu-
ßerten ihre Sorgen darüber, dass die Bugnini-Messe theologische Irrtümer begünstige. Dies war die Ottaviani-Intervention im Jahre 1969.

21. Die an Papst Paul VI. gerichtete Ottaviani-Intervention

Als Bugninis *Novus Ordo Missae* 1969 an die Öffentlichkeit kam, rief der tapfere französische Missionar und Erzbischof Marcel Lefebvre zwölf Theologen zusammen, um diese Liturgie mit Argusaugen zu untersuchen. Unter der Leitung des angesehenen thomistischen Theologen Michel-Louis Guérard des Lauriers OP verfassten sie eine für Papst Paul VI. bestimmte wissenschaftliche Studie mit dem Titel *Kurze kritische Untersuchung des neuen »Ordo Missae«*. Kardinal Ottaviani und Antonio Kardinal Bacci steuerten zu dieser Schrift eine Einleitung bei und übermittelten sie am 25. September 1969 an Papst Paul VI. Die *Kurze kritische Untersuchung des neuen »Ordo Missae«* wird daher meistens als »Ottaviani-Intervention« bezeichnet. Das Begleitschreiben der Kardinäle Ottaviani und Bacci legte dar, dass der Novus Ordo in seinen Texten und seiner Theologie von den Bestimmungen des Konzils von Trient abweicht und in den Reihen der Priester und Laien gleichermaßen Verwirrung stiften würde.

Sie führten darin an, dass der Novus Ordo den Opfer- und Darbringungscharakter der Messe sowie die damit verbundene Stellung des Priesters nach den Lehren des Konzils von Trient unterhöhle, mit anderen Worten: Die neue Messe neige zum Protestantismus. Dieser Vorwurf war nicht unbegründet. Zum Zweiten Vatikanum waren sechs protestantische Gelehrte eingeladen worden, um an den Beratungen über Ökumene und Liturgie teilzunehmen: A. Raymond George (Methodist),

177

Ronald Jaspar (Anglikaner), Massey Shepherd (anglikanische Episkopalkirche), Friedrich-Wilhelm Künneth (Lutheraner), Eugene L. Brand (Lutheraner) und Max Thurian (Gemeinschaft von Taizé). Der protestantische Liturgiker Thurian hatte auf den Ausgang der Beratungen, die maßgeblich zur Novous-ordo-Messe führten, den größten Einfluss. Als Thurian und der andere protestantische Gelehrte, Roger Schutz, einmal mit Hans Küng beim Abendessen saßen, fragten sie Letzteren, wie sie sich in diesem historischen Augenblick des Konzils verhalten sollten, worauf Küng ihnen antwortete: »Am besten Protestanten bleiben«.[144]

Die um Lefebvre versammelten Theologen baten darum, dass ihnen zumindest eingeräumt würde, weiterhin im überlieferten Ritus zu zelebrieren. Das eigentliche Ziel bestand jedoch darin, dass ihre Darlegung Unterstützer gewinnen sollte und Papst Paul VI. dazu gebracht würde, die neuen Bugnini-Riten zurückzustellen oder gar zu verwerfen. Sollte der neue Ritus promulgiert werden, hoffte man, dass denjenigen Priestern, die nicht im *Novus Ordo* zelebrieren wollten, vielleicht ein allgemeines Indult gewährt werden könnte.[145]

Papst Paul VI. reagierte mit Zurückweisung auf die sogenannte Ottaviani-Intervention. In seiner am 12. November 1969 herausgegebenen Antwort erwiderte der Heilige Stuhl, die »kritische Studie« enthalte Behauptungen, die »oberflächlich, übertrieben, ungenau, emotionsgeleitet und falsch« seien.[146] Papst Paul VI. machte unbeeindruckt weiter und veröffentlichte am 26. März 1970 den *Novus Ordo Missae*. Kardinal Ottaviani gab klein bei und nahm die Reform hin. Kardinal Bacci und Erzbischof Lefebvre jedoch akzeptierten den *Novus Ordo* nicht.

22. Erzbischof Lefebvre und der traditionalistische Widerstand

Erzbischof Marcel Lefebvre, Mitbegründer des *Coetus Internationalis Patrum* (Coetus) oder auch »Internationaler Bund der Väter« genannt, war während des Zweiten Vatikanischen Konzils einer der maßgeblichen antimodernistischen Bischöfe gewesen. Lautstark wies er den von ihm als solchen bezeichneten »falschen Ökumenismus« zurück, der sich auf jede erdenkliche Weise um eine kirchliche Annäherung bemüht, nur eben nicht auf dem Wege der Bekehrung zum katholischen Glauben. Er wandte sich gegen das Bekenntnis des Konzils zur Religionsfreiheit und sprach sich zugunsten des päpstlichen Supremats gegen die bischöfliche Kollegialität aus. Als französischer Katholik widersetzte er sich vehement der Freimaurerei und dem Geist der Französischen Revolution. Vor allem aber sollte Erzbischof Lefebvre für seine Ablehnung von Pauls VI. Novus Ordo bekannt werden. Worin er sich von allen anderen unterschied, war seine Haltung zur Liturgie.

Als Generaloberer der Spiritaner war Lefebvre von den Ergebnissen des Zweiten Vatikanums zutiefst enttäuscht, jedoch hegte er noch viel größere Sorge über die Liturgie, die von Bugnini unter Papst Paul VI. entworfen worden war. Um auf seinem persönlichen Weg Trost zu suchen, reiste er im April 1967 ins italienische Pietrelcina. In der Befürchtung, sein Orden könnte vom Konzilsgeist des *aggiornamento* angesteckt werden, suche er dort Pater Pio auf, um ihn um seine Gebete und seinen Segen für das anstehende Generalkapitel der Spiritaner zu bitten. Stattdessen jedoch bat Pater Pio um Lefebvres Segen, küsste dessen Bischofsring und begab sich in den Beichtstuhl.

Leider waren die meisten Spiritaner bestrebt, die Reformen des Zweiten Vatikanums bereitwillig umzusetzen. Lefebvre war bereits ein alter Mann und entschied 1968, dass es das Beste sei, seinen Rücktritt als Generalsuperior einzureichen.

Im Verlauf der Auseinandersetzungen um die Ottaviani-Intervention, die eigentlich ein Projekt Lefebvres und nicht Ottavianis war, erhielt Lefebvre im Jahre 1969 vom Ortsbischof die Erlaubnis im schweizerischen Freiburg ein Seminar mit neun Seminaristen zu gründen. Im November 1970 errichtete der Bischof von Freiburg im Sinne Erzbischof Lefebvres die Priesterbruderschaft St. Pius X. – vorläufig für den Zeitraum von sechs Jahren – als *pia unio* (fromme Vereinigung). Es handelte sich um das weltweit einzige Seminar, in dem nicht nach dem neuen Missale Papst Pauls VI. zelebriert wurde. Erzbischof Lefebvre verwendete ausschließlich die liturgischen Bücher, wie sie im Jahre 1962 von Papst Johannes XXIII. herausgegeben wurden, bevor er das Zweite Vatikanum einberufen hatte. Die geistige und geistliche Formung in diesem Seminar geschah im Sinne der traditionellen theologischen Studien gemäß der Dogmatik des hl. Thomas von Aquin und der Moraltheologie des hl. Alfons von Liguori.

23. Der Widerstand gegen den *Novus Ordo Missae*

Kardinal Ottaviani und Erzbischof Lefebvre waren nicht die einzigen Intellektuellen, denen die Novus-Ordo-Messe missfiel. Auch unter prominenten Laien fand eine Petition Verbreitung, die auf die Erlaubnis abzielte, weiterhin die überlieferte tridentinische Messe in lateinischer Sprache besuchen zu dürfen. Zu den Unterzeichnern gehörten zahlreiche Prominente wie Graham Greene, Romano Amerio, Malcolm Muggeridge, Jorge Luis Borges, Marcel Brion, Agatha Christie, Vladimir Ashkenazy, Kenneth Clark, Robert von Ranke-Graves, F. R. Leavis, Cecil Day-Lewis, Nancy Mitford, Iris Murdoch, Yehudi Menuhin und Joan Sutherland.[147] Auch der Fantasy-Autor J. R. R. Tolkien war ein Gegner der Novus-Ordo-Messe. Sein Enkel Simon Tolkien erinnert sich an den Protest seines Großvaters:

Ich erinnere mich lebhaft daran, wie ich mit ihm in Bournemouth in die Kirche ging. Er war ein tiefgläubiger Katholik. Es war kurz nachdem die Kirche die Liturgie vom Lateinischen in die Landessprache geändert hatte. Mein Großvater war damit sichtlich nicht einverstanden und antwortete während der Messe sehr laut auf Latein, während die restliche Gemeinde auf Englisch erwiderte. Für mich war das eine sehr qualvolle Erfahrung, was meinem Großvater jedoch nicht klar war. Er musste einfach tun, was er für richtig hielt.[148]

Der bedeutende Philosoph Dietmar von Hildebrand lehnte die Novus-Ordo-Messe als »trocken« ab:

Meine Sorge bezieht sich nicht auf den rechtlichen Status der betreffenden Änderungen. Ich möchte ausdrücklich nicht als jemand verstanden werden, der es bedauert, dass die Konstitution es statthaft gemacht hat, dass Lateinische durch die Landessprache zu ergänzen. Was ich hingegen bedauere ist, dass die neue Messe die tridentinische Messe ersetzt, dass die alte Liturgie so unbekümmert aufgegeben wird und sie dem Großteil des Gottesvolkes verweigert wird ...

Die grundlegende Falschannahme der meisten Neuerungen besteht in der Vorstellung, die neue Liturgie bringe den Gläubigen das heilige Messopfer näher, die um ihre alten Rituale entledigte Messe trete nun in den Kern unseres Lebens ein. Denn die Frage lautet, ob Christus in der Messe eher zugegen ist, wenn wir zu ihm aufsteigen oder indem wir ihn in unsere starre Alltagswelt hinabziehen. Die Neuerer würden die heilige Nähe zu Christus durch eine unziemliche Aufdringlichkeit ersetzen. Tatsächlich droht die neue Liturgie die Auseinandersetzung mit Christus zu hemmen, denn sie wirkt der Ehrfurcht im Angesicht des Mysteriums entgegen, macht Staunen unmöglich und tilgt beinahe den Sinn für das Heilige. Letztlich ist sicherlich nicht von Bedeutung, ob sich die Gläubigen in der Messe zu Hause fühlen, sondern ob sie aus ihrem gewöhnlichen alltäglichen Leben heraus und in die Welt Christi hineingezogen werden – ob ihre innere Einstellung eine ehrfurchtsvolle Reaktion ist: ob sie von der Gegenwart Christi durchdrungen sind.[149]

Im Namen all derer, die sich nach der traditionellen lateinischen Messe sehnten, ersuchte der Erzbischof von Westminster, John Kardinal Heenan, Paul VI. um ein Indult für die Feier der tridentinischen Messe. Papst Paul VI. las seinen Brief voll beredten Schweigens und rief dann: »Ah, Agatha Christie«, um dann das Indult zu unterzeichnen. Obwohl die Schriftstellerin Agatha Christie nicht katholisch war, wandte sie sich aus kulturellen Gründen gegen die Novus-Ordo-Messe. Aufgrund der Tatsache, dass ihr Name die Aufmerksamkeit Pauls VI. auf sich zog, ist der Beschluss seitdem auch als »Agatha-Christie-Indult« bekannt.[150] Dessen ungeachtet kam es ab 1970 zur Einführung der Novus-Ordo-Messe und Papst Paul VI. erließ eine Reihe kanonischer und liturgischer Änderungen, die das, was als »Konzilsgeist« bekannt geworden war, noch weiter verschlimmerten:

* 1971: Paul VI. schließt Kardinäle, die älter als 80 Jahre sind, vom Konklave aus.
* 1972: Durch das Motu proprio *Ministeria quaedam* schafft Papst Paul VI. die Tonsur und die Niederen Weihen für Ostiarier, Exorzisten, Akolythen und die Subdiakone de facto ab.[151]
* 1973: Kommunionhelfer werden zugelassen.
* 1977: Den Vereinigten Staaten von Amerika wird das Indult für die Spendung der Handkommunion gewährt.

Die Aufhebung der Tonsur und die Abschaffung der Niederen Weihen (Ostiariat, Lektorat, Exorzistat und Akolythat) verstößt vor allem gegen die Lehren des Konzils von Trient, das feststellte:

Auch waren vom Anfange der Kirche an die Namen der folgenden Weihen und die eigenen Verrichtungen einer jeden aus ihnen, nämlich des Subdiakons, des Akolyths, des Exorzisten, des Lektors und des Ostiarius anerkannt in Übung, obwohl nicht im gleichen Grade. Denn das Subdiakonat wird von den Vätern und heiligen Konzilien zu den höhern Weihen gerechnet. Aber auch von den andern Niederen lesen wir in denselben sehr häufig.[152]

Eine Abkehr von dieser Lehre wird mit dem Anathema sanktioniert:

Wenn jemand sagt, außer der Priesterweihe gebe es in der Katholischen Kirche keine anderen Weihen, sowohl größere als kleinere, durch welche man, wie durch gewisse Stufen zum Priestertum aufschreite, der sei im Banne.[153, 154]

Die Entscheidung Papst Pauls VI., Laien als Kommunionhelfer zuzulassen, stellt einen Bruch mit der gesamten kirchlichen Tradition dar, die es ausschließlich dem Priester, und sonst niemandem, gestattete, die heilige Kommunion zu spenden. Im römischen Ritus ist es lediglich dem Diakon oder Subdiakon gestattet, die heiligen Gefäße (Kelch, Ziborium, Pyxis, Monstranz) zu berühren. Diese Tradition wird von den Kirchenvätern bestätigt. Paul VI. aber ließ diese Tradition beiseite.

Paul VI. war es auch, der Laien die Erlaubnis erteilte, die heilige Kommunion mit der Hand zu empfangen. Die Änderungen zeitigten zwei negative Folgen: Zum einen nahm der Glaube an die Transsubstantiation ab. Die protestantischen

»Reformer« Martin Luther, Johannes Calvin, Martin But-
zer und Thomas Cranmer hatten allesamt darauf bestanden,
dass das Kirchenvolk »die Eucharistie«[155] mit der Hand emp-
fange, weil damit zum Ausdruck gebracht werden sollte, dass
sie ja nur gewöhnliches Brot sei und es sich eben nicht um
den im Sakrament wahrhaft, wirklich und wesentlich gegenwärtigen Christus handle. Die andere negative Auswirkung
der Handkommunion besteht darin, dass die eucharistischen
Gestalten damit Sakrilegien ausgesetzt werden, ja regelrecht
missbraucht und herabgewürdigt werden. Es ist nur schwer
verständlich, warum Papst Paul VI. später über die dämonische Unterwanderung der Kirche klagen sollte, während er
doch gleichzeitig Reformen beförderte, die diese Infiltration
begünstigten: »Vor der Situation der heutigen Kirche haben wir das Gefühl, dass durch irgendeinen Spalt der Rauch
Satans in das Volk Gottes eingedrungen ist. Wir sehen den
Zweifel, die Unsicherheit, die Probleme, die Unruhe, die Unzufriedenheit, die Auseinandersetzungen, [...].«[156]

Die Veränderungen des Zweiten Vatikanums und Papst
Pauls VI. gingen zulasten der Laien. Im Jahre 2003 veröffentlichte Kenneth C. Jones sein Buch *Index of Leading Catholic
Indicators: The Church Since Vatican II*, das den Verfall der
katholischen Praxis seit dem Ende des Konzils 1965 dokumentiert (die folgenden Angaben beschränken sich auf Amerika):[157]

Teilnahme an der sonntäglichen Messe

1958: 74 Prozent aller Katholiken besuchten die Sonntagsmesse.

2000: 25 Prozent aller Katholiken besuchten die Sonntagsmesse.

Kindstaufen

1965: 1,3 Millionen Kindstaufen

2002: trotz Bevölkerungswachstums nur 1 Million Kindstaufen

Erwachsenentaufen (Konvertiten)

1965: 126.000 Erwachsenentaufen

2002: 80.000 Erwachsenentaufen

Katholische Eheschließungen

1965: 352.000 katholische Eheschließungen

2002: trotz Bevölkerungswachstums nur 256.000 katholische Eheschließungen

Eheannulierungen

1965: 338 Eheannulierungen.

2002: 50.000 Ehenannulierungen!

Priester

1965: 58.000 Priester

2002: 45.000 Priester

Priesterweihen

1965: 1.575 Priesterweihen

2002: 450 Priesterweihen

Pfarreien ohne Priester

1965: Ein Prozent der Pfarreien war ohne Priester. 549 Gemeinden hatten keinen residierenden Pfarrer.

2002: Fünfzehn Prozent der Pfarreien waren ohne Priester. 2.928 Gemeinden hatten keinen residierenden Pfarrer.

Seminaristen

1965: 49.000 Seminaristen

2002: 4.700 Seminaristen

Nonnen und Ordensschwestern

1965: 180.000 Ordensschwestern

2002: 75.000 Ordensschwestern (Durchschnittsalter: 68 Jahre)

Ungeweihte Ordensbrüder

1965: 12.000 Ordensbrüder

2002: 5.700 Ordensbrüder

Jesuiten

1965: 5.277 Priester im Orden der Jesuiten, 3.559 Seminaristen

2000: 3.172 Priester im Orden der Jesuiten, 38 Seminaristen

Franziskaner

1965: 2.534 Priester im Orden der Franziskaner, 2.251 Seminaristen

2000: 1.492 Priester im Orden der Franziskaner, 60 Seminaristen

Redemptoristen

1965: 1.148 Priester im Orden der Redemptoristen, 1.128 Seminaristen

2000: 349 Priester im Orden der Redemptoristen, 24 Seminaristen

Katholische High Schools

1965: 1.566 katholische High Schools

2002: 786 katholische High Schools

1965: 4,5 Millionen Schüler

2002: 1,9 Millionen Schüler

Zahlen lügen nicht. Die katholische Kirche wird seit dem Zweiten Vatikanum von einer »Krise« heimgesucht. Innerhalb von 50 Jahren ist die Anzahl der Messbesucher und priesterlicher Berufungen sowie die Zahl der Taufen und Eheschließungen in jedem Jahr rückläufig. Die überarbeiteten Daten für das Jahr 2015 fallen sogar noch ungünstiger aus, als die oben genannten. Und dennoch erzählt man uns fortwährend, dass dies der neue Advent und der neue Frühling sei und das Zweite Vatikanum eine großartige Erneuerung innerhalb der Kirche bewirkt habe.

24. Die Infiltration der Vatikanbank unter Paul VI.

Die Unterwanderung beschränkte sich nicht allein auf das Denken und die Liturgie; die nachkonziliare Kirche wurde auch auf dem Gebiet der Finanzen infiltriert. Die Vatikanbank wird offiziell als »Istituto per le Opere di Religione« (kurz IOR) bezeichnet, was ungefähr mit »Institut für die religiösen Werke« ins Deutsche übersetzt werden kann. Dieses Institut wurde durch ein Dekret vom 27. Juni 1942 von Papst Pius XII. errichtet und übernahm die Arbeit der »Amministrazione per le Opere di Religione«, kurz AOR (»Verwaltung der Religiösen Werke«). Letztere wurde im Jahre 1887 während des Pontifikats Leos XIII. gegründet, ein Jahr, nachdem dieser das Gebet an den hl. Erzengel Michael verfasst hatte.

Viele fragen sich: Warum verfügt die katholische Kirche eigentlich über eine eigene Bank? Nachdem die Kirche 1870 ihrer weltlichen Macht verlustig gegangen war, verlor sie auch einen Großteil ihres Vermögens, aber vor allem auch weite Teile ihres Grundbesitzes. Vor dem Aufkommen des modernen Bankenwesens, verwaltete und schützte man sein Vermögen durch Grundbesitz. Ohne eigene staatliche Souveränität unterläge der gesamte Besitz der Kirche der Reglementierung einer weltlichen Macht, wie dem säkularen italienischen Staat. Dieses Szenario erschien natürlich als vollkommen inakzeptabel, weshalb die Kirche nach einem eigenen Weg suchte, ihre Geldmittel zwecks der »Verwaltung der Religiösen Werke« zu schützen. Die Neustrukturierung des IOR im Jahre 1942 scheint eine Einflussnahme von außen möglich gemacht zu haben. In den 1960er und 1970er Jahren wurden ernstzunehmende Bedenken geäußert, dass das IOR von der organisierten Kriminalität zu illegalen Zwecken und Geldwäsche genutzt werden würde. Auch heute ist das IOR noch immer in ein tiefes Geheimnis gehüllt. Es ist nicht Eigentum des Heiligen Stuhls. Es untersteht auch nicht der Zuständigkeit der Präfektur für die ökonomischen Angelegenheiten des Heiligen Stuhls. Das IOR wird gegenwärtig durch eine Kommission aus fünf Kardinälen geleitet und untersteht einem Aufsichtsrat von fünf Laien.

Die festgeschriebene Aufgabe des IOR besteht darin, »die sichere Verwahrung und Verwaltung der Mobilien und Immobilien zu gewährleisten, die ihm von natürlichen und juristischen Personen zum Zwecke wohltätiger oder religiöser Werke übertragen oder anvertraut worden sind.«[158] Es handelt sich also beim IOR um eine gemeinnützige Organisation, die gegründet wurde, um karitative Arbeit zu finanzieren. Seit dem Jahr 2013 behauptet das IOR, dass mit seinen Einlagen keine Geldwäsche betrieben werde und es selbst keine Bürgschaften ausstelle.[159] Die geschätzten Einlagen des IOR liegen derzeit im mehrstelligen Milliardenbereich.

Nach einer sechs Jahre währenden Auseinandersetzung zwischen dem italienischen Staat und dem Vatikan widerrief Italien 1968 die Steuerbefreiung für Kapitalerträge des Heiligen Stuhls – es war das gleiche Jahr, in dem Paul VI. seine letzte Enzyklika *Humanae vitae* erließ, die Abtreibung und künstliche Empfängnisverhütung verurteilte. Um die neuen Anforderungen des italienischen Staates umzusetzen und das Vermögen des Vatikans zu diversifizieren, beauftragte Papst Paul VI. den Finanzberater Michele Sindona (genannt »der Hai«), der 1986 während der Verbüßung einer Haftstrafe vergiftet werden sollte. Sindona war berühmt-berüchtigtes Mitglied der italienischen Freimaurerorganisation Propaganda Due (P2). Ebenso war er wahrscheinlich Angehöriger der italienischen Mafia. Die Gründe, warum Papst Paul VI. dieses Scheusal in Dienst nahm, bleiben ein Rätsel. Dennoch zeigt diese Tatsache auf, wie schlimm sich schon 1968, nur drei Jahre nach dem Zweiten Vatikanum, die freimaurerische Unterwanderung im Vatikan gestaltete.

Bevor er zum Papst gewählt wurde, war Kardinal Montini seit 1954 Erzbischof von Mailand gewesen. Während dieser Zeit freundete sich Montini mit Sindona an, der ebenfalls in Mailand ansässig war – wenngleich einige behaupten, Montini und Sindona seien bereits Freunde gewesen, als Montini Erzbischof wurde.[160] Etwa im Jahre 1957 betraute die italo-amerikanische Mafia-Familie Gambino Michele Sindona damit, illegale Gewinne aus ihren Drogengeschäften der Geldwäsche zu unterziehen. Zur Erfüllung dieses Auftrages suchte Sindona ständig nach Wegen, in den Augen der Welt und insbesondere in denen der Strafverfolgungsbehörden, als gesetzestreu zu erscheinen. Sindona kaufte weitere Banken in Mailand und schuf so eine legale Fassade von Geldinstituten für die sizilianische Mafia. Als junger und erfolgreicher »ehrlicher« Bankier festigte sich seine Beziehung zu Montini.

Montini wurde 1963 zum Papst gewählt, weil er während der Krankheit Pius' XII. den Reformkräften der Kirche nahestand, vielleicht aber auch wegen seiner guten Kontakte zum europäischen Bankwesen. Als Paul VI. dann wegen des steuerlichen Status der Kirche mit der italienischen Regierung in Konflikt geriet, wandte er sich an seinen alten Freund, nämlich »den Hai« Michele Sindona. Dieser war nur allzu gern bereit, der Vatikanbank zu Hilfe zu eilen. Im Jahr 1969 soll Sindona Geld über die Vatikanbank auf Schweizer Bankkonten transferiert haben, um gegen die wichtigsten Währungen zu spekulieren. Unter der Regentschaft Pauls VI. bot der Vatikan die perfekten Voraussetzungen, um im Verborgenen internationale Geldbewegungen vorzunehmen. Sindona wurde 1974 die Rettung der italienischen Währung zugeschrieben, wodurch er zu großem Ansehen gelangte, obgleich bekannt war, dass der »Retter der Lira« für die Cosa Nostra Erlöse aus dem Heroinhandel wusch. Nachdem er bereits großen Einfluss in Europa besaß, richtete Sindona seinen Blick über den Atlantik auf die Vereinigten Staaten. Zu Beginn des Jahres 1974 erwarb er die Kapitalmehrheit an der Franklin National Bank auf Long Island, hatte jedoch zu viel dafür aufgewendet. Infolge eines Börseneinbruchs verlor er 40 Millionen Dollar seines Fremdkapitals. Das löste eine Kettenreaktion aus und Sindona verlor nach und nach seine europäischen Banken und Aktienanteile. Das brachte ihn in größte Verlegenheit, verdankte er doch sein Vermögen und sein Portfolio eben nicht brillanten Finanzgeschäften, sondern seinen Banken, die er mit aus dem Drogenhandel stammenden Geldern aufgebläht hatte. Infolge dieser Pleite forderte die Mafia ihr Geld umgehend zurück. Nachdem er nach Mailand zurückgekehrt war, wurde Haftbefehl gegen ihn erlassen. Er tauchte unter und man hörte erst wieder von ihm, als er sich in der Schweiz versteckt hielt.

Die Mafia-Clans waren nicht die einzigen, die das Nachsehen hatten. Als Sindonas Kartenhaus von Bankinstituten 1974 in sich zusammenbrach, trafen die Folgen auch den Vatikan schwer. Unter Paul VI. verlor der Vatikan eine Summe von insgesamt 35 Millionen italienischer Lira (das entsprach damals 53 Millionen US-Dollar). Dieser Verlust würde heute 288 Millionen US-Dollar entsprechen![161] Finanzhistoriker sind sich mittlerweile darüber einig, dass Sindona Vatikangelder mit Heroingewinnen der Mafia vermischte. Das sind die unumstößlichen Fakten – deren Folgen Papst Paul VI. erspart blieben, da er am 6. August 1978 starb. Aber die Welt stand vor dem Schauplatz eines Verbrechens, dessen weitere Auswirkungen Johannes Paul I., Johannes Paul II. und schließlich Benedikt XVI. zu erdulden hatten.

Das Drama setzte sich nach dem Tod Pauls VI. fort. Der Mailänder Anwalt Giorgio Ambrosoli, der für die Liquidation von Sindonas Vermögenswerten zuständig war, wurde am 11. Juli 1979 ermordet. Dieses Verbrechen geht nachweislich auf die Initiative Sindonas zurück. Ebenso ermordete die sizilianische Mafia den hohen Polizeibeamten Boris Giuliano, der wegen des Heroinhandels der Mafia ermittelte und sie mit Sindonas Geschäften in Verbindung brachte. Sindona wurde von der Mafia entführt und nach Sizilien gebracht. Sein Versuch, mit Hilfe der Mafia und Teilen der sizilianischen Freimaurer eine Entführung durch linke terroristische Gruppen vorzutäuschen, schlug fehl. Die Mafia versuchte Politiker zu erpressen, um ihr in Mailand und New York verlorenes Vermögen wiederzuerlangen. Dieses Vorhaben scheiterte und Sindona stellte sich selbst dem FBI. Im Jahr 1980 wurde er wegen Geldwäsche, Betrugs, Meineids und Veruntreuung in 65 Fällen verurteilt. Die italienische Regierung beantragte daraufhin seine Auslieferung nach Italien, um ihm wegen des Mordes an Giorgio Ambrosoli den Prozess zu machen. Er wurde schuldig gesprochen und zu einer lebenslangen Haftstrafe verurteilt. Im Hochsicherheitsgefängnis Voghera wurde er durch Zyanid in seinem Kaffee vergiftet und verstarb am 12. März 1986.[162] Bis heute konnte kein Täter ermittelt werden.

25. Die Infiltration und der rätselhafte Tod Johannes Pauls I.

Öffentlich wandte sich Papst Paul VI. vor seinem Tod gegen Vorwürfe von Sodomie. Diese Kontroverse kam auf, als die Kongregation für die Glaubenslehre die Erklärung *Persona humana* publizierte, die sich mit der Unsittlichkeit von Ehebruch, Homosexualität und Masturbation befasste.[163] Dies rief den Schriftsteller Roger Peyrefitte auf den Plan, der zwei Bücher verfasst hatte, in denen er behauptete, Montini/Paul VI. habe lange Zeit ein gleichgeschlechtliches Verhältnis zu einem italienischen Schauspieler unterhalten.[164] Das Gerücht über die geheime homosexuelle Beziehung Pauls VI. wurde von der italienischen und französischen Presse verbreitet. Bei dem mutmaßlichen homosexuellen Partner Pauls VI. handelte es sich um den Schauspieler Paolo Carlini, der zwischen 1940 und 1979 in insgesamt 45 Filmen mitgewirkt hatte. Dem amerikanischen Publikum dürfte er aus dem Film *Roman Holiday* von 1954 bekannt sein, in dem er Audrey Hepburns Friseur spielte. Bei einer öffentlichen Ansprache vor 20.000 Menschen auf dem Petersplatz am 18. April 1976 bestritt Paul VI. die gegen ihn erhobene Anschuldigung der Sodomie. Er bezeichnete die Behauptungen als »schreckliche und verleumderische Unterstellungen«.[165] Im Folgejahr erkrankte Paul VI. an einer vergrößerten Prostata. Sein Gesundheitszustand verschlechterte sich zusehends und er erlag am 6. August 1978 in Castel Gandolfo den Folgen eines Herzinfarkts. Papst Paul VI. hatte 1970 nicht nur Kardinälen, die das 80. Lebensjahr überschritten haben, das Stimmrecht im Konklave entzogen;[166] er hatte auch 1975 eine Neuerung eingeführt, indem er die Zahl der wahlberechtigten Kardinäle von 70 (wie die 70 Ältesten Israels und die 70 Jünger Jesu) auf 120 erhöhte. Der Entzug des Stimmrechts für über 80 Jahre alte Kardinäle war eine der größten Umwälzungen der Kirchengeschichte. Papst Paul VI. schloss damit letztlich alle älteren Kardinäle, die Pius XII. ernannt hatte, von künftigen Papstwahlen aus. Durch diesen Schachzug stellte er sicher, dass die von ihm ernannten Kardinäle, und nur sie, über seinen Nachfolger entscheiden würden. Diese Rechnung ging auf. Im Konklave vom August 1978 waren von den 111 Wahlberechtigten 100 von Papst Paul VI. zum Kardinalamt erhoben worden; acht waren von Johannes XXIII. kreiert worden und nur drei von Pius XII. Die Beseitigung des Stimmrechts der Kardinäle, die über 80 Jahre alt waren, vernichtete nahezu das ganze Erbe der einstigen Kardinalsgeneration.

Durch Pauls VI. radikalen Umbau des Kardinalskollegiums gab es im 1978er Konklave keinen konservativen Kandidaten. Nahezu jeder wahlberechtigte Kardinal unterstützte Papst Paul VI. und die Reformen des Zweiten Vatikanums. Die Umsetzung dieser Reformen war also gesichert und dem nächsten Papst würde die Aufgabe zufallen, einen neuen Katechismus und einen neuen *Codex Iuris Canonici* herauszugeben, die den Vorgaben des Zweiten Vatikanums entsprachen.

Das drängendste Thema war jedoch weiterhin der Finanzskandal bei der Vatikanbank, von dem die Welt kaum etwas mitbekam. Dem inneren Kreis der Kurienkardinäle war trotzdem durchaus bewusst, dass der Sindona-Skandal sie einholen und bloßstellen könnte.

Das kurze Konklave des Jahres 1978 dauerte vom 26. bis zum 27. August. Kardinal Albino Luciani war der Favorit und er wusste es, denn seinem Sekretär vertraute er an, dass er die mögliche Wahl zum Papst ablehnen würde.[167] Das von Paul VI. geschaffene Kardinalskollegium wählte Kardinal Luciani nach vier Wahlgängen schon am ersten Tag. Als Jean-Marie Kardinal Villot Luciani fragte, ob er die Wahl annehme, antwortete dieser:»Der Herr möge euch verzeihen, was ihr mit mir angefangen habt!« Er war der erste Papst, der für sich einen Doppelnamen wählte:»Johannes Paul«. Dies geschah aus Hochschätzung für die beiden Päpste des Zweiten Vatikanums: Johannes XXIII. und Paul VI. Darüber hinaus ist die Tatsache von Belang, dass seine beiden Nachfolger im Papstamt, Karol Wojtyła und Joseph Ratzinger, sich unter den anwesenden Kardinälen befanden, die ihn zum Papst wählten.

Das Pontifikat Papst Johannes Pauls I. folgte den Modernisierung- und Liberalisierungstendenzen des Zweiten Vatikanums in Lehre, Politik und Liturgie. Bereits vor 1968 hatte er die Position Giovanni Kardinal Urbanis offen befürwortet, wonach künstliche Geburtenkontrolle von verheirateten Katholiken guten Gewissens verantwortungsvoll eingesetzt werden könne.[168] Nachdem Papst Paul VI. 1968 *Humanae vitae* herausgegeben hatte, fügte sich Kardinal Luciani der gegen die künstliche Empfängnisverhütung gerichteten Lehre, allerdings in eher zurückhaltender Form.

Die Regentschaft Johannes Pauls I. dauerte nur 33 Tage; am 28. September 1978 starb er. Sein Tod fiel in jene Zeit des Finanzskandals, der aufgrund der erheblichen Einbußen der Vatikanbank, verursacht durch die Machenschaften des Freimaurers Michele»der Hai« Sindona, entstanden war. Im

Vatikan wurden Stimmen laut, die darauf drängten, sich mit der sizilianischen Mafia zusammen zu tun, um die verlorenen Gelder wiederzuerlangen. Der entsprechende heutige Wert der damals verlorenen 288 Millionen US-Dollar vatikanischer Gelder ist nicht gerade unerheblich.

Drei Vertreter des Vatikans befassten sich mit dem Skandal der Vatikanbank: Kardinalstaatssekretär Jean-Marie Villot, der Erzbischof von Chicago, John Kardinal Cody und der Direktor der Vatikanbank (oder IOR), Erzbischof Paul Marcinkus (genannt »der Gorilla«). Alle drei waren Schwergewichte. Erzbischof Marcinkus war ein Ex-Rugbyspieler mit einer Körpergröße von 1,93 Meter. Später wurde er angeklagt, weil man ihn beschuldigte, 1982 in Italien am Kollaps der 3,5 Milliarden US-Dollar schweren Banco Ambrosiano beteiligt gewesen zu sein. Bekannt ist Marcinkus für seine Bemerkung gegenüber Papst Johannes Paul I.: »Die Kirche lebt nicht nur von Ave Marias.« Verschwörungstheorien bringen ihn zudem mit einem Plan zur Ermordung Johannes Pauls I. in Verbindung. Kardinal Villot sei der Urheber dieses Plans gewesen und auch derjenige, der danach die Indizien vernichtete. Die drei besagten Personen arbeiteten 1978 mit Roberto Calvi, dem Präsidenten der Banco Ambrosiano, zusammen. Calvi war Freimaurer und Mitglied der P2-Loge. Sein Spitzname war »Bankier Gottes«. 1982, im Jahr der Anklage von Erzbischof Marcinkus, fand man Calvis Leichnam aufgehängt unter der Londoner Blackfriars Brigde. Diesem Umstand wurde symbolische Bedeutung beigemessen, da die italienische Freimaurerloge P2 die Selbstbezeichnung »black friars« trug. Sein Tod wurde zunächst als Selbstmord eingestuft, woran jedoch immer Zweifel bestanden haben.

Kardinal Villot, Kardinal Cody, Erzbischof Marcinkus und die beiden berühmten Bankiers Sindona und Calvi sind die Protagonisten dieser Geschichte. Gegen drei von ihnen – Marcinkus, Sindona und Calvi – wurde Anklage erhoben, während die beiden anderen vorzeitig starben. Etwas zutiefst Böses musste 1978 am Werk gewesen sein. Villot verstarb 1979, Cody im Jahr 1982. Innerhalb weniger Jahre waren alle Beteiligten eines natürlichen Todes gestorben, hatten Selbstmord begangen oder befanden sich im Gefängnis.

Wenn man diese Theorie nachvollzieht, entsteht der Eindruck, dass Villot, Cody und Marcinkus mit den Freimaurern und der sizilianischen Mafia zusammenarbeiteten, um die Beteiligung der Vatikanbank an Geldwäsche zu vertuschen. Die betreffenden, aus Drogengeschäften stammenden Gelder waren an die Banco Ambrosiano und Sindonas Banken geflossen. Abgesehen von diesem Vertuschungsversuch haben die oben Genannten möglicherweise auch mit Personen aus dem Umfeld Calvis und Sindonas konspiriert, um die verlorenen Gelder der Vatikanbank in Höhe von 288 Millionen US-Dollar (inflationsbereinigt) wiederzuerlangen. Paul VI., ein Freund Sindonas und selbst an den Verlusten der Vatikanbank beteiligt, war bis zu seinem Tod bereit, das Ganze mitzutragen. Weil Papst Johannes Paul I. seine Einwilligung dazu nicht gab, so die Theorie, wurde er nach nur 33 Tagen im Papstamt ermordet.

Im Jahre 1984 veröffentlichte David Yallop dazu sein vielbeachtetes Buch *Im Namen Gottes?*. Darin rekonstruiert er die zeitliche Abfolge des Todestages von Johannes Paul I. und bringt die Ereignisse in Verbindung mit Kardinal Villot – als demjenigen, der am meisten zu gewinnen und zu verlieren hatte. Yallop behauptet, Papst Johannes Paul I. sei während seiner kurzen Amtszeit in den Besitz einer Liste freimaurerischer Kardinäle gelangt. Am 12. September 1978 machte Carmine Pecorelli seine Liste prominenter italienischer Freimaurer öffentlich, in der auch mehrere Kardinäle und Erzbischöfe angeführt wurden.[169] Pecorelli selbst war Mitglied der Freimaurerloge Propaganda Due (P2) und wurde sechs Monate nach der Veröffentlichung dieser Liste, am 20. März 1979, ermordet aufgefunden. Auf »Pecorellis Liste« standen:

- Jean-Marie Kardinal Villot (Kardinalstaatssekretär unter Papst Paul VI., es wird angenommen, dass seine Familie historische Verbindungen zur Rosenkreuzer-Loge hat)
- Agostino Kardinal Casaroli (späterer Kardinalstaatssekretär unter Papst Johannes Paul II.)
- Ugo Kardinal Poletti (Generalvikar für das Bistum Rom)
- Sebastiano Kardinal Baggio (Kardinalkämmerer und Präsident der Päpstlichen Kommission für den Vatikanstaat)
- Bischof Pasquale Macchi (von 1954 bis 1978 der Privatsekretär Papst Pauls VI.)
- Léon-Joseph Kardinal Suenens (einer der vier Moderatoren des Zweiten Vatikanums)
- Erzbischof Annibale Bugnini (Urheber der Novus-Ordo-Liturgie unter Papst Paul VI.)
- Erzbischof Paul Marcinkus (zwischen 1971 und 1989 Direktor der Vatikanbank)

Als Kardinal Villot klar wurde, dass Pecorellis Liste das Interesse von Papst Johannes Paul I. geweckt hatte, begann er, Pläne gegen ihn zu schmieden. Die Liste wurde am 12. September 1978 öffentlich und am 28. September 1978 der Papst tot aufgefunden.

Am Morgen dieses Tages betrat Schwester Vincenza Taffarel um 4:45 Uhr die päpstliche Wohnung und fand Papst Johannes Paul I. im Bett sitzend. Sein Gesichtsausdruck war schmerzverzerrt, und er hielt Papiere in seinen Händen.[170, 171] Nachdem Schwester Vincenza seinen Puls geprüft hatte, wusste sie, dass er tot war. Um 5:00 Uhr kam Kardinal Villot, der sich am anderen Ende der Stadt befunden hatte, hinzu. Er nahm das dem Papst verschriebene Medikament Effortil vom Nachttisch, entfernte die Papiere aus seinen Händen, nahm ihm die Brille ab und zog ihm die Hausschuhe aus. Wahrscheinlich hatte sich der Papst übergeben. Außerdem nahm Villot das Testament des Papstes an sich. All diese Dinge sind seitdem verschwunden. Villot forderte Schwester Vincenza auf, Schweigen über alles zu geloben, was sie gesehen hatte.

Kardinal Villot rief die Leichenbestatter an und schickte Fahrzeuge aus dem Vatikan, um sie abzuholen. Es heißt, die Einbalsamierer wären bereits mit ihrer Arbeit am toten Papst beschäftigt gewesen, bevor überhaupt ein Arzt gerufen wurde, um den Totenschein auszustellen. Der Arzt führte die Todesursache auf einen akuten Myokardinfarkt zurück, der sich wahrscheinlich in der Nacht zuvor gegen 23:00 Uhr ereignet hatte.

Villot begann um 6:30 Uhr damit, die Kardinäle zu benachrichtigen. Der diensthabende Offizier der Schweizer Garde, Sergeant Roggen[172], sah Paul Marcinkus um 6:45 Uhr in den Räumlichkeiten. Die Welt erfuhr aus dem Vatikan offiziell um 7:30 Uhr vom Tod des Papstes. Die Leichenbestatter kehrten um 11:00 Uhr zurück, angeblich um das entstellte Gesicht des Papstes zu richten. Villot wies sie an, den Papst noch innerhalb dieses Tages einzubalsamieren. Den Ordensschwestern wurde aufgetragen, den Raum aufzuräumen und zu putzen (Erbrochenes, Fingerabdrücke und Beweise zu entfernen). Die persönlichen Besitztümer, Bücher und Notizen des Papstes wurden in Kisten verstaut und weggeschafft. Um Punkt 18:00 Uhr dieses Tages waren alle Gegenstände Johannes Pauls I. aus den päpstlichen Gemächern entfernt.

Die Leichenbestatter begannen noch in derselben Nacht damit, den Körper des Papstes mit Formalin einzubalsamieren. Anders als üblich, wurden sie jedoch von Villot angewiesen, das Blut des Papstes aus dem Leichnam nicht zu entleeren, wie es sonst übliches Procedere ist. Als Grund dafür wird angeführt, dass Villot nicht wollte, dass irgendwelches Blut während einer möglichen Autopsie hätte untersucht werden können. Denn das Blut enthielt wahrscheinlich Gift, das durch eine falsche Dosis seiner nächtlichen Effortil-Einnahme in die Blutbahn des Papstes gelangt war. Daher ließ Villot als erstes die Flasche mit Effortil verschwinden, als er im Apostolischen Palast eintraf.

26. Die Infiltration des Pontifikats Johannes Pauls II.

Das zweite Konklave des Jahres 1978 wurde vom 14. bis zum 16. Oktober abgehalten und stand unter der Verantwortung Kardinal Villots. Der frühzeitige Tod Johannes Pauls I. und die Gerüchte über den Skandal um die Vatikanbank machten die ganze Angelegenheit komplizierter, als es beim Konklave weniger als zwei Monate zuvor der Fall gewesen war. Wieder hatten sich 111 Kardinäle zur Papstwahl eingefunden, doch dieses Mal wurde auch einem Nicht-Kardinal die Anwesenheit gestattet. Der junge (spätere Kardinal) Donald Wuerl durfte dem Konklave beiwohnen, um dem gebrechlichen John Kardinal Wright zur Seite zu stehen.

In dieser Zeit der Ungewissheit galt Kardinal Siri von Genua, der 20 Jahre zuvor 1958 der Kandidat der Konservativen gewesen war, erneut als verlässliche Vaterfigur und damit als Favorit. Die Liberalen scharten sich um Giovanni Kardinal Benelli von Florenz, der ein geschätzter Freund Johannes Pauls I. gewesen war. Dem liberalen Benelli gelang es überraschenderweise zunächst nicht, die Zweidrittelmehrheit zu erreichen. Mit Giovanni Kardinal Colombo fiel der Fokus auf einen gemäßigten Kandidaten, der ausdrücklich erklärte, dass es sinnlos wäre, für ihn zu stimmen, da er im Falle seiner Wahl das Papstamt ablehnen würde.

Der ultraliberale Franz Kardinal König, der sich 1968 öffentlich gegen die Verurteilung der künstlichen Empfängnisverhütung durch Paul VI. in *Humanae vitae*, gestellt hatte, schlug den polnischen Kardinal Karol Wojtyła als idealen

Kompromisskandidaten vor. Merkwürdigerweise war Kardinal Cody nur kurz vor dem Tod Johannes Pauls I. ins polnische Krakau gereist, um sich mit Wojtyła zu treffen. Der Grund für dieses Treffen ist unbekannt, aber vielleicht diente es dazu, Wojtyła zu fragen, ob er bereit wäre, den Papstthron zu besteigen. Obwohl er relativ unbekannt war, war Wojtyła ein perfekter Kompromisskandidat. Er war kein Italiener, daher würde er für ein auf Universalität ausgerichtetes Pontifikat stehen. Er wäre damit auch der erste nicht-italienische Papst seit Hadrian VI., der 1523 starb. Außerdem war Wojtyła mit seinen 58 Jahren noch jung. Die amerikanischen Kardinäle, die keinen Italiener zum Papst wollten, unterstützten ihn. Sein größter Vorteil war, dass der konservative Kardinal Siri sich bereit erklärte, ihn mitzutragen.

Am dritten Tag des Konklaves erfuhr Kardinal Wojtyła einen erdrutschartigen Wahlsieg, als 99 der 111 wahlberechtigten Kardinäle ihre Stimmen auf ihn vereinigten. Er erhielt so 89 Prozent der abgegebenen Stimmen, obwohl nur 67 Prozent für den Sieg notwendig gewesen wären. Er nahm die Wahl mit den Worten an: »Im Glaubensgehorsam gegenüber Christus, meinem Herrn, und im Vertrauen auf die Mutter Christi und seiner Kirche nehme ich ungeachtet der großen Schwierigkeiten an«.[173] Es wird behauptet, dass er ursprünglich überlegt hatte, sich Stanislaus zu nennen, ihm jedoch bedeutet wurde, er möge einen etwas »römischeren« Papstnamen wählen.[174] Zum ehrenden Gedenken an den kürzlich verstorbenen Johannes Paul I. und an seine Vorgänger Johannes XXIII. und Paul VI. nannte er sich somit Papst Johannes Paul II. Es sind tausende von Büchern über das lange und hoch gerühmte Pontifikat Papst

Johannes Pauls II. geschrieben worden. Der junge Wojtyła wuchs in Polen als Kind frommer Eltern auf; seine Berufung schreibt er dem Glaubenszeugnis seines Vaters zu. Es spielte als Torwart Fußball und begeisterte sich für das Theater. Er beherrschte zwölf Sprachen, unter anderem Polnisch, Ukrainisch, Serbokroatisch, Slowakisch, Französisch, Italienisch, Spanisch, Portugiesisch, Deutsch, Englisch und Latein. Er wurde Priester und studierte im Verborgenen während Polen national-sozialistisch besetzt war. Er war intelligent, umgänglich, hatte eine sehr männliche und beeindruckende Ausstrahlung. Er war 1958 zum Bischof geweiht worden und hatte am Zweiten Vatikanischen Konzil teilgenommen. Auch war er ein begeisterter Förderer des Zweiten Vatikanums; aufgrund seiner osteuropäischen Herkunft neigte er indes zum politischen Konservatismus – so war er namentlich Gegner des Kommunismus.

Im Juni 1979 kehrte er als Papst Johannes Paul II. nach Polen zurück und beflügelte die Solidarność-Bewegung, deren steter Druck auf den Sowjetkommunismus später dessen Niedergang in Osteuropa einleiten sollte. Theologisch war Johannes Paul II. allerdings ein Befürworter der Autoren des *ressourcement* oder der *Nouvelle Théologie*. Er war beeinflusst vom Denken von Balthasars, de Lubacs und sogar Karl Rahners. Er machte 1981 Rahners theologischen Schützling Kardinal Ratzinger[175] zu seinem »bevorzugten Dogmatiker« und Präfekten der Kongregation für die Glaubenslehre. Johannes Paul II. brach während seines gesamten Pontifikats mit der jahrhundertelangen Tradition der Päpste, indem er Ratzinger zu seiner »Nummer Zwei« machte und nicht, wie es üblich war, den Kardinalstaatssekretär.[176]

Wenige Monate vor der Ernennung Kardinal Ratzingers – dem Gedenktag Unserer Lieben Frau von Fátima am 13. Mai 1981 – wurde Johannes Paul II. angeschossen. Der türkische Attentäter Mehmet Ali Ağca gab drei Schüsse aus seiner 9mm Pistole auf den Papst ab. Die Geschosse verletzten so seine Eingeweide und zertrümmerten dem Heiligen Vater den linken Zeigefinger. Die Kugeln verfehlten die Hauptschlagadern, trotzdem verlor der Papst auf dem Weg zum Gemelli-Krankenhaus drei Viertel seines Blutes. Johannes Paul II. äußerte den Ärzten gegenüber den frommen Wunsch, ihm trotz der Operation sein Braunes Skapulier nicht wegzunehmen. Der Attentäter behauptete, den Auftrag zum Mord vom türkischen Mafioso Bekir Çelenk aus Bulgarien erhalten zu haben. Diese Version der Geschichte änderte er im Jahr 2010, als er angab, der Kardinalstaatssekretär unter Johannes Paul II., Agostino Casaroli, habe das Attentat angeordnet. Im Jahr 2013 behauptet er erneut etwas anderes. Dieses Mal sollen es die iranische Regierung und Ajatollah Chomeini gewesen sein, von denen er den Mordauftrag erhalten habe. Wir werden womöglich nie etwas über die Gründe und die treibenden Kräfte hinter dieser Mordverschwörung erfahren.

1981 beging Johannes Paul II. den Fehler, Erzbischof Marcinkus zum Chef der Vatikanbank und zum Pro-Präsidenten der Päpstlichen Kommission für den Staat der Vatikanstadt zu ernennen – obwohl ihm bekannt war, dass Marcinkus in den Sindona-Skandal verwickelt war. Ein Jahr später sollte Marcinkus eine Selbstanzeige tätigen und dann verhaftet werden. Dennoch wird Marcinkus zugutegehalten, dem Papst das Leben gerettet zu haben. 1982 war er mit

Johannes Paul II. in Fátima zugegen, als der geistesgestörte Priester Juan María Fernández y Krohn den Papst mit einem Bajonett angriff.[177] Interessanterweise hatte Marcinkus bereits Papst Paul VI. das Leben gerettet, als ihm 1970 während eines Besuches auf den Philippinen ein psychopathischer Bolivianer, der sich als »Kunstmaler« von blasphemischen Darstellungen betätigt hatte, Papst Paul VI. mit einem Messer eine Verletzung zufügte. Marcinkus war nicht umsonst als »der Gorilla« bekannt.

Im Jahre 1983 promulgierte Papst Johannes Paul II. einen neuen Kodex des kanonischen Rechtes (CIC). Das neue Gesetzbuch entsprach den Forderungen des Zweiten Vatikanums und zeichnete sich durch eine geringere Strenge aus. Als bedeutsames Beispiel können die Änderungen bei der Definitionsgenauigkeit und den Strafen für sexuell unmoralische Priester angeführt werden – eine Problematik, die sein Pontifikat später belasten sollte. Es lohnt ein Vergleich des entsprechenden Wortlautes aus dem Jahr 1917 mit dem von 1983. Das kanonische Recht von 1917 sah u.a. für sittliche Vergehen von Geistlichen folgendes vor:

Can. 2359 – § 2. Hat sich ein solcher Kleriker mit Minderjährigen unter sechzehn Jahren schwer versündigt, oder sich des Ehebruchs, der Notzucht, der Bestialität, der Sodomie, der Kuppelei, der Blutschande mit Verwandten oder Verschwägerten im ersten Grade schuldig gemacht, dann soll er suspendiert, als infam erklärt, jedes Amtes, jedes Benefiziums, jeder Dignität und überhaupt jeder Anstellung enthoben und in schweren Fällen mit Deposition bestraft werden.[178]

Die Sittlichkeitsdelikte werden eindeutig definiert und unterschieden. Ebenso wird jeweils eine genaue Strafe verfügt:

Verlust des Amtes, der Bezüge, der Würde und Stellung, sowie, in einigen Fällen, die Entlassung aus dem Klerikerstand. Die Überarbeitung des Kodex des kanonischen Rechtes unter Paul VI. und Johannes Paul II. führte zu folgendem Ergebnis (CIC 1983):

Can. 1395 — § 1. Ein Kleriker, der, außer dem in can. 1394 erwähnten Fall, in einem eheähnlichen Verhältnis lebt, sowie ein Kleriker, der in einer anderen äußeren Sünde gegen das sechste Gebot des Dekalogs verharrt und dadurch Ärgernis erregt, sollen mit der Suspension bestraft werden, der stufenweise andere Strafen bis zur Entlassung aus dem Klerikerstand hinzugefügt werden können, wenn die Straftat trotz Verwarnung andauert.

§ 2. Ein Kleriker, der sich auf andere Weise gegen das sechste Gebot des Dekalogs verfehlt hat, soll, wenn nämlich er die Straftat mit Gewalt, durch Drohungen, öffentlich oder an einem Minderjährigen unter sechzehn Jahren begangen hat, mit gerechten Strafen belegt werden, gegebenenfalls die Entlassung aus dem Klerikerstand nicht ausgenommen.

In der durch Johannes Paul II. überarbeiteten Fassung heißt es, dass Geistliche bei »äußeren Sünde[n]« gegen das sechste Gebot mit der Suspension rechnen müssen. Wird das strafbare Handeln trotz Verwarnung fortgesetzt, können »Strafen bis zur Entlassung aus dem Klerikerstand hinzugefügt werden«. Diese Strafen sind jedoch nicht genau festgelegt. Es könnte also sein, dass der Bischof mit dem Angeklagten nur ein ernstes Gespräch führt oder ihn lediglich ein therapeutisches Zentrum für Sexualstraftäter schickt. Er könnte ihn aber auch einfach nur zwangsversetzen. Man vergleiche dies mit der Rechtslage von 1917, wo es ausdrücklich und eindeutig heißt, der betreffende Kleriker solle »suspendiert, als infam erklärt, jedes Amtes, jedes Benefiziums, jeder Dignität und überhaupt jeder Anstellung enthoben [...] werden.« Der Canon von 1983 führt keine spezifischen sexuellen Sünden auf – abgesehen von Verbrechen an Minderjährigen im Alter von unter 16 Jahren. Der Kodex von 1917 ist insofern wesentlich besser, als dass er die Sünden, die für einen Geistlichen strafbewehrt sind, explizit auflistet:

- Geschlechtsverkehr mit Minderjährigen unter 16 Jahren
- Ehebruch
- Ausschweifungen
- Bestialität
- Sodomie
- Zuhälterei
- Inzest

Warum hat man im Codex des kanonischen Rechtes unter Johannes Paul II. die Terminologie »Ehebruch«, »Geschlechtsverkehr mit Tieren« und »Sodomie« im Zusammenhang mit der Bestrafung von Geistlichen vermieden? Zur Zeit, in der der Kodex von 1917 galt, wäre Theodore McCarrick wegen homosexueller Unzucht verurteilt worden. Der neue Kodex benennt derartige Vergehen nicht ausdrücklich.

Man denke an den Fall des elenden Marcial Maciel, der das Priestertum nach Art des Judas verraten hat. Maciel war ein mexikanischer Priester und Gründer der bekannten Kongregation der Legionäre Christi sowie der Laienbewegung Regnum Christi. Genau wie McCarrick war er ein überaus erfolgreicher Spendensammler und warb gutaussehende Seminaristen an.

Sein Leben und seine Bewegung aber waren auf Sand gebaut. Es wurde öffentlich bekannt, dass Maciel unzählige Seminaristen, junge Männer und Jungen sexuell missbraucht hatte. Er verfügte über geheime Verstecke und unterhielt unsittliche Beziehungen zu mindestens zwei Frauen, von denen eine minderjährig war. Er soll sechs Kinder gezeugt und zwei von ihnen ebenfalls missbraucht haben.[179] Außerdem war er morphinabhängig. Unter seinen Aufsätzen befinden sich klar erkennbare Plagiate. Als seine Verbrechen gegen die Kirche aufgedeckt wurden, erwiesen sich die unbestimmten rechtlichen Normen insofern als ungünstig, als er von Rechts wegen nicht wegen der präzisen Straftat der Sodomie verurteilt werden konnte, die der Kodex von 1917 ausdrücklich anführt.

Damit liegt im Kodex von 1983 ein Mangel vor, insofern hier größere Präzision zu wünschen wäre. Es gibt keinen denkbaren Grund, das Kirchenrecht nachlässiger und unpräziser zu gestalten. Es besteht auch kein Zweifel daran, dass die Bischöfe es in den 1980er und 1990er Jahren weitestgehend unterlassen haben, auf sittliche Abwege geratene Priester und Bischöfe zu maßregeln.

Der Kodex von 1983 sieht für Geistliche die Erlaubnis vor, von der Kirche getrennten Christen, die sich in Todesgefahr befinden, das Bußsakrament, die Krankensalbung und die heilige Kommunion zu spenden. Voraussetzung dafür ist, dass »sie bezüglich dieser Sakramente den katholischen Glauben bekunden und in rechter Weise disponiert sind.« (Canon 844 §4).[180]

Der Kodex von 1983 führte die nationale »Bischofskonferenz« als kirchenrechtliche Instanz ein. Die Bischofskonferenz, als ständige Einrichtung, ist der Zusammenschluß der

Bischöfe einer Nation oder eines bestimmten Gebietes, die gewisse pastorale Aufgaben für die Gläubigen ihres Gebietes nach Maßgabe des Rechts gemeinsam ausüben, um das höhere Gut, das die Kirche den Menschen gewährt, zu fördern, besonders durch Formen und Methoden des Apostolates, die den zeitlichen und örtlichen Umständen in geeigneter Weise angepaßt sind. (Canon 447)

Ebenfalls 1983 änderte Johannes Paul II. den Ablauf des Heiligsprechungsprozesses. Bis dahin musste für einen Katholiken, der heiliggesprochen werden sollte, ein heroischer Tugendgrad nachgewiesen werden. Gegenargumente hatte der »Advocatus Diaboli« anzuführen, der nach Mängeln im Leben des Kandidaten für die Heiligsprechung zu suchen hatte. Johannes Paul II. aber schaffte den »Advocatus Diaboli« ab. Das gesamte Verfahren wurde von einer gesetzmäßigen Prüfung in eine theologische Untersuchung umgestaltet, die die Schriften und das Lebens des betreffenden Kandidaten beleuchtet. Entscheidend für die Heiligsprechung sind seitdem nicht mehr die historischen Taten einer Person, sondern ihre persönlichen Überzeugungen.

Die Jahre zwischen 1983 und 1986 markieren den Beginn des ausufernden Ökumenismus bei Johannes Paul II. Ende 1983 war er der erste Papst, der in einer evangelischen Kirche in Rom gepredigt hat. Im Februar 1984 verantwortete er die Überarbeitung der Lateranverträge, in deren Zuge die Klausel aufgehoben wurde, wonach »die katholische, apostolische und römische Religion die einzige Staatsreligion ist.« Im Mai des gleichen Jahres übersandte Johannes Paul II. »besondere Grüße an die Anhänger der buddhistischen Tradition, die sich auf das Fest der Ankunft Buddhas vorbereiten.«[181]

Wenige Tage später betrat er in Thailand einen buddhistischen Tempel, zog sich die Schuhe aus und ließ sich vor dem Altar nieder, auf dem eine große Buddha-Statue stand. Im Juni hielt er sich in Genf auf, wo er zusammen mit Protestanten an einem ökumenischen »Wortgottesdienst« teilnahm und bekräftigte, dass »die Beteiligung der katholischen Kirche an der ökumenischen Bewegung unumgänglich« sei.[182] Ein Jahr später wohnte er einem animistischen Ritual in Togo bei. Im April dieses Jahres würde er in einer römischen Synagoge empfangen werden.

Am 28. Oktober 1986 rief Johannes Paul II. zum Weltgebetstag für den Frieden in Assisi auf, dessen Gastgeber er war. 1895 hatte Papst Leo XIII. einen in Chicago abgehaltenen »Kongress der Religionen« verurteilt. Doch weniger als ein Jahrhundert später richtete der römische Pontifex selbst eine solche Veranstaltung aus. Papst Johannes Paul II. und etliche Kardinäle luden Vertreter von 32 Weltreligionen ein, darunter Imame, Rabbiner, Buddhisten, Sikhs, Hindus, Jains und Zoroastrier, Häuptlinge der amerikanischen Ureinwohner und afrikanische Schamanen. Sie alle zusammen beteten für den Frieden. Das war das erste Mal in der Geschichte, dass ein Papst mit Vertretern anderer Religionen gemeinsam betete und mit ihnen »auf Augenhöhe« eine Tagung abhielt. Am ungeheuerlichsten war der Umstand, dass der Delegation der tibetanischen Buddhisten, angeführt vom Dalai Lama, gestattet wurde, eine Buddha-Figur *auf einen katholischen Tabernakel in der Kapelle der Abtei San Pietro zu stellen.* So berichtete es die New York Times.[183] Dieser Buddha-Figur brachten sie, *unter Zulassung des Papstes,* in einer katholischen Kirche ein Weihrauchopfer dar.

Gemäß dem Willen unseres Herrn Jesus Christus stürzte am 26. September 1997 die Decke genau dieser Kapelle ein und zerstörte den Ort, an dem elf Jahre zuvor dieses Sakrileg begangen worden war.

Während des Religionstreffens appellierte Papst Johannes Paul II. an ein *höheres Maß an Menschlichkeit*:»Wenn es auch zwischen uns viele und bedeutsame Unterschiede gibt, so gibt es doch auch einen gemeinsamen Grund, von wo her es zusammenzuarbeiten gilt für die Lösung dieser dramatischen Herausforderung unserer Zeit; wahrer Friede oder katastrophaler Krieg?«[184] Bei der Abschlusszeremonie standen John und Burton Pretty on Top, zwei amerikanische Ureinwohner vom Stamm der Crow, mit ihrem gefiederten Kopfschmuck vor dem Papst und zündeten ihre Friedenspfeifen an.»Die Menge reagierte darauf mit dem lauten Klicken ihrer Fotoapparate und anschließendem Applaus.«[185]

Zwei Bischöfe nahmen leidenschaftlich Anstoß an der Teilnahme des Papstes am Treffen in Assisi 1986. Erzbischof Lefebvre und Bischof de Castro Mayer erhoben öffentlich Protest:

Die öffentliche Sünde gegen die Einzigkeit Gottes, gegen das fleischgewordene Wort und seine Kirche läßt uns vor Entsetzen schaudern: Johannes Paul II. ermutigt die falschen Religionen, zu ihren falschen Göttern zu beten: ein Ärgernis ohne Maß und ohne Beispiel, [...] eine unfaßbare Gotteslästerung und eine unerträgliche Demütigung für diejenigen, die katholisch bleiben in der Treue zu zwanzig Jahrhunderten des Bekenntnisses desselben Glaubens.[186]

Erzbischof Lefebvre und seinen Priestern von der Priesterbruderschaft St. Pius X. ging das Treffen in Assisi 1986 einen Schritt zu weit. Lefebvre war bereits 81 Jahre alt und wurde immer gebrechlicher. Besorgt über den Niedergang des Glaubens innerhalb der Kirche, der auch vor dem Papst nicht Halt machte, begann Lefebvre, über Nachfolger für sich nachzudenken. Trotz seiner Enttäuschung über die Teilnahme und Förderung dieser irrigen Kulthandlungen durch Johannes Paul II. wurde er nicht zum Sedisvakantisten. Er erkannte die päpstliche Autorität Johannes Pauls II. voll und ganz an, zweifelte jedoch an dessen Rechtgläubigkeit und dem Führungsstil als Papst.

Papst Johannes Paul II. und Erzbischof Lefebvre erreichten im Mai 1988 eine Übereinkunft, die es Lefebvre erlaubt hätte, einen Bischof für die Fortführung der Priesterbruderschaft St. Pius X. (FSSPX) zu weihen. Die Vereinbarung wurde zwischen Joseph Kardinal Ratzinger und Erzbischof Lefebvre ausgehandelt und von Papst Johannes Paul II. mit folgenden Bedingungen genehmigt:

Alle kirchlichen Strafen, von denen Lefebvre sowie die seiner Bruderschaft angehörenden Priester und die ihr verbundenen Laien betroffen waren, sollten aufgehoben werden.

Die Priesterbruderschaft St. Pius X. würde als eine Gesellschaft des Apostolischen Lebens Päpstlichen Rechts anerkannt werden.

Der Heilige Stuhl hatte zugestimmt, dass bis spätestens zum 15. August 1988 ein von Lefebvre empfohlener Priester zum Bischof für seine Priesterbruderschaft geweiht werden konnte.

Am 24. Mai bat Lefebvre Kardinal Ratzinger um die Weihe von drei Bischöfen anstelle von nur einem. Des Weiteren bat er darum, dass in der Kommission, die die Aufsicht über die Priesterbruderschaft St. Pius X. hätte führen sollen, die Traditionalisten die personelle Mehrheit zu stellen hätten. In diesem Sinne sollten letzteren mehr als die in der Vereinbarung festgelegten zwei der insgesamt fünf Sitze überlassen werden. [187] Papst Johannes Paul II. ließ durch Ratzinger mitteilen, dass er eine Überarbeitung der getroffenen Vereinbarung ablehne. Am nächsten Morgen rief Lefebvre einige Geistliche zusammen und erklärte:»Ich neige dazu so oder so am 30. Juni vier Bischöfe zu weihen. Mein Alter, meine schwindende Gesundheit drängen mich dazu, das Weiterbestehen nicht ›meines Werkes‹ sicherzustellen, sondern dieses kleinen Unternehmens zur Wiederherstellung des Priestertums und zur Bewahrung des katholischen Glaubens, bevor mich der liebe Gott zu sich ruft, dadurch, daß ich den Episkopat an Bischöfe weitergebe, die frei sind, um den Glauben neu zu beleben in einer Umgebung, die den modernen Irrtümern ganz und gar entzogen ist', [...].«[188]

Am selben Tag erfuhr Lefebvre, dass Ratzinger alle von ihm für das Amt des Bischofs der Priesterbruderschaft vorgeschlagen Kandidaten abgelehnt hatte. In einem Brief an Papst Johannes Paul II. vom 2. Juni 1988, dem Fronleichnamstag, erklärte Lefebvre, dass er an seinem Vorhaben festhalte und auch ohne die Zustimmung Papst Johannes Pauls II. Bischöfe weihen werde.[189] Eine Woche später antwortete Johannes Paul II. Lefebvre, mit der Warnung, dass dies ein schismatischer Akt sein werde.

Erzbischof Lefebvre und die ihm nahestehenden Priester und Ordensleute beriefen sich angesichts der Skandale zwischen 1970 und 1988 auf einen Kirchennotstand: 1986 der päpstlich genehmigte Götzendienst in Assisi, 1983 die Neufassung des Codex des kanonischen Rechtes, ebenfalls 1983 das neue Vorgehen beim Heiligsprechungsverfahren, die scheinbare Abschaffung der tridentinischen Messe, die neuen Riten für alle sieben Sakramente, das neue Verständnis von Ökumene und die häretische Ausbildung in den meisten der Seminare. Lefebvre berief sich auf den Kodex des kanonischen Rechtes, wo es heißt:»Das Heil der Seelen vor Augen, das in der Kirche immer das oberste Gesetz sein muß.«[190] In der Überzeugung für das Heil der Seelen zu handeln, weihte Erzbischof Lefebvre am 30. Juni 1988 im Seminar der Bruderschaft im schweizerischen Écône vier seiner Priester zu Bischöfen. Am darauffolgenden Tag bestätige Bernardin Kardinal Gantin, Präfekt der Bischofskongregation, Lefebvres automatische Exkommunikation:

Msgr. Marcel Lefebvre, emeritierter Erzbischof von Tulle, hat – trotz des ausdrücklichen Monitums vom 17. Juni und der wiederholten Bitten, er möge von seinem Vorhaben absehen – durch die Bischofsweihen von vier Priestern ohne päpstlichen Auftrag und gegen den Willen des Papstes einen Akt schismatischer Natur gesetzt und sich damit die von can. 1364 par. 1 und can. 1382 des Codex des kanonischen Rechtes vorgesehene Strafe zugezogen. Ich erkläre mit allen rechtlichen Folgen, dass sowohl der obengenannte Msgr. Marcel Lefebvre als auch Bernard Fellay, Bernard Tissier de Mallerais, Richard Williamson und Alfonso de Galarreta»ipso facto« sich die dem Apostolischen Stuhl vorbehaltene Exkommunikation als Tatstrafe zugezogen haben. [...][191]

In seinem Motu proprio *Ecclesia Dei* vom 2. Juli 1988 erklärte Papst Johannes Paul II. die Exkommunikation Lefebvres aufgrund der Bischofsweihen, mit denen er sich über die Warnung des Papstes hinweggesetzt hatte. Lefebvre sollte drei Jahre später am 25. März 1991, dem Fest Mariä Verkündung, im Alter von 85 Jahren in Martigny in der Schweiz versterben. Die Exkommunikation Erzbischof Lefebvres war die einzige Exkommunikation eines Bischofs, die Papst Johannes Paul II. während seines Pontifikats offiziell bestätigte. Johannes Pauls II. Pontifikat wurde in den 1990er Jahren mit seiner Apostolischen Konstitution *Fidei Depositum* fortgesetzt. Diese ordnete die Veröffentlichung eines neuen Katechismus an, der die Reformen des Zweiten Vatikanums berücksichtigen sollte. Die erste Veröffentlichung des neuen *Katechimus der Katholischen Kirche* erfolgte 1992 in französischer Sprache. Die englische Ausgabe erschien ebenfalls 1992. Die offizielle lateinische Fassung wurde erst 1997 veröffentlicht.[192] Konservative, die nach den turbulenten 1970er und 1980er Jahren verzweifelt nach einem Rettungsanker für die Rechtgläubigkeit gesucht hatten, nahmen die postkonziliare Ausgabe des Katechismus begeistert auf. Im Jahr 1993 veröffentlichte Johannes Paul II. seine angefeindete Enzyklika *Veritatis splendor*, mit der er das intrinsische Übel, das Handlungen wie Abtreibung oder Empfängnisverhütung zu eigen ist, bestätigte.

Im Vorfeld des Jubiläumsjahres 2000 begann Johannes Paul II. damit, im Namen der Kirche Entschuldigungen – mehr als einhundert an der Zahl – an die Welt auszusprechen. Er entschuldigte sich unter anderem für die Verfolgung Galileos, den Handel mit afrikanischen Sklaven, die Verbrennung von Häretikern auf dem Scheiterhaufen, die Religionskriege infolge der Reformation, die Herabwürdigung von Frauen und ihrer Rechte und das Schweigen der Katholiken während des Holocaust. Diese Entschuldigungen waren umstritten, weil sie eine Schuld seitens der katholischen Kirche nahelegten und sie sich nicht nur denjenigen irregeleiteten sündigen Katholiken zuschrieb, die diese Scheußlichkeiten begangen hatten.

Ebenfalls vor dem Jubiläumsjahr sorgte Johannes Paul II. für Empörung, als ein Foto öffentlich wurde, das ihn dabei zeigt, wie er am 14. Mai 1999 den Koran küsst. Am betreffenden Tag wurde er von einer Delegation, die aus schiitischen Imamen der Khadum-Moschee und dem sunnitischen Aufsichtsratsvorsitzenden der Iraqi Islamic Bank bestand, sowie einem Vertreter des irakischen Religionsministeriums besucht. Bei diesem Treffen war der katholische Patriarch von Babylon, Raphael I. Bidawid zugegen und berichtete dem vatikanischen Pressedienst FIDES wie genau es geschehen war: »Am Ende der Audienz beugte sich der Papst in Richtung des für die Muslime heiligen Korans, der ihm von der Delegation überreicht wurde und küsste ihn als ein Zeichen des Respektes.«[193] Der Verfasser des Koran schreibt ausdrücklich, dass Jesus Christus nicht der Sohn Gottes und die Lehre von der Dreifaltigkeit falsch sei. Es ist unbegreiflich, wie es möglich ist, dass ein Papst der katholischen Kirche die Schriften des Islams küsst.

Im Kreise von Vertretern der orthodoxen Kirchen und des Protestantismus eröffnete Papst Johannes Paul II. das Jubiläumsjahr 2000. Im Folgejahr würde man bei ihm Parkinson diagnostizieren, und sein Gesundheitszustand sollte sich langsam und unter großen Schmerzen verschlechtern.

Ob man Johannes Paul II. nun bewundert oder nicht, so war er doch gewiss niemand, der die Kirche unterwandert hatte. Sein gesamtes Pontifikat ist eindeutig von Widersprüchen geprägt und er scheint der erste Papst zu sein, der wirklich vom Zweiten Vatikanischen Konzil beeinflusst worden ist. Rufen wir uns ins Gedächtnis, dass die *Alta Vendita* nicht beabsichtigt hat, einen freimaurerischen Atheisten auf den Stuhl Petri zu setzen, der als solcher offen erkennbar ist. Vielmehr versuchten die Freimaurer ab Mitte des 19. Jahrhunderts unter der Jugend, den Seminaristen und unter der heranwachsenden Generation junger Priester eine Atmosphäre zu schaffen, unter der sie die Luft des Ökumenismus, der Gleichgültigkeit gegenüber religiösen Streitigkeiten und einer Mission der weltweiten Brüderlichkeit atmen.

Johannes Paul II. war der erste Papst, der sich frei innerhalb dieser Idealvorstellungen bewegte, während er zugleich seinen überlieferten polnischen Andachten der Eucharistischen Anbetung, des Rosenkranzes, der Beichte und der Prozessionen treu blieb. Als Theologe und junger Bischof nahm er einen großen Schluck aus dem Becher des Zweiten Vatikanums, bewahrte sich aber seine katholische Frömmigkeit. Um sicherzugehen, dass der nächste Papst nicht an diesen »Hemmnissen für den Fortschritt« leide, begannen einige liberale Kardinäle damit, sich zusammenzuschließen und Pläne bezüglich des neuen Papstes zu schmieden.

27. Die St. Gallen-Mafia: Homosexualität, Kommunismus und Freimaurerei

Bereits 1995 begannen bekannte Kardinäle, sich regelmäßig im schweizerischen St. Gallen zu versammeln, um sich auf eine Taktik zur Wahl eines ihnen genehmen Nachfolger Johannes Pauls II. zu verständigen. Sie allesamt waren Modernisten, die sich dem »Geist des Konzils« verpflichtet fühlten. Darüber hinaus einte sie ihre Ergebenheit gegenüber dem Jesuitenkardinal Carlo Maria Martini, dem Erzbischof von Mailand. Kardinal Martini war der bekannteste und freimütigste Gegner Papst Johannes Pauls II. und seines Glaubenspräfekten Kardinal Ratzinger.

In der ersten Zeit seines Pontifikates – im Jahre 1979 – beging Johannes Paul II. die Naivität, Martini 1979 zum Erzbischof von Mailand zu ernennen und er kreierte ihn 1983 zum Kardinal. Martini übte einen erheblichen Einfluss auf die europäischen Bischöfe aus und war von 1987 bis 1993 Vorsitzender des Rates der europäischen Bischofskonferenzen. Er wies die Enzyklika *Humanae vitae*, also die Verurteilung der künstlichen Empfängnisverhütung durch die Kirche und ihr Verständnis vom Beginn des menschlichen Lebens, immer offen zurück. Er vertrat hinsichtlich der Euthanasie einen liberalen Standpunkt und war ein Parteigänger für die »Priesterweihe der Frau«. Er befürwortete die Homosexualität, etwa mit Aussagen wie: »Es ist nicht schlecht, wenn zwei Personen statt ungezwungenen gleichgeschlechtlichen Verkehres eine gewisse Stabilität in ihrer Beziehung leben« oder dass »der Staat dies auch begünstigen könnte.« Damit trat er für zivilrechtlich anerkannte Lebensgemeinschaften zwischen Homosexuellen ein.[194] Auf dem Sterbebett sagte Martini, die katholische Kirche sei »200 Jahre hinter der Zeit zurück«.[195] 1995 lud Martini gleichgesinnte Bischöfe nach St. Gallen in der Schweiz ein, um über Kirchenreformen zu diskutieren. Dieses erste Treffen könnte als eine Reaktion auf das Apostolische Schreiben *Ordinatio sacerdotalis* Johannes Pauls II. interpretiert werden, mit dem er 1994 bestätigte, dass Frauen niemals zu den heiligen Weihen zugelassen werden können.[196] Die Hauptthemen der St. Gallener Treffen waren Kollegialität, die Einflussnahme auf Bischöfe der nächsten Generation, weibliche Diakone, die Kommunionspendung an Protestanten und wiederverheiratete Geschiedene sowie die Lockerung der Sexualmoral. All diese Bischöfe befürchteten, dass Kardinal Ratzinger zum Nachfolger Johannes Pauls II. auf dem Papstthron gewählt werden könnte. Die Gruppe benötigte daher Zeit, um einen eigenen Kandidaten für das Papstamt aufzubauen, der Kardinal Ratzinger im Konklave schlagen könnte.

Zwar wäre Kardinal Martini als Wortführer die naheliegendste Wahl gewesen, er verfügte jedoch als Italiener nicht über den notwendigen Rückhalt seitens der Bischöfe der Gesamtkirche. Die St. Gallen-Gruppe sondierte daher im Kardinalskollegium und ihre Wahl fiel auf Jorge Kardinal Bergoglio aus Argentinien als aussichtsreichsten Kandidaten. Man wusste nämlich, dass er in theologischen und moralischen Fragen ihrer Agenda folgte. Die Zusammensetzung der sogenannten St. Gallen-Mafia änderte sich im Laufe der Zeit, die Namensliste weist indes die »üblichen Verdächtigen« auf – nämlich kryptomodernistische Bischöfe:

- der schweizer Bischof Ivo Fürer, von 1995 bis 2005 Bischof von St. Gallen
- der italienische Kardinal Carlo Martini, von 1980 bis 2002 Erzbischof von Mailand (verstorben am 31. August 2012 im Alter von 89 Jahren)
- der belgische Kardinal Godfried Danneels, von 1979 bis 2010 Erzbischof von Mecheln-Brüssel (verstorben am 14. März 2019 im Alter von 85 Jahren)
- der deutsche Kardinal Walter Kasper, von 2001 bis 2010 Präsident des Päpstlichen Rates zur Förderung der Einheit der Christen
- der niederländische Bischof Ad van Luyn, von 1994 bis 2011 Bischof von Rotterdam
- der deutsche Kardinal Karl Lehmann, von 1983 bis 2016 Bischof von Mainz (verstorben am 11. März 2018 im Alter von 81 Jahren)
- der italienische Kardinal Achille Silvestrini, Sekretär im Vatikanischen Staatssekretariat unter Kardinalstaatssekretär Jean-Marie Villot
- der britische Kardinal Basil Hume, von 1976 bis 1999 Erzbischof von Westminster (verstorben am 17. Juni 1999 im Alter von 76 Jahren)
- der britische Kardinal Cormac Murphy-O'Connor, von 2000 bis 2009 Erzbischof von Westminster (verstorben am 1. September 2017 im Alter von 85 Jahren)
- der portugiesische Kardinal José da Cruz Policarpo, von 1998 bis 2013 Patriarch von Lissabon (verstorben am 12. März 2014 im Alter von 78 Jahren)

- der ukrainische Kardinal Ljubomyr Husar, von 2005 bis 2011 Großerzbischof von Kiew und Halytsch (verstorben am 31.Mai 2017 im Alter von 84 Jahren)

Die Existenz dieser Treffen in St. Gallen ist dank Godfried Kardinal Danneels aus Belgien bekannt, der sich in seiner Heimat öffentlich für die gleichgeschlechtliche Ehe und die Legalisierung der Abtreibung einsetzte. Im Jahr 2010 wurde bekannt, dass Bischof Roger Vangheluwe, ein Freund Danneels', der von ihm zum Bischof geweiht worden war, seinen eigenen Neffen sexuell belästigt hatte. Es wurden Äußerungen Danneels auf einer heimlich angefertigten Tonbandaufzeichnung festgehalten, der dort dem jungen Mann sagte, dass er die Angelegenheit erst weiterverfolgen solle, wenn der Bischof »ehrenhaft« in den Ruhestand gegangen sei; er entgegnete dem Opfer leidenschaftslos: »Sie können sich auch selbst die Schuld eingestehen«, anstatt seinen bischöflichen Onkel zu beschuldigen.[197] Denneels beschrieb die Treffen in St. Gallen als die einer »Clique«, deren Gastgeber Bischof Ivo Fürer von St. Gallen war.

Danneels' offizielle Biographen erklärten: »[...] die Wahl Bergoglios wurde in St. Gallen vorbereitet«, weil »die Wahl Bergoglios zweifelsohne den Zielsetzungen von St. Gallen entsprach. Und die Richtlinien dieses Programms stammten von Danneels und seinen Mitbrüdern, die sie seit zehn Jahren darüber beraten hatten«.[198] Danneels selbst bezeichnete den Zusammenschluss als die St. Gallen-»Mafia«.[199] Warum aber gerade das schweizerische St. Gallen? St. Gallen ist historisch betrachtet tief im europäischen Kommunismus verwurzelt. Die Stadt entstand im Umfeld des Missionsstützpunktes eines irischen Mönches. Der hl. Gallus ließ sich dort 612 n. Chr. am Fluss Steinach nieder. Der hl. Otmar gründete dort im Jahr 720 ein Kloster. Um die Abtei herum wuchs die Stadt, die vom Ertrag der Milchviehhaltung lebte. Anfang des 20. Jahrhunderts etablierten sich aber in dieser Gegend ritueller Satanismus und Kommunismus, wie im Folgenden dargelegt wird.

Wladimir Lenin diente die Schweiz zwischen 1903 und 1917 immer wieder als Stammsitz und Fluchtort. Während der Februarrevolution 1917, in deren Folge Zar Nikolaus II. abdankte, verweilte Lenin im Schweizer Exil. Er trieb seine Revolution voran, indem er eigene Schriften und Aufsätze in der Schweiz drucken und nach Russland schmuggeln ließ. Ermutigt durch die Februarrevolution beschloss er, nach Russland zurückzukehren.

Lenins Rückkehr nach Russland wurde von Fritz Platten organisiert. Platten stammte aus St. Gallen – er war Freimaurer und Kommunist. Er sorgte dafür, dass Lenin in einem verplombten Eisenbahnwaggon unerkannt die Schweiz verlassen und Deutschland durchqueren konnte. Von dort aus ging es mit einer Fähre weiter nach Schweden und dann durch Finnland. Nach Russland zurückgekehrt sollte Lenin offenbar die Revolution anführen. Die Gottesmutter von Fatima sagte diese schlimmen Entwicklungen im Juli 1917 voraus, als sie die Kinder warnte, Russland werde seine Irrlehren über die Welt verbreiten, es werde Kriege und Verfolgungen der Kirche heraufbeschwören, die Guten würden gemartert werden und der Heilige Vater werde viel zu leiden haben, verschiedene Nationen werden vernichtet werden.

Unter Wladimir Lenins Führung übernahmen die Bolsche-
wisten im November 1917 (einen Monat nach dem Sonnenwunder von Fatima) gewaltsam die Macht und ermordeten
am 17. Juli 1918 Zar Nikolaus II. und seine Familie.
Fritz Platten schleuste Lenin nicht nur von der Schweiz zurück nach Moskau; er rettete ihm auch das Leben. Platten saß
auf dem Rücksitz von Lenins Wagen, als dieser am 14. Januar 1918 in St. Petersburg angegriffen wurde. Als Schüsse fielen,
ergriff Platten Lenis Kopf und drückte ihn nach unten. Seine Hand wurde von einer Kugel getroffen und war blutüber-
strömt.[200] Ohne das Eingreifen des gebürtigen St. Gallers wäre
die Welt möglicherweise nie den Greueln des Marxismus-Le-
ninismus zum Opfer gefallen. Zur Stärkung des Weltkommu-
nismus gründete Platten 1919 außerdem die Kommunistische
Internationale. Als Vertreter der Kommunistischen Partei der
Schweiz (KPS) verbrachte er einen Großteil seines Lebens in
der Sowjetunion. Es scheint so, als wäre Platten das Bindeglied
zwischen dem Leninismus und der Gegend um St. Gallen als
Brutstätte des Kommunismus und anderer Strömungen.

Der berüchtigte Okkultist Aleister Crowley (1875–1947) und
seine Anhänger verfügen ebenfalls über eine rituelle Quer-
verbindung nach St. Gallen. Crowley war einer der Ersten,
die mit Drogen experimentierten, bekennend bisexuell, ein
esoterischer Okkultist, Dichter, Maler und Naturliebhaber.
Man spottete, er sei der »bösartigste Mann der Welt« und
wurde als Satanist abgestempelt. Formal betrachtet war er
indes kein Satanist, sondern ein selbsternannter Prophet,
außerdem der Gründer der »religiösen Bewegung« Thelema.
Als begeisterter Bergsteiger verbrachte er daher auch viel
Zeit in der Schweiz.

Seine »religiöse Überzeugung« beruhte auf der »Sexual-magie« des Ordo Templi Orientis (OTO)[201], dem Crowley angehörte. Der OTO entstammte ursprünglich der europä-ischen Freimaurerei, wurde aber unter Crowleys Führung nach dem Gesetz von Thelema reorganisiert: »Tue, was du willst, sei das ganze Gesetz.«[202] Im Gegensatz zur Praxis der Freimaurerei gehört zum OTO eine geistliche und litur-gische »Kirche«: die »Ecclesia Gnostica Catholica« (EGC) oder »Gnostisch-Katholische Kirche«. Die Zweckbestim-mung dieser Kirche besteht darin, die Christenheit in ihren ursprünglichen Zustand als eine »solar-phallische Religion« zurückzuführen. Der OTO hängt einem sexuell aufgeladenen Kult an und seine älteste Loge hat ihren Sitz in der Schweiz.

Der OTO verwendet außerdem den Ritus Liber XV, auch bekannt als die Gnostische Messe, die Crowley 1913 in Mos-kau verfasste. Dieser Ritus sieht fünf Ämter vor: einen Pries-ter, eine Priesterin, einen Diakon und zwei Akolythen, die als »Kinder« bezeichnet werden. Sie endet mit dem Vollzug eines imitierten eucharistischen Ritus und dem Verzehr von Wein und einem »Lichtkuchen«, der u. a. Körperflüssigkei-ten enthält. Nach dessen Empfang werden die Worte gespro-chen: »Da ist kein Teil an mir, der nicht von den Göttern ist.« Es scheint, als habe die Diözese St. Gallen den OTO womög-lich bei der Feier dieser falschen Messe unterstützt.

Der gebürtige Schweizer Hermann Joseph Metzger wur-de 1960 Patriarch der Gnostisch-Katholische Kirche.[203] Ge-nau wie der Papst trug auch er eine weiße Soutane und ei-nen Pileolus. Ebenso fungierte er als das Oberhaupt seines Illuminatenordens, der Fraternitas Rosicruciana Antiqua. Zwischen 1963 und 1967 sind »Patriarch« Metzger und der schweizerische OTO angeblich in den Besitz von dreitausend Hostien aus einem katholischen Kloster gelangt. Ob diese Hostien geweiht waren, ist nicht bekannt. Zudem behaupten sie, vom Hauptsakristan der Kathedrale in St. Gallen Weihrauch und direkt von St. Galler Bischof Wein empfangen zu haben.[204] Bischof Hasler gehörte von 1963 bis 1965 zu den Konzilsvätern des Zweiten Vatikanums.

Der Stammsitz des OTO wurden 1954 nach Appenzell verlegt, das nur einunddreißig Kilometer von St. Gallen entfernt ist. Der Name Appenzell leitet sich vom lateinischen *Abbatis cella* ab, was so viel wie »Abtszelle« bedeutet.[205] Obwohl der Kanton Appenzell geographisch betrachtet innerhalb des Kantons St. Gallen liegt, behielt er seine Unabhängigkeit, nachdem er sich 1403 gegen den Abt von St. Gallen erhoben hatte.

Der Konflikt geht auf die 1360er Jahre zurück, als die weltlichen Einwohner St. Gallens und Appenzells mit dem Fürstabt von St. Gallen wegen Weiderechten und der Zahlung des Zehnts an das Kloster in Streit gerieten. Um dem Widerstand der beiden Städte, die zuvor unter seiner Zuständigkeit standen, etwas entgegenzusetzen, konnte Abt Kuno von Stoffeln die Unterstützung und das Protektorat des Hauses Habsburg für sich gewinnen. Die Stadtgemeinde St. Gallen unterwarf sich daraufhin dem Abt. Appenzell hingegen bat um die Hilfe der Alten Eidgenossenschaft und erhob sich so im Jahre 1403 gegen den Abt. Die Appenzeller sicherten sich so ihre Unabhängigkeit. Und obwohl sie im 16. Jahrhundert mit lutherischen und täuferischen Predigern sympathisierten, blieben sie in der Mehrheit katholisch. Eigentümlicherweise gilt in Appenzell immer noch der Julianische Kalender, sodass das neue Jahr dort erst am 14. Januar beginnt. Der vom Gebiet des Kantons St. Gallen vollständig umschlossene Kanton Appenzell wurde 1954 zum Hauptsitz und Residenzstand des OTO und des Thelema-Kultes Crowleys. Hier befindet sich auch die größte Loge des Weltbundes der Illuminaten.[206] Diese Kultanhänger brachten den Eingeweihten stufenweise die Techniken der Sexualmagie bei; so zum Beispiel den achten Grad der Masturbationsmagie, den neunten Grad der heterosexuellen Magie und den elften Grad der Analsexmagie.[207]

Wie in einem Interview, das mir James Grein am 5. Dezember 2018 gab, der als Kind zum Opfer McCarricks wurde, enthüllt wurde, begannen im Jahr 1954 auch die Aktivitäten des jungen Theodore McCarrick in St. Gallen. Theodore McCarrick, einstmals Kardinal, wurde später als Kinderschänder und homosexueller Krimineller entlarvt. 2018 wurde er aus dem Kardinalskollegium ausgeschlossen und ein Jahr später aus dem Klerikerstand entlassen.

Sein Vater war Schiffskapitän, der an Tuberkulose starb, als Theodore McCarrick drei Jahre alt war. Er wurde von seiner Mutter großgezogen und blieb allein zuhause, wenn sie bei der Arbeit in einer Automobilfabrik in der New Yorker Bronx war. Als Jugendlicher wurde er 1946 von der Xavier High School verwiesen. Laut McCarricks eigener Aussage bestand der Grund dafür in seiner häufigen Abwesenheit: »Ich glaube, ich empfand die tägliche Schulpflicht als eine zu strenge Pflicht. [...] Sie sagten mir: ›Du hattest deine Chance. Du hast mehr Tage gefehlt, als du anwesend warst.‹«[208] Wegen seines Rauswurfs aus der Schule versäumte er ein ganzes Studienjahr (1946–1947), niemand weiß, wo er während dieser Zeit gewesen ist. Einem Freund der Familie gelang es, ihn in der jesuitischen Fordham Preparatory School in der Bronx unterzubringen, wo er im September 1947 in die Oberstufe eintrat. An dieser Einrichtung übertraf McCarrick sich selbst. Bevor er dort 1949 seinen Abschluss machte, wurde er zum Vorsitzenden des Studentenrates gewählt und mit den Prädikaten »Most Likely to Succeed, Best Speaker, Most Diplomatic, and Did the Most for Prep.«[209] bedacht. Seinen Wesenswandel erklärte er später wie folgt: »Ich glaube, mir wurde klar, wie sehr ich meine Mutter und meine Familie enttäuscht hatte.«[210]

Während seiner Zeit an der Fordham Preparatory freundete sich McCarrick mit Werner Edelmann an, einem Onkel mütterlicherseits von James Grein. McCarrick schloss seine schulische Ausbildung im Mai 1949, nur wenige Monate vor seinem 19. Geburtstag, ab. Danach, so sagt er, verbrachte er »zur Verbesserung der Sprachkenntnisse, ein Jahr mit einem Freund in der Schweiz«.[211] Diesen Freund identifiziert James Grein als seinen Onkel Werner Edelmann.

Dieses Jahr lässt sich zeitlich einordnen, indem man McCarrick beim Wort nimmt, der berichtete, um die Zeit seines 20. Geburtstages religiöse Einkehrtage in einem Kloster in den Alpen verbracht zu haben, wo er die Entscheidung traf, Priester zu werden.[212] In einem anderen Interview sagte McCarrick, dass es sich dabei um ein Kartäuserkloster handelte.[213] McCarrick wurde am 7. Juli 1930 geboren, also muss er sich am 7. Juli 1950 in diesem Kloster aufgehalten haben. Er hat daher etwa von Mai 1949 bis über die Zeit nach seinem Geburtstag am 7. Mai 1950 hinaus ein Jahr in der Schweiz verbracht.

Laut Greins Aussage reiste McCarrick zusammen mit seinem Freund Werner Edelmann für ein Jahr nach St. Gallen, um dessen Vater Otto Edelmann zu besuchen. Otto Edelmann war ein wohlhabender Unternehmer, der Verfahren und Maschinen zur Herstellung von Büstenhaltern und Gürteln erfunden hatte. Diese Tatsache wird durch das US-Patent #US2145075A, eingetragen am 1. August 1938 auf »Otto Edelmann«, bestätigt. Es handelt sich um ein Patent für ein »Kleidungsstück und seine Herstellung« in der Kategorie »A41C1/00 Mieder und Korsetts«.[214] McCarrick verbrachte sein Jahr in St. Gallen damit, am renommierten Institut auf dem Rosenberg Sprachen zu studieren, was mit einem erheblichen finanziellen Aufwand verbunden war. Es handelt sich dabei um ein Privatinternat, das damals von Otto Edelmann gefördert wurde. Grein sagt, dass sein Großvater Otto Edelmann McCarrick damals zusicherte, ihn finanziell zu unterstützen, gleichgültig für welchen Berufsweg er sich entscheiden würde. So wurde Otto Edelmann zum Förderer Theodore McCarricks.

Grein berichtet, dass sein Onkel Werner seinen Freund Theodore während dieser Zeit selten zu Gesicht bekam. So soll er seine Nächte in einem namentlich nicht bekannten Kloster verbracht haben. Theodore gelangte im Laufe dieses Jahres in St. Gallen zu dem Schluss, dass er zum Priester berufen sei. Otto Edelmann, der ein frommer Katholik war, wollte ihn auf seinem Weg zum Priestertum helfen. Mit der finanziellen Unterstützung der Familie Edelmann, kehrte McCarrick im September 1950 nach New York zurück, um an der Fordham University und dem St. Josephs Seminar in Yonkers zu studieren. Seine Priesterweihe erfolgte am 31. Mai 1958 durch den vermeintlich homosexuellen Kardinal und Erzbischof von New York, Francis »Nellie« Spellman. Otto Edelmann schenkte Pfarrer McCarrick anlässlich seiner Weihe ein neues Auto.

Als Priester wurde McCarrick de facto zum Hauskaplan der Familien Edelmann und Grein. Das erste Kind, das Pfarrer McCarrick taufte, war der Enkel Otto Edelmanns, James Grein. Ihn hat McCarrick, nachdem er elf Jahre alt war, immer wieder missbraucht – viele Jahre lang und unglaublicherweise sogar im Zusammenhang mit der Beichte. Zwischen 1955 und 1963 reiste die Familie Grein jedes Jahr über die Weihnachtsfeiertage nach St. Gallen. James Grein behauptet, dass auch Pfarrer McCarrick zehn oder fünfzehn Jahre immer wieder nach St. Gallen kam. Er war dieser kleinen Stadt in der Schweiz zutiefst verbunden.

Es fällt auf, dass sich der Aufenthalt dieses berüchtigten homosexuellen Lustmolches in St. Gallen zeitlich mit der Gründung von Crowleys OTO-Religion und dem Umzug des Haupsitzes der Gnostisch-Katholischen Kirche ins 31 Kilometer entfernte Appenzell überschneidet. Beim Aufenthalt des jungen Theodore McCarrick in St. Gallen kommt es dort zu einer Konvergenz aus einer falschen katholischen Religion, die auf phallische Anbetung, Sexualmagie und Homosexualität ausgerichtet ist. Nur Jahrzehnte später wurde St. Gallen zum Ausgangspunkt einer »Mafia« modernistischer Geistlicher, die Homosexualität befürwortete, sexuellen Missbrauch deckte, offen gegen Ratzinger/Benedikt XVI. agitierte und sich für die Wahl Jorge Bergoglios zum Papst stark machte. Die Kleinstadt St. Gallen diente – und dient noch immer – als Sitz des Rates der Europäischen Bischofskonferenzen (Consilium Conferentiarum Episcoporum Europae oder CCEE). Insbesondere zwei Mitglieder der St. Gallen-Mafia fallen als Präsidenten des CCEE besonders auf: Basil Kardinal Hume von Westminster (1979–1986) und Carlo Maria Kardinal Martini von Mailand (1986–1993). Man muss sich die Frage stellen, ob St. Gallen nicht als Sammelbecken diente, um junge Männer zur Unterwanderung des Priestertums zu rekrutieren, ähnlich wie von Bella Dodd beschrieben. Vielleicht machte seine Anwesenheit 1949 in St. Gallen den vaterlosen Theodore McCarrick zum perfekten Agenten für das Vorhaben, die amerikanische katholische Kirche mit Pädophilie, Sexualmagie und Kommunismus zu infiltrieren. Die krasse Sexualmagie eines Aleister Crowley und seiner Gnostisch-Katholischen Kirche ist sinnbildlich untrennbar mit Theodore McCarrick verbunden, da Crowleys eingeäscherte Leiche in Hampton, New Jersey bestattet wurde – in McCarricks erster Diözese Metuchen, New Jersey, der er von 1980 bis 1986 als Bischof vorstand.[215] McCarrick stieg auf wundersame Weise zum Priester (1958), vom Priester zum Prälaten (1965), vom Prälaten zum Bischof (1977), vom Bischof zum Erzbischof (1986) und vom Erzbischof zum Kardinal (2001) auf, ohne jemals als Pfarrer in einer Gemeinde gedient haben zu müssen. Sein Aufstieg innerhalb der Hierarchie war nach seinem ersten Besuch in St. Gallen 1949 am beeindruckendsten. Er soll mindestens zehn spätere Besuche dort abgehalten haben.

28. Das Konklave von 2005: Ratzinger gegen Bergoglio

Am 2. April 2005 verstarb Papst Johannes Paul II. Sein Tod war Anlass zu weltweiter Trauer, war er doch der erste Papst, der in so großer Häufigkeit im Fernsehen gezeigt wurde und dadurch enorme Popularität gewann. Joseph Kardinal Ratzinger, in seiner Eigenschaft als Dekan des Heiligen Kollegiums, hielt beim Begräbnis die Predigt und galt für das anstehende Konklave als *papabile*. Das Konklave dauerte vom 18. bis zum 19. April 2005. Johannes Paul II. hatte die Regeln für das Konklave gelockert. Deswegen konnten sich die teilnehmenden Kardinäle frei bewegen und in ihren klimatisierten Zimmern im Domus Sanctae Marthae, einem 1996 für den Klerus errichteten Hotel, essen und nächtigen.

Zu diesem Zeitpunkt zählte das Kardinalskollegium 183 Mitglieder, von denen jedoch nur 117, da noch nicht achtzigjährig, wahlberechtigt waren. Zwei von ihnen waren wegen ihres schlechten Gesundheitszustandes nicht anwesend – Jaime Kardinal Sin von den Philippinen und Adolfo Antonio Kardinal Suárez Rivera aus Mexiko –⊠, wodurch sich die Zahl der Wahlberechtigten auf 115 reduzierte. Davon waren nur zwei (Kardinal Ratzinger und Kardinal Baum) nicht von Johannes Paul II. selbst zu Kardinälen ernannten worden. Bei 115 wahlberechtigten Kardinälen lag die erforderliche Zweidrittelmehrheit bei 77 Stimmen.

Noch am Nachmittag des ersten Tages des Konklaves wurde ein Wahlgang durchgeführt. Am nächsten Tag folgten drei weitere. Ein anonymer Kardinal stellte einem italienischen

Journalisten im September 2005 sein Tagebuch zur Verfügung. Wenn man seinen Aufzeichnungen Glauben schenken darf, waren die Stimmen im ersten Wahlgang wie folgt verteilt:[216]

- Joseph Ratzinger: 47 Stimmen
- Jorge Bergoglio: 10 Stimmen
- Carlo Maria Martini: 9 Stimmen
- Camillo Ruini: 6 Stimmen
- Angelo Sodano: 4 Stimmen
- Óscar Maradiaga: 3 Stimmen
- Dionigi Tettamanzi: 2 Stimmen
- Giacomo Biffi: 1 Stimme
- Andere: 8 Stimmen

Jorge Bergoglio lag an zweiter Stelle. Seine zehn Stimmen stammten zweifellos von den Mitgliedern der St. Gallen-Mafia.

Der zweite Wahlgang am nächsten Morgen gestaltete sich wie folgt:

- Ratzinger: 65 Stimmen
- Bergoglio: 35 Stimmen
- Sodano: 4 Stimmen
- Tettamanzi: 2 Stimmen
- Biffi: 1 Stimme
- Andere: 8 Stimmen

In diesem zweiten Wahlgang erhielt Bergoglio 25 weitere Stimmen. Es ist ersichtlich, dass alle Stimmen für Kardinal Martini (9), Kardinal Ruini (6) und Kardinal Maradiaga (3), insgesamt 18 Stimmen, nun an Kardinal Bergoglio gegangen waren. Das ist ein Hinweis darauf, dass diese drei Männer zu diesem Zeitpunkt ihre Anhänger angewiesen hatten, für Bergoglio zu stimmen.

Der dritte Wahlgang am gleichen Morgen führte zu folgenden Ergebnissen:

- Ratzinger: 72 Stimmen
- Bergoglio: 40 Stimmen
- Darío Castrillón Hoyos: 1 Stimme
- Andere: 2 Stimmen

Es gelang Bergoglio, fünf weitere Stimmen zu erlangen, die große Mehrheit stellte sich jedoch hinter Ratzinger, um Bergoglio zu verhindern. Nach diesem dritten Wahlgang war klar, dass Ratzinger nur noch fünf weitere Stimmen benötigen würde oder es eines Kompromisskandidaten bedurfte, um die Pattsituation (es gab nur noch drei Unentschlossene) zwischen Ratzinger und Bergoglio zu lösen. Als Ratzinger die notwendigen Stimmen erhielt, dachte er bei sich: »Ich betete zu Gott: ›Bitte tu mir das nicht an!‹ Offensichtlich erhörte er mich diesmal nicht.«[217]

Der vierte und letzte Wahlgang am Nachmittag endete wie folgt:

- Ratzinger: 84 Stimmen
- Bergoglio: 26 Stimmen
- Biffi: 1 Stimme
- Bernard Law: 1 Stimme

- Christoph Schönborn: 1 Stimme
- Andere: 2 Stimmen

Als erkennbar wurde, dass Ratzinger die größte Unterstützung genoss, entzogen Bergoglio in diesem vierten Wahlgang überraschenderweise vierzehn Kardinäle ihre Stimmen. Ratzinger erhielt sieben Stimmen mehr als erforderlich und erreichte mit 84 Stimmen spielend die erforderliche Zweidrittelmehrheit. Die St. Gallen-Mafia war mit ihrem Versuch, Kardinal Bergoglio zum Papst zu machen, gescheitert.

29. Die Infiltration und die Verschwörung gegen Benedikt XVI.

Dem Kardinaldekan fällt die Aufgabe zu, den gewählten Kandidaten zu fragen, ob er die Wahl zum Papst annimmt. Da Kardinal Ratzinger selbst der Kardinaldekan war, übernahm dies der Subdekan des Kardinalskollegiums, Angelo Kardinal Sodano. Der Kardinalprotodiakon Jorge Medina erschien auf dem Balkon des Petersdoms und verkündete die Wahl Kardinal Ratzingers und den von ihm aus Verehrung für Papst Benedikt XV. und den hl. Benedikt von Nursia gewählten Papstnamen Benedikt XVI.

Papst Benedikt XVI. wurde später seinem Ruf als Gelehrter gerecht, als er die drei Enzykliken *Deus caritas est, Spe salvi* und *Caritas in veritate* verfasste, die in den göttlichen Tugenden verhaftet sind. Er verwirrte die Liberalen, als er die päpstlichen Gewänder und Zeremonien wieder einführte, die man seit den Tagen Papst Pius' XII. nicht mehr gesehen hatte. Zu nennen seien hier beispielsweise die berühmt gewordenen roten Schuhe, der Camauro und die rote Saturno.[218]

Nach zwei Jahren im Amt erließ Benedikt XVI. sein »umstrittenes« Motu proprio *Summorum Pontificum*, mit dem er feststellte, dass die traditionelle vorkonziliare Lateinische Messe (gemeinhin als tridentinische Messe bekannt) niemals abgeschafft worden war. Er stellte klar, dass alle katholischen Priester die traditionelle lateinische Messe gemäß dem Missale von 1962 feiern dürfen und sollen. Er erklärte, dass die Novus-Ordo-Messe Pauls VI. aus dem Jahr 1969 die »ordentliche Form« des römischen Ritus bleibe und die Messform von 1962 die »außerordentliche Form« des römischen Ritus sei – und dass diese beiden Formen sich gegenseitig bereichern müssten. Von traditionalistischer Seite aus wurde dieses Dokument mit Erleichterung aufgenommen und gelobt. Dort hatte man 40 Jahre lang vergeblich auf ein Entgegenkommen von den Bischöfen gewartet.

Summorum Pontificum rehabilitierte in gewisser Weise den mittlerweile verstorbenen Erzbischof Lefebvre. Er hatte darauf insistiert, dass das Missale von 1962 rein rechtlich betrachtet niemals außer Kraft gesetzt worden sei, als Paul VI. 1962 den Novus Ordo herausgab.

Benedikt XVI. fügte weitere Maßnahmen in diesem Sinne hinzu, indem er die Exkommunikationen der vier von Lefebvre für die Priesterbruderschaft St. Pius X. geweihten Bischöfe am 21. Januar 2009 offiziell aufhob. Diese Aufhebung erfolgte ohne vorabgehende Reue der vier Bischöfe darüber, dass sie 1988 die Bischofsweihe ohne päpstliches Mandat von Johannes Paul II. von Lefebvres erhalten hatten. Es schien, als würde Ratzinger nun den Knoten lösen, der im Mai 1988 entstanden war, als die Gespräche zwischen ihm und Lefebvre zum Erliegen kamen.

Die Mehrheit des Weltepiskopates stand der Aufhebung der Exkommunikationen, denen die Bischöfe der Priesterbruderschaft St. Pius X. unterlagen, eher reserviert gegenüber. Sechs Monate später gab Papst Benedikt XVI. sein Motu proprio Ecclesiae unitatem heraus, in dem er seine Gründe für die Aufhebung der Exkommunikation erläuterte und den Status der Priesterbruderschaft klarstellte:

[...] die Aufhebung der Exkommunikation [war] eine Maßnahme im Bereich der kirchlichen Disziplin, um die Personen von der Gewissenslast der schwersten Kirchenstrafe zu befreien. Aber die doktrinellen Fragen bleiben natürlich bestehen, und solange diese nicht geklärt sind, hat die Bruderschaft keinen kanonischen Status in der Kirche und ihre Amtsträger können keine Ämter rechtmäßig in der Kirche ausüben.[219] Benedikt XVI. schien es darum zu gehen, den geistigen Jüngern Lefebvres einen rechtmäßigen kanonischen Status zu verleihen. Im Juni 2012 richtete er eine handschriftliche Note an den Oberen, Bischof Bernard Fellay, in der er ihm den kanonischen Status einer Personalprälatur ähnlich wie auch beim Opus Dei zusicherte, wenn er und die Priesterbruderschaft St. Pius X. die Dokumente des Zweiten Vatikanums anerkennen würden. Bischof Fellay antwortete darauf, dass es ihm und der Priesterbruderschaft unmöglich sei, die Lehren des Konzils zur Religionsfreiheit anzuerkennen, deren kritische Analyse sich Fellay zur Lebensaufgabe gemacht hat. Gegen Ende des Jahres 2012 schien die Kommunikation zwischen der Priesterbruderschaft und Benedikt XVI. völlig zusammengebrochen zu sein.

30. Die Infiltration der Vatikanbank und Papst Benedikts XVI. Kammerdiener

Währenddessen war eine Verschwörung gegen Papst Benedikt angezettelt worden, um ihn zum Rücktritt zu drängen. Ihren Höhepunkt sollte sie zum Ende des Jahres 2012 mit Vorwürfen der Geldwäsche gegen die Vatikanbank, dem Bekanntwerden homosexueller Wüstlinge unter den Kardinälen und Vatikanangestellten und des Einfrierens von Geldern erreichen. Ihren Anfang nahm die Geschichte jedoch 2007, als Paolo Gabriele als Kammerdiener Papst Benedikts XVI. eingestellt wurde. Aus unerklärlichen Gründen hat er später vertrauliche Dokumente zur Veröffentlichung weitergegeben und so den als Vatileaks bekannt gewordenen Skandal ausgelöst. Paolo Gabrieles rätselhaftes Gebaren machte eine Verschwörung offensichtlich, deren Ziel es war, Papst Benedikt XVI. zu demütigen, ihn in die Enge zu treiben und vom Stuhl Petri abzusetzen.

Papst Benedikt XVI. wurde frühzeitig auf finanzielle Unstimmigkeiten im Governatorat – der Staatsverwaltung der Vatikanstadt – aufmerksam. Zu dieser Zeit war Giovanni Kardinal Lajolo Präsident des Governatorats. Der Präsident fungiert als Regierungschef der Vatikanstadt und untersteht zunächst dem Kardinalstaatssekretär und dann erst dem Papst. Verwaltungstechnisch betrachtet steht er an zweiter Stelle unter dem Papst.

Am 16. Juli 2009 ernannte Papst Benedikt Erzbischof Carlo Maria Viganò zum Generalsekretär des Governatorats der Vatikanstadt. Damit wurde Viganò aus Verwaltungssicht zum dritten Mann der heiligen Stadt. Erzbischof Viganò bestand sogleich auf einem zentralisierten Buchhaltungsverfahren und einer vollständigen finanziellen Rechenschaftspflicht. Mit seinen neuen Maßnahmen gelang es ihm innerhalb nur eines Jahres, das Defizit der Vatikanstadt von 10,5 Mio. US-Dollar in einen Überschuss von 44 Millionen US-Dollar umzuwandeln.[220] Viganò war kein gewiefter Börsenmakler. In jedem Fall legten seine neue Buchhaltungsrichtlinien Millionen von Dollar auf versteckten Konten offen. Die Bücher wiesen auf dem Hauptkonto ein Defizit von 10,5 Millionen US-Dollar auf. Indem er etliche Konten außerhalb der Geschäftsbücher aufspürte, gelangten dank Viganòs Initiative in nur zwölf Monaten 55 Millionen US-Dollar in die Kassen. Papst Benedikt dürfte zweifelsohne über die sich ergebende finanzielle Transparenz (und die gewonnenen Mittel) erfreut gewesen sein. Mit Sicherheit enttäuscht war er hingegen von seinem Führungsstab im Governatorat der Vatikanstadt.

Im Januar 2012 tauchten unzulässig weitergegebene Dokumente auf, die sich mit Skandalen homosexueller und finanzieller Natur befassten. Darunter befanden sich zwei Briefe von Viganò an Papst Benedikt XVI. und Kardinalstaatssekretär Bertone, in denen er sich über die anhaltende Finanzkorruption im Vatikan beklagte. Bereits einen Monat später holte Viganòs direkter Vorgesetzter, Kardinal Giovanni Lajolo, zusammen mit Giuseppe Bertello, Giuseppe Sciacca und Giorgio Corbellini zum Gegenschlag aus. Sie gaben im Namen des Governatorats der Vatikanstadt folgende gemeinsame Erklärung ab:

Die unerlaubte Veröffentlichung zweier Briefe von Erzbischof Carlo Maria Viganò, der erste vom 27. März 2011, adressiert an den Heiligen Vater, der zweite vom 8. Mai an den Kardinalstaatssekretär, ist für das Governatorat der Vatikanstadt ein Grund zu großer Bitterkeit [...] Die darin erhobenen Anschuldigungen können nur den Eindruck erwecken, das Governatorat der Vatikanstadt sei eine unzuverlässige Dienststelle, den dunklen Mächten ausgeliefert und nicht das Instrument einer verantwortungsvollen Regierung. Nach sorgfältiger Prüfung des Inhalts der beiden Briefe betrachtet es der Präsident des Governatorats als seine Pflicht, öffentlich zu erklären, dass die besagten Behauptungen das Ergebnis irriger Bewertungen oder Befürchtungen sind, für die es keine Beweise gibt und sie sogar offen erkennbar den Zeugenaussagen aller beteiligten Hauptpersonen widersprechen.[221]

Kardinalstaatssekretär Bertone war als Viganòs Vorgesetzter ebenfalls nicht glücklich über die ans Licht der Öffentlichkeit gelangten Briefe an ihn und den Papst.

Einige Monate bevor die Anschuldigungen öffentlich wurden, teilte Kardinal Bertone Viganò mit, dass man ihn aus dem Governatorat der Vatikanstadt abziehen werde. Es wird behauptet, Viganò habe sich gegen seine Versetzung gesträubt. Am 19. Oktober 2011 entsandte Papst Benedikt Viganò als Apostolischen Nuntius nach Washington, D.C. So wurde Viganò Päpstlicher Gesandter in den Vereinigten Staaten von Amerika. Viele sahen darin eine Degradierung Viganòs. Viel wahrscheinlicher ist, dass Papst Benedikt sich in Washington einen aufrichtigen Mann wünschte, dem er zutraute, Ermittlungen anzustellen. Von besonderer Bedeutung war die später öffentlich gewordene Tatsache, dass

Papst Benedikt von den perversen homosexuellen Umtrieben Kardinal McCarricks in Washington erfahren hatte. Er wollte, dass Viganò sich darum kümmert, dass die seit 2006 verfügten Beschränkungen eines öffentlichen Auftretens Kardinal McCarricks aufrechterhalten werden.

Wie bereits erwähnt, begann der Vatileaks-Skandal im Januar 2012 mit der Enthüllung von Finanzkorruption, internationaler Geldwäsche und Plänen zur Erpressung homosexueller Geistlicher zu eskalieren. Der italienische Journalist Gianluigi Nuzzi veröffentlichte die beiden Briefe Erzbischof Viganòs, in denen er korrupte Praktiken beschreibt, die den Heiligen Stuhl Millionen von Dollar gekostet hatten. Ein durchgesickerter Brief enthüllte eine mögliche Morddrohung gegen Papst Benedikt XVI. Darin sagte Kardinal Romeo von Palermo auf Sizilien den Tod des Papstes innerhalb von zwölf Monaten voraus.[222] Im Mai 2012 veröffentlichte Nuzzi ein Buch mit dem Titel *Seine Heiligkeit: Die geheimen Briefe aus dem Schreibtisch von Papst Benedikt XVI.*, dessen Inhalt aus vertraulichen Korrespondenzen zwischen Papst Benedikt und seinem Privatsekretär bestand. Das Buch legte eine Subkultur im Vatikan voll von Missgunst, Zwietracht und Machtkämpfen verschiedener Gruppen offen. Nuzzi enthüllte Einzelheiten über die privaten Finanzen Papst Benedikts XVI. und zeigte auf, dass besonders unter diesem Pontifikat Bestechungspraktiken ein großer Erfolg beschieden war.

Die Gendarmerie des Vatikans nahm den päpstlichen Kammerdiener Paolo Gabriele am 23. Mai 2012 fest, nachdem man in dessen Wohnung vertrauliche Briefe und Unterlagen aufgefunden hatte, die an den Papst und andere vatikanische Beamte adressiert waren. Er wurde beschuldigt, die undichte

Stelle zu sein, durch die Kopien der Dokumente in den Besitz Nuzzis gekommen waren. Die in Gabrieles Wohnung sichergestellten Schriftstücke stimmten nämlich mit denen überein, die in den fünf vorangegangenen Monaten rechtswidrig weitergegeben worden waren. Eine Woche später gestand der Papst den Skandal öffentlich ein: »Die Ereignisse der letzten Tage um die Kurie und meine Mitarbeiter haben mein Herz betrübt [...] Ich möchte mein Vertrauen in und die Ermutigung für meine engsten Mitarbeiter und all diejenigen erneuern, die mir jeden Tag mit Loyalität, Opferbereitschaft und in Stille dabei helfen, meinen Dienst zu erfüllen.«[223]

Gabriele bekannte sich während seines Prozesses des Diebstahls der päpstlichen Dokumente schuldig. Dabei nahm er jedoch für sich in Anspruch, dies zur Aufdeckung und Bekämpfung der Korruption innerhalb der Kirche getan zu haben. Er wurde am 6. Oktober schuldig gesprochen und zu einer Haftstrafe von acht Jahren verurteilt, die später auf 18 Monate Gefängnis und eine Geldstrafe reduziert wurde.

Während des Vatileaks-Skandals beauftragte Papst Benedikt, der durch das Geschehen in den Augen der Öffentlichkeit in Verlegenheit gebracht worden war, insgeheim drei seiner vertrauenswürdigsten Kardinäle mit der Untersuchung der »Vatileaks«. Sie sollten ihm über finanzielle Unregelmäßigkeiten, Gerüchte über Erpressung und das unsittliche Verhalten von Kardinälen und Mitarbeitern des Vatikans Bericht erstatten. Die dreiköpfige Kommission wurde von Julián Kardinal Herranz Casado geleitet, der dem Opus Dei angehört. Weitere Mitglieder der Kommission waren Jozef Kardinal Tomko und Salvatore Kardinal De Giorgi. Am 17. Dezember 2012, dem Geburtstag Kardinal Bergoglios, legten die drei

Kardinäle Papst Benedikt XVI. – unter strengster Geheimhaltung – ein 300 Seiten starkes Dossier vor. Dieses detaillierte Dokument, dem Papst angeblich in drei roten Ordnern überreicht, beschreibt auch detailreich die sittlichen Ausschweifungen hoher vatikanischer Angestellter. Weiterhin bestätigt es finanzielle Unregelmäßigkeiten in weiten Teilen des Vatikans. Papst Benedikt nannte später den 17. Dezember 2012 als den Tag, an dem er definitiv seine Abdankung beschloss. Das in den roten Ordnern Dokumentierte war für den alternden Papst schlicht zu viel. Papst Benedikt suchte seinen ehemaligen Kammerdiener Paolo Gabriele persönlich auf und begnadigte ihn am 22. Dezember 2012. Hatte Papst Benedikt XVI. nun erkannt, dass der durch Gabriele losgetretene Vatileaks-Skandal sich für ihn letztlich als ein Segen herausstellen sollte?

Ab dem 1. Januar 2013 funktionierten die Geldautomaten in der Vatikanstadt nicht mehr, weil die Deutsche Bank ihre Konten bei der Vatikanbank zum 31. Dezember 2012 geschlossen hatte. Die Eintrittskarten für die Sixtinische Kapelle konnten nur noch gegen Bargeld erstanden werden.[224] Am 11. Februar 2013 verkündete Papst Benedikt XVI. der Welt offiziell, dass er vom Papstamt zurücktreten werde. In dieser Nacht erschien ein Zeichen, als ein Blitz in die Kuppel des Petersdoms einschlug.

Am Folgetag, dem 12. Februar 2013, übernahm die Schweizer Aduno Gruppe den Betrieb der vatikanischen Geldautomaten, um die italienischen und europäischen Vorschriften zu umgehen. Der Zeitpunkt der Rücktrittsankündigung und die neue Aufgabe des Finanzdienstleisters Aduno können in Anbetracht des Skandals und der Verwicklungen der vergangenen Monate kein Zufall gewesen sein. Zwischen dem 17. Dezember 2012, als der Papst das Dossier im roten Ordner erhielt und dem 1. Januar 2013, dem Tag, an dem die Geldautomaten im Vatikan nicht mehr funktionierten, musste irgendetwas Seltsames geschehen sein.

Am 28. Februar 2013 geschah das Undenkbare: Papst Benedikt XVI. dankte ab und flog vor den Augen einer perplexen Weltöffentlichkeit im Hubschrauber davon. Benedikt war seit der Abdankung Papst Gregors XII. im Jahre 1415 vor fast 598 Jahren der erste Papst, der seinem Amt entsagte. Doch im Gegensatz zu Papst Gregor XII. gab Benedikt XVI. zu verstehen, dass man ihn »Papa emeritus« nennen solle und er weiterhin die weiße Soutane, die roten Schuhe und den Fischerring tragen werde.

31. Die Infiltration und die Wahl
von Papst Franziskus

Ich habe diese Nacht das Bild von zwei Kirchen und zwei Päpsten gehabt. [...] Ich sah auch, wie unheilvoll die Folgen dieser Afterkirche sein würden. Ich sah sie wachsen, ich sah viele Ketzer aller Stände nach der Stadt [Rom] ziehen. Ich sah die Lauigkeit der dortigen Geistlichen wachsen, und ich sah eine große Finsternis. [...] Ich sah die katholischen Gemeinschaften überall unterdrückt, bedrängt, zusammengeschoben und eingeschlossen werden. Ich sah viele Kirchen geschlossen. [...] Ich hatte das Bild wieder, wie die Peterskirche planmäßig durch die geheime Sekte [Freimaurer] abgetragen und auch durch Stürme abgebrochen wird. Ich sah aber auch im höchsten Elend wieder die Nähe der Rettung. Ich sah die heilige Jungfrau wieder zur Kirche herniedersteigen und den Mantel [über sie] ausbreiten.

– Selige Anna Katharina Emmerick, Vision vom 13. Mai 1820

Die Kardinäle versammelten sich vorschriftsgemäß am 12. und 13. März 2013 zum Konklave in der Ewigen Stadt, um den nächsten Papst zu wählen. Sie waren erstaunt darüber, dass ein gültig gewählter Papst den Stuhl des Apostelfürsten zu Lebzeiten freiwillig verlassen hatte und sie zur Wahl eines anderen zusammenrief. Zum Zeitpunkt der Sedisvakanz gab es insgesamt 207 Kardinäle, von denen 117 jünger als 80 Jahre und damit wahlberechtigt waren. Von ihnen nahmen nur 115 am Konklave teil. Julius Kardinal Darmaatmadja aus Indonesien war die Teilnahme auf Grund der Verschlechterung seines Sehvermögens nicht möglich und Keith Kardinal O'Brien aus Schottland hatte jüngst unsittliches Verhalten gegenüber Priestern zugegeben.

Die Zeitung *La Repubblica* berichtete über die unbestätigten und vermeintlichen Favoriten des ersten Wahlganges am 12. März:

- Angelo Scola: 35 Stimmen
- Bergoglio: 20 Stimmen
- Ouellet: 15 Stimmen

Kardinal Scola wurde als ein zuverlässiger Konservativer angesehen, der als Nachfolger das Erbe Benedikts XVI. hätte antreten können. In den beiden Wahlgängen am nächsten Morgen kam man nicht gut voran. Und so soll Kardinal Ouellet seine Unterstützer gebeten haben, ihre Stimmen in den folgenden Wahlgängen an Kardinal Bergoglio zu vergeben. So sollten Scola als auch Bergoglio jeweils 35 Stimmen auf sich vereinigen. Im vierten Wahlgang am Nachmittag erhielt Bergoglio die Stimmmehrheit (mehr als 58 Stimmen). Er verfügte allerdings noch nicht über die zur Erreichung der Zweidrittelmehrheit erforderlichen 77 Stimmen.

Im fünften und letzten Wahlgang einigten sich die Kardinäle auf den eindeutigen Favoriten. Bergoglio erhiet 90 Stimmen (13 mehr als notwendig). Laut Aussage des irischen Kardinals Seán Brady wurde bei der Stimmauszählung applaudiert, sobald feststand, dass Bergoglio die erforderlichen 77 Stimmen erhalten hatte.[225] Um 19:07 Uhr Ortszeit stieg weißer Rauch aus dem Schornstein der Sixtinischen

Kapelle auf und das Glockengeläut verkündete, dass es den Kardinälen gelungen war, einen neuen Papst zu wählen. Bergoglio erschien in schlichter Weise als Papst Franziskus auf der Loggia des Petersdoms, und anders als gebräuchlich bat er die Menschenmenge auf dem Petersplatz zunächst darum, für ihn zu beten. Neben ihm stand Kardinal Danneels, der später die Existenz einer »Mafia«, die eine Wahl Bergoglios betrieben hatte, zugab. Kardinal Murphy-O'Connor, ebenfalls Mitglied der St. Gallen-Mafia, verkündete gegenüber *La Stampa* und *The Independent*: »Vier Jahre Bergoglio müssten genügen, um Veränderungen zu bewirken.«[226] Später erklärte sogar Kardinal McCarrick, dass ein »einflussreicher italienischer Herr [...] ein sehr intelligenter und in Rom sehr einflussreicher Mann« ihn in jenem Seminar, in dem sich McCarrick in Rom aufhielt, aufgesucht und gesagt habe: »Was ist mit Bergoglio? [...] Wissen Sie, er könnte damit beginnen, die Kirche zu reformieren.« Und so setzte sich McCarrick im Vorfeld der Wahl bei den Kardinälen für die Wahl Bergoglios ein.[227]

Die Mission der St. Gallen-Mafia war erfüllt: Endlich hatten sie der Welt eine »Revolution in Tiara und Mantel« gebracht, wie sie das freimaurerische Schriftstück *Alta Vendita* mehr als 150 Jahre zuvor gefordert hatte. Nach langer und geduldiger Wühlarbeit war es ihnen gelungen »einen Papst nach unserem Herzen zu machen, [...] diesem Papst eine Generation heran[zu]bilden, die der Herrschaft, die wir erträumen, würdig ist.«

Papst Franziskus' problematische Lehren

Nach Papst Franziskus' Wahl am 13. März 2013 überschlugen sich die Ereignisse. Am 15. Juni 2013 ernannte Papst Franziskus Battista Mario Salvatore Ricca – der angeblich eine homosexuelle Beziehung zu einem Hauptmann der Schweizergarde unterhalten haben soll – zum Prälaten der Vatikanbank (IOR). Im Juli 2013 kam es überraschend zur Einstellung des Ermittlungsverfahrens wegen Geldwäsche gegen Gotti Tedeschi, den ehemaligen Präsidenten der Vatikanbank. Andere haben Papst Franziskus' Pontifikat ausführlich dokumentiert und dargelegt, dass es unter ihm starke Tendenzen in Richtung Ökumenismus, Globalismus, Immigration und Sozialismus gibt.[228] Seine Enzykliken und Lehrmeinungen legten ihr Augenmerk auf den Umweltschutz (*Laudato si'*), die staatliche Umverteilung von Vermögen, eine Lockerung der Sexualmoral und betonen besonders, dass man dem eigenen Gewissen den Vorrang vor katholischen Dogmen geben solle.

Mit seinem nachsynodalen Schreiben *Amoris laetitia* löste Papst Franziskus erhebliche Kritik aus. Darin schreibt er: »Niemand darf auf ewig verurteilt werden, denn das ist nicht die Logik des Evangeliums! Ich beziehe mich nicht nur auf die Geschiedenen in einer neuen Verbindung, sondern auf alle, in welcher Situation auch immer sie sich befinden.«[229] Die logische Konsequenz dieser Aussage wäre, dass die Höllenstrafe nicht von ewiger Dauer ist[230] – das entspricht einer Lehre Giordano Brunos, dessen Statue erst gerade ein Jahrhundert zuvor in Rom aufgestellt worden war. *Amoris laetita* machte auch den Weg dafür frei, zivilrechtlich geschiedenen und wiederverheirateten Katholiken die Absolution zu erteilen und die hl. Kommunion zu spenden, obwohl sie weiterhin Eheleuten vorbehaltene Handlungen vornehmen.[231] Dies nahmen am 19. September 2016 vier Kardinäle, der Italiener Carlo Caffarra, der Amerikaner Raymond Burke und die beiden Deutschen Walter Brandmüller und Joachim Meisner zum Anlass, den Papst offiziell um Klarstellung dieser anscheinend häretischen Lehre zu ersuchen. Der Papst aber würdigte ihre *Dubia* keiner Antwort.

Papst Franziskus hat ausdrücklich erklärt, dass es Gottes Wille sei, dass einige das Sittengesetz übertreten, wenn sie nicht fähig sind, sich an die ehelichen Ideale zu halten.[232] Ebenso hat Papst Franziskus gelehrt, dass der »Pluralismus und die Verschiedenheit in Bezug auf Religion« dem gleichen göttlichen und weisen Willen entspringen, »mit dem Gott die Menschen erschaffen hat.«[233] Außerdem befürwortet Papst Franziskus die für 2030 geplanten Vorhaben der Vereinten Nationen zu Umweltschutz, Fortpflanzungsrechten und Geburtenkontrolle.[234, 235] Seine Weltanschauung und Philosophie entsprechen im Wesentlichen der eines Mitgliedes der freimaurerischen Carbonari im 19. Jahrhundert.

Der hl. Pius X. hätte Papst Franziskus als Modernisten geächtet. Wie hat es nur sein können, dass zwei Päpste in einem derartigen theologischen Widerspruch zueinanderstehen?

32. Der Ausweg aus der Krise

In welche Lage versetzen uns die Machenschaften der St. Gallen-Mafia sowie die Wahl und die Lehren von Papst Franziskus? Katholiken haben mehrere Möglichkeiten, mit dieser Situation umzugehen.[236]

Modernistisch werden

Der am weitesten verbreitetste Weg ist die Annahme, Papst Franziskus und die modernistische Strömung seit Ende der 1950er Jahre würden sich auf dem wahren und richtigen, gottgefälligen Wege befinden. Frühere Päpste wiesen die Ökumene zurück und verbrannten Ketzer auf dem Scheiterhaufen; Papst Franziskus hingegen lehrt, dass Gott Pluralität und Vielfalt der Religionen selbst wolle. Die Päpste Pius XI., Leo XIII. und Pius XII. befürworteten und verteidigten auf Grundlage des Katechismus von Trient die Todesstrafe. Warum dann nicht annehmen, dass Papst Franziskus früheren Päpsten zurecht widersprochen hat, als er lehrte, dass die Todesstrafe unzulässig sei?

Papst Franziskus lehrt auch, dass Geschiedene, die erneut standesamtlich heiraten, weiterhin katholisch bleiben und es ihnen erlaubt ist die heilige Eucharistie und alle anderen Sakramente zu empfangen.[237] Doch Papst Clemens VII. widersetzte sich energisch dem Versuch der Wiederheirat König

Heinrichs VIII. von England. Dabei nahm er jene Konflikte in Kauf, die später zur Entstehung der Anglikanischen Kirche und dem Verlust dieser gesamten europäischen Nation an den Protestantismus führen sollten. Auch Papst Pius V. kämpfte gegen die Kirche von England, was eine ausgeprägte Feindseligkeit der Anglikaner hervorrief, die Anlass zu Kriegen und einer Reihe vieler Martyrien wurde.

Der modernistische Katholik vertritt die Auffassung, Papst Franziskus habe Recht, Papst Clemens VII. und Papst Pius V. hätten sich dagegen im Irrtum befunden. Auch als Papst Leo X. und seine Nachfolger Martin Luther verurteilten, taten sie dies angeblich zu Unrecht, denn Papst Franziskus habe Luther öffentlich gelobt und zu seiner Ehrung sogar eine vatikanische Briefmarke herausgegeben. All dies mache es zum Erfordernis, anzuerkennen, dass ein Dissens Papst Franziskus' mit früheren Päpsten und Konzilien vorliege, wobei allerdings Papst Franziskus im Recht sei. Warum sagt man also nicht kurz und bündig, der Geist des Zweiten Vatikanums entspreche den Wirkungen des Heiligen Geistes? Der Modernist glaubt fest daran, dass die neue Liturgie, der neue Kodex des kanonischen Rechts, die neue Theologie und die neuen Päpste allem überlegen seien, was in den vorhergehenden 1900 Jahren Gültigkeit hatte. Warum also nicht erfreut darüber sein, im Zeitalter eines Neuen Pfingsten zu leben?

Diese Pille können die meisten Katholiken, die ihren Glauben kennen und ernstnehmen, nicht schlucken.

Die katholische Glaubenslehre kann sich ihrem Wesen nach weder ändern noch widersprechen. Gewisse Bischöfe und Kardinäle mögen so tun, als sei die »nachkonziliare« Situation ein »neuer Advent« in der Kirchengeschichte. Sie wären jedoch keine Modernisten, wenn die Geschichte für sie irgendeine Rolle spielte. Wenn man also die modernistische Spielart des Katholizismus als intellektuell unredlich ablehnt, braucht man ein neues Narrativ.

Im Folgenden zeige ich Wege aus der momentanen Kirchenkrise auf.

Atheist werden

Jetzt, wo die Bruchlinien zwischen dem gegenwärtigen Pontifikat und den Päpsten und Konzilien der Vergangenheit immer offensichtlicher werden, könne man getrost nachgeben und eingestehen, dass der Katholizismus und das Christentum als Ganzes auf zufälligen historischen Entwicklungen beruhen, und dass auch nur darauf deren weltweite Verbreitung gegründet habe. Der katholischen Kirche sei es gelungen, zu überdauern und weltweiten Einfluss zu gewinnen, weil sie sich aus dem Untergang des Römischen Reiches retten konnte. Die neusten Erkenntnisse in Wissenschaft und Soziologie würden belegen, dass Begriffe wie Schöpfung, Erbsünde, Heilungswunde, dämonische Besessenheit, Wiederauferstehung und Leben nach dem Tode Versuche des vormodernen Menschen waren, seine ihm unerklärliche Umwelt ohne die Möglichkeiten der Wissenschaft zu deuten. Warum lehnen wir ein mittelalterliches System wie die katholische Kirche nicht einfach vollständig ab, anstatt in unredlicher Weise versuchen, es mit dem heutigen »wissenschaftlichen« Weltbild zu harmonisieren? Das Abgleiten in den Atheismus ist vermutlich für den Glaubensabfall vieler Katholiken verantwortlich. Für mich selbst ist der Atheismus keine Option, denn ich persönlich bin Christus, der Heiligen Gottesmutter und den Heiligen begegnet.[238] Ich bin auch weiterhin voll und ganz von der Existenz Gottes und seiner vollständigen Offenbarung in der leibhaftigen Gestalt unseres Herrn Jesus Christus überzeugt. Damit bleiben mir folgende Möglichkeiten:

Protestantisch werden

Die erste Möglichkeit wäre, das biblische Zeugnis über Jesus Christus aus der Heiligen Schrift zu übernehmen, gleichzeitig aber die historische Einrichtung, die wir in der katholischen Kirche vorfinden, abzulehnen. Martin Luther lehrte, dass wir durch den Fiduzialglauben an Jesus Christus unmittelbar mit Gott in Verbindung treten könnten. Dazu bedürfe es keiner Vermittlung durch Päpste, Priester oder Sakramente. Die christliche Lehrautorität fände sich nicht in alten Konzilien, päpstlichen Bullen oder Enzykliken, sondern allein im »unverfälschten Wort Gottes«.

Aus Gründen, die ich in meinen beiden Büchern *The Crucified Rabbi*[239] und *The Catholic Perspective on Paul*[240] ausgeführt habe, bin ich vom Protestantismus zur katholischen Kirche konvertiert. Der Grund dafür war das evidente Zeugnis der Heiligen Schrift für die Vermittlung des Erlösungswerkes Jesu Christi durch die von ihm eingesetzten Sakramente und die von ihm geweihten Bischöfe,[241] deren Weihegewalt in ununterbrochener Folge der Apostolischen Sukzession an die Bischöfe bis zur heutigen Zeit weitergegeben wurde. Abgesehen davon hat Christus eindeutig schon vor der Niederschrift des Neuen Testamentes und der Festlegung des biblischen Kanons die Kirche gegründet. Daher ist der Protestantismus eine wertlose Option.

Orthodox werden

Eine weitere Versuchung bestünde darin, zu meinen, dass die Orthodoxie das Papsttum richtig beurteile – dass nämlich das Papsttum in der Vergangenheit auf Abwege geraten sei und sich dieser Zustand bis in die Gegenwart fortsetze. Der Papst habe sich zu keinem Zeitpunkt des Prärogativs der Unfehlbarkeit erfreut und sei ebenso wenig jemals im Besitz des Jurisdiktionsprimates über die ganze Kirche gewesen. Das Erste Vatikanische Konzil habe sich in diesem Punkte völlig geirrt. Der orthodoxen Kirche zufolge haben ausschließlich Ökumenische (Allgemeine) Konzilien Lehrautorität, und solche Konzilien kämen nur zustande, wenn außer dem Papst (als Patriarch von Rom) die Inhaber der (von Rom abgespaltenen) Patriarchen des Ostens vertreten wären.

Diese Sichtweise ist aus Gründen, die ich in meinem Buch *The Eternal City*[242] dargelegt habe, unhaltbar. Die Vormachtstellung und die universelle Rolle der Stadt Rom sind kein historischer Zufall. Der römische Ursprung und die Gliederung der katholischen Kirche werden vielmehr ausdrücklich im Alten Testament vom Propheten Daniel mit Blick auf den Menschensohn und seine Heiligen, die das Vierte Römische Königreich als sein Königtum für die Kirche empfangen, vorausgesagt. Wie in *The Eternal City* beschrieben, übte die

Römische Kirche den ihr von Christus verliehenen Jurisdiktionsprimat schon im zweiten Jahrhundert aus und ging z.B. sogar so weit, im Verlauf des Osterfeststreites Dutzende von Bistümern in Anatolien mit der Exkommunikation zu belegen. Die Orthodoxie mag in der Gegenwart, sehr oberflächlich betrachtet, einen gewissen Reiz ausüben, aber sie kann aufgrund des klaren Befundes der Heiligen Schrift und der Geschichte[243] keinerlei Alternative sein. Außerdem haben die Orthodoxen Scheidung, Wiederheirat und Empfängnisverhütung bereits kirchlich befürwortet. Mir scheint es offensichtlich, dass Papst Franziskus der Meinung ist, man könne in Bezug auf Papsttum, Kollegialität, Scheidung und die »pastorale« Vorstellung der neu verstandenen *Oikonomia* guten Gewissens den orthodoxen Standpunkt vertreten.

Sedisvakantist werden

Eine wachsende Strömung, die eifrigen Zuspruch erfährt, ist der Sedisvakantismus. In den Augen vieler ihrer Anhänger war bereits das Konklave von 1958 ungültig, weil der schon relativ bald aus dem Schornstein der Sixtina aufsteigende weiße Rauch und das Läuten der Glocken der Peterskirche die Wahl eines Papstes angekündigt hätten, sich aber danach kein Papst der Weltöffentlichkeit zeigte. Mit Blick auf diesen seltsamen Vorfall vermuten manche von ihnen, dass Kardinal Siri gültig gewählt worden, danach aber unter Druck gesetzt worden sei und deswegen resigniert habe. Niemand weiß, was genau 1958 im Konklave vorgefallen ist. Dennoch behaupten viele Sedisvakantisten fest, dass Kardinal Roncalli nicht gültig zum Papst Johannes XXIII. gewählt worden sei – entweder, weil er ein Freimaurer und Häretiker war oder, weil seine Wahl als solche ungültig war. Außerdem weisen sie darauf hin, dass Johannes XXIII. die Kundgabe des Dritten Geheimnisses von Fatima, die im Jahre 1960 hätte geschehen sollen, abgelehnt hat. In diesem Dritten Geheimnis finde sich die Aussage, dass Johannes XXIII. ein Gegenpapst sei. Zudem werde dort vor einem künftigen falschen und häretischen Konzil gewarnt.

Der Sedisvakantismus ist reizvoll, denn auf einen Schlag sind Probleme wie die Infiltrierung der Kirche, der Modernismus, das Zweite Vatikanum, die neuen Liturgie Pauls VI. und ein koranküssender Papst vom Tisch. Wenn ein Katholik fragt:»Wie konnte Papst [hier füge man den Namen eines beliebigen Papstes seit 1958 ein] so etwas nur tun oder sagen?«, dann antwortet der Sedisvakantist mit Souveränität:»Weil er kein wahrer Papst ist und es auch niemals war. Denn ein wahrer Papst würde so etwas nicht tun oder sagen.« Mir ist aufgefallen, dass viele junge Leute, die des lehrmäßigen und liturgischen Niedergangs der Nachkonzilszeit müde sind, sich dem Sedisvakantismus anschließen, der ihnen als logische und wohlbegründete Lösung erscheint.

Der Sedisvakantismus geht hauptsächlich auf den thomistischen Theologen P. Louis-Bertrand Guérard des Lauriers zurück, der in den späten 1970er Jahren seine»Cassiciacum-These« aufstellte, die auch als Sedisprivationismus bekannt ist. Guérard des Lauriers hatte Pius XII. als einer der theologischen Sachverständigen zur Vorbereitung des Dogmas von der leiblichen Aufnahme Mariens in den Himmel gedient, das 1950 verkündet wurde. Bevor er durch Kardinal

Bea ersetzt wurde, war er der Beichtvater Papst Pius' XII. Er war Mitverfasser der Ottaviani-Intervention und arbeitete bereits früh mit Erzbischof Lefebvre zusammen. Seine Hypothese besteht darin, dass Paul VI. materiell und funktionell tatsächlich Papst gewesen sei, ihm aber auf Grund der Häresie der formelle Besitz des Papstamtes unmöglich gewesen sei. Der Papst war der Amtsinhabe *beraubt*, weshalb dieser Standpunkt als Sedisprivationismus[244] bekannt wurde.

Bis zum Jahre 1980 fand diese These viele begeisterte Anhänger, Erzbischof Lefebvre zählte jedoch nicht dazu. 1981 trennte sich Guérard des Lauriers von Lefebvre und empfing selbst die Bischofsweihe.[245] Im Jahr 1984 brachen in den Vereinigten Staaten von Amerika neun Priester der Piusbruderschaft mit Lefebvre und schlossen sich nicht etwa nur dem Sedisprivationismus (der These, dass dem amtierenden Papst die formale Papstwürde fehle), sondern dem Sedisvakantismus an (zu Anhängern der These, der zufolge die Pontifikate der letzten Päpste in jeder Hinsicht als ungültig zu betrachten sind).

Ich habe jedoch zwei Einwände gegen den Sedisvakantismus:[246] Dem Sedisvakantisten mangelt es an einer theologisch konsistenten Erklärung für die Entstehung der Krise (ohne Papst), genauso wenig zeigen sie eine Möglichkeit zur Wiederherstellung des Papstamtes auf. Der Sedisvakantismus vertritt die Meinung, dass von 1958 bis etwa 1980 alle Kardinäle, die am Konklave teilnahmen, alle Bischöfe und alle Laien getäuscht wurden, deren Unterwerfung unter Gegenpäpste zu bewerkstelligen, und dass es nirgends einen wahren Papst gegeben habe. Aus sedisvakantistischer Sicht unterstellten sich alle katholischen Bischöfe, einschließlich

Kardinal Ottavianis, Erzbischof Lefebvres und ihres eigenen Erzbischof Thục̣s, ihr ganzes Leben lang oder zumindest über mehrere Jahre, einem Gegenpapst.

Um 1980 wurden sich einige wenige Priester und Laien allmählich dessen bewusst, dass die katholische Kirche in einem Interregnum von zwanzig Jahren ohne einen wirklichen Papst existiert zu haben schien! Diese plötzliche Kirchenkrise war zudem nicht durch eine kürzliche Marienerscheinung, Wundertaten, Prophezeiungen durch heilige Priester oder Zeichen und Wunder angekündigt worden. Sogar Pater Pio von Pietrelcina, der regelmäßig mit Jesus, Maria, den Heiligen und den heiligen Seelen sprach, war ahnungslos darüber, dass Johannes XXIII. und Paul VI. Gegenpäpste waren. So viel nur sei zur Entstehungsgeschichte des Sedisvakantismus gesagt.

Das zweite Problem des Sedisvakantismus besteht darin, dass er nicht über Mittel verfügt, mit denen sich das Papsttum wiederherstellen ließe. Wenn es seit 1958 keinen gültigen Papst mehr gegeben hat, dann gibt es auch nirgendwo mehr einen gültig ernannten Kardinal. Der kanonische Prozess, durch den 1939 Papst Pius XII. und zuvor seine Amtsvorgänger gewählt worden waren, wäre keine Option mehr. Ein Konklave zur Wahl eines künftigen Papstes wäre jetzt zu einer kirchenrechtlichen Unmöglichkeit geworden.

Wenn man gegenüber Sedisvakantisten auf eine Erklärung drängt, wie sie die gegenwärtige Kirchenkrise mit einem neuen Papst lösen wollen, wird man eine Vielzahl von Spekulationen hören. Einige sagen, wir befänden uns in der Endzeit und es würde niemals wieder einen gültigen Papst geben. Andere behaupten, Engel oder der Heilige Geist könnten auf einen Mann herniedersteigen, wodurch die Kirche erfahren werde, dass dieser der wahre Papst ist. Manche beziehen sich auf Privatoffenbarungen, die besagen, der heilige Petrus und der heilige Paulus werden künftig erscheinen und persönlich einen Mann zum Papst berufen. Für keine dieser vermeintlichen Lösungen gibt es in der Heiligen Schrift oder der Überlieferung der katholischen Kirche irgendwelche Belege. Immer hat der römische Klerus den Papst gewählt und die Kardinäle repräsentieren jetzt rechtlich den wahlberechtigten Klerus. Einige Sedisvakantisten meinen, der Klerus von Rom werde eines Tages einen künftigen Papst wählen, indes sind sie zugleich der Meinung, dass der ganze römische Klerus aus ungültig geweihten Modernisten bestehe. Der Sedisvakantismus ist eine theologisch unhaltbare These. Auch wenn manche sich wünschen mögen, sie sei richtig, wird sie es deswegen nicht.

Den Rücktritt nicht anerkennen:
Ist Benedikt noch immer Papst?

Wegen Ratzingers Entschluss, den Papsttitel weiterzuführen, noch immer die päpstliche Soutane zu tragen und weiterhin den päpstlichen Segen zu spenden, sind manche Personen zu dem Schluss gelangt, Papst Benedikt bleibe der Papst und Papst Franziskus sei ein Gegenpapst, der nicht über das Papstamt und die mit ihm verbundene Standesgnade verfüge; dies sei der Grund, weshalb Franziskus' Pontifikat dermaßen aus dem Ruder gelaufen sei.

Diese Rücktrittstheorie findet seit der Wahl Papst Franziskus' im Jahr 2013 ihre Anhänger. Sie ist leichter zu verdauen und auch gesellschaftsfähiger als die Position der Sedisvakantisten. Diese Meinung beruht ja nicht auf dem Sedisvakantismus, denn ihr zufolge ist Papst Benedikt immer noch der einzig wahre, regierende Papst.

Es gibt zwei Versionen der Rücktrittshypothese: Der beliebtesten Variante nach wurde Papst Benedikt XVI. zum Rücktritt gezwungen oder im Zusammenhang mit der Vatileaks-Kontroverse 2012 erpresst, wie ich es bereits beschrieben habe. Canon 332, § 2 besagt, dass der Amtsverzicht eines Papstes aus freien Stücken geschehen muss: »Falls der Papst auf sein Amt verzichten sollte, ist zur Gültigkeit verlangt, daß der Verzicht frei geschieht und hinreichend kundgemacht, nicht jedoch, daß er von irgendwem angenommen wird.« Ferner bestimmt Canon 188: »Ein Verzicht, der aufgrund schwerer, widerrechtlich eingeflößter Furcht, arglistiger Täuschung, eines wesentlichen Irrtums oder aufgrund von Simonie erfolgte, ist von Rechts wegen ungültig.« Auch an dieser Stelle wird erklärt, dass ein Rücktritt, der infolge großer Angst erfolgt, ungültig ist. Wenn sich also beweisen ließe, dass Papst Benedikt nicht freiwillig zurückgetreten ist, sondern unter Zwang oder aus Gründen großer Angst, wäre sein Rücktritt nicht rechtsgültig.

Eine zweite Spielart dieser Theorie beruft sich unter Verweis auf einen »wesentlichen Irrtum«, der allein einen Rücktritt ungültig mache, auf Canon 188. In dieser Version wird behauptet, dass Ratzinger vor seiner Zeit als Papst fälschlicherweise davon ausging, das Papstamt könne von mehr als einem Inhaber bekleidet oder ausgeübt werden. Dieser Ansicht nach sei das *ministerium* (Dienst) des Papstes getrennt vom *munus* (Amt). Trotz seines formellen Rücktritts werden von dieser Seite die Worte das Papstes so ausgelegt, als habe er auch für die Zukunft das Papstamt – wenn auch nur in einem Teilbereich – für sich in Anspruch nehmen wollen: Meine Entscheidung, auf die aktive Ausführung des Amtes zu verzichten, nimmt dies nicht zurück. Ich kehre nicht ins private Leben zurück – in ein Leben mit Reisen, Begegnungen, Empfängen, Vorträgen usw. Ich gehe nicht vom Kreuz weg, sondern bleibe auf neue Weise beim gekreuzigten Herrn. Ich trage nicht mehr die amtliche Vollmacht für die Leitung der Kirche, aber im Dienst des Gebetes bleibe ich sozusagen im engeren Bereich des heiligen Petrus.[247]

Die Anhänger der Rücktrittsthese behaupten, Benedikt sei vom *ministerium* des Papstes zurückgetreten, während er einem Irrtum zufolge annehme, im *munus* der Papstwürde zu verbleiben. Er verharre »im engeren Bereich des heiligen Petrus.« Da er bei seinem Rücktritt in Bezug auf *ministerium* und *munus* einem »wesentlichen Irrtum« unterlag, greife Canon 188, womit sein Rücktritt ungültig werde. Er bleibe Papst, unabhängig davon, ob er dies selbst bemerke oder nicht. Viele Anhänger dieser Ansicht machen geltend, Benedikt gebe nur vor, all dies nicht zu wissen. Er sei dabei aber so geschickt, die weiße Soutane eines Papstes zu tragen, um seine fortdauernde Stellung als Papst und Bischof von Rom zu zeigen.

Den Unterstützern beider Theorien muss ich entgegenhalten, dass niemand weiß, ob Benedikt aus Angst oder unter Zwang zurückgetreten ist. Er selbst sagte, es sei nicht so gewesen. Solange wir es nicht besser wissen, dürfen wir auch nichts anderes behaupten. Die zweite Version, die sich auf Canon 188 und den »wesentlichen Irrtum« beruft, ist die überzeugendere von beiden. Diese Hypothese geht jedoch von Anfang an fälschlicherweise davon aus, dass die falsche Unterscheidung von *ministerium* und *munus* in Ratzingers Vorstellung einer wirklichen, wesentlichen ontologischen Trennung entspräche. In Wirklichkeit sind *ministerium* und *munus* der Papstwürde ein und dasselbe. Selbst in dem Fall, dass Benedikt im Augenblick seines Rücktritts subjektiv einer falschen Lehre angehangen hätte, die eine solche Aufspaltung von *ministerium* und *munus* vornimmt, ließe sich das nicht beweisen. Es handelt sich also um eine bloße Mutmaßung.

Doch selbst wenn Benedikt zum Zeitpunkt seines Rücktritts diese fälschliche Zweiteilung des päpstlichen *ministerium* und *munus* vertreten hätte, würde das seinen Amtsverzicht nicht ungültig machen. Canon 188 bezieht sich zwar auf einen wesentlichen mentalen Irrtum, *dieser muss sich aber auf die tatsächliche Resignation als solche beziehen.* In Benedikts Rücktrittserklärung kann man lesen, dass er eindeutig auf das *ministerium* verzichtet hat – und in der katholischen Theologie sind das petrinische *minsterium* und das *munus* ein und dasselbe Amt. Benedikt mag es anders verstanden haben, schriftlich vorgelegt hat er jedoch einen objektiv gültigen Verzicht auf das Papstamt. In seiner sachlich formulierten Rücktrittserklärung findet sich kein subjektiver Irrtum:

Im Bewusstsein des Ernstes dieses Aktes erkläre ich daher mit voller Freiheit, auf das Amt des Bischofs von Rom, des Nachfolgers Petri, das mir durch die Hand der Kardinäle am 19. April 2005 anvertraut wurde, zu verzichten, so dass ab dem 28. Februar 2013, um 20 Uhr, der Bischofssitz von Rom, der Stuhl des heiligen Petrus, vakant sein wird und von denen, in deren Zuständigkeit es fällt, das Konklave zur Wahl des neuen Papstes zusammengerufen werden muss.

Damit verzichtet Benedikt auf das Amt »des Bischofs von Rom, des Nachfolgers Petri, das [ihm] durch die Hand der Kardinäle« am Tag seiner Wahl »anvertraut wurde«. Er sagt genau, um was es ihm geht; nämlich das Amt, das er am 19. April 2005 empfangen hatte. Er erklärt ausdrücklich, dass »der Bischofssitz von Rom, der Stuhl des heiligen Petrus, vakant sein wird«. Hätte er sich selbst noch in irgendeiner Weise für den Papst gehalten, wäre der Stuhl des heiligen Petrus nicht vakant, sondern besetzt. Benedikt verwendet in seiner Rücktrittserklärung die Begriffe *munus* zweimal und *ministerium* dreimal. In dem Dokument wird offensichtlich, dass sich diese Worte auf ein und dieselbe Sache beziehen – das Amt, das er am Tag seiner Wahl zum Papst annahm. Die Rücktrittsthese ist objektiv nicht mit dem Text der Rücktrittserklärung in Einklang zu bringen.[248]

Die Rücktritthypothese führt außerdem zu zwei weiteren kirchlichen Problemen, die sich nicht lösen lassen. Zum einen hat Papst Franziskus das Kardinalskollegium durch seine eigenen Ernennungen aufgestockt. Wie soll nach dem Tod von Benedikt und Franziskus ein gültiges Konklave zustande kommen, das einen neuen Papst wählt, wenn eine Mehrheit der Kardinalsernennungen ungültig wäre, weil Franziskus sie als Gegenpapst vorgenommen hätte? Alle Ernennungen, die Papst Franziskus vorgenommen hat, wären im Falle der Richtigkeit der Rücktrittshypothese ungültig. Ein Konklave unter Beteiligung ungültig kreierter Kardinäle wäre ungültig.

Zum anderen sind Katholiken verpflichtet, nur solche Messen zu besuchen, die in Einheit mit dem wahren Papst und dem Ortsbischof gelesen werden. Jede Messe, in der die Anerkennung des wahren Papstes und des Ortsbischofs nicht zum Ausdruck gebracht wird, ist faktisch schismatisch. Die – falsche – Rücktrittsthese würde es Katholiken zur Gewissenspflicht machen, Messen zu besuchen, in denen entweder Franziskus keine Erwähnung findet oder in denen eben Benedikt genannt wird. Da dies praktisch unmöglich ist, wären Katholiken zur Teilnahme an einer Messe in Einheit mit einem Gegenpapst gezwungen, was mit der katholischen Frömmigkeit und Tradition gänzlich unvereinbar ist. Papst Benedikt hat deutlich und gültig seinen Rücktritt erklärt. Ohne einen Beweis dafür, dass er unter Zwang zum Rücktritt bewegt wurde, müssen wir mit allen Kardinälen zu dem Schluss kommen, dass Benedikt schlichtweg nicht mehr Papst ist.

Anerkennen und widerstehen

Die Position des »Anerkennens und Widerstehens«[249] wurde in den 1960er Jahren bei Kardinal Ottaviani und Erzbischof Lefebvre erkennbar. Sie und andere erkannten den damaligen Papst und die Bischöfe als rechtmäßige Amtsinhaber an. Zugleich erkannten sie und andere gewisse Irrtümer, derer sich manche Amtsträger schuldig gemacht hatten. Da seit 1950 kein Papst von seinem außerordentlichen Lehramt Gebrauch gemacht hat, indem dem er *ex cathedra* etwas Unfehlbares erklärte, kann man sich als Katholik treuen Glaubens und guten Gewissens Irrtümern widersetzen, die ein Papst auf Twitter, in einem Flugzeug oder sogar in einem päpstlichen Schreiben äußert.[250]

Die genannte Position gilt ebenso hinsichtlich des Zweiten Vatikanums. Wie bereits erklärt, stellte Papst Paul VI. beim Abschluss des Zweiten Vatikanums in Bezug auf das Konzil ausdrücklich fest: »Das kirchliche Lehramt beabsichtigte nicht, eine außerordentliche dogmatische Erklärung abzugeben.«[251] Monate später lehrte Paul VI.: »In Anbetracht des pastoralen Charakters, hat es das Konzil vermieden in außergewöhnlicher Form ein Dogma zu verkünden, das das Zeichen der Unfehlbarkeit in sich trägt.«[252] Weil das Zweite Vatikanum also weder den Charakter der Unfehlbarkeit für sich beanspruchte, noch Ausdruck des außerordentlichen Lehramtes war, kann man es als Katholik geltend machen, dass das Konzil möglicherweise Irrtümer geäußert hat.[253]

Der Begriff des Widerstehens leitet sich vom heiligen Paulus in seinem Brief an die Galater her: »*Cum autem venisset Cephas Antiochiam, in faciem ei restiti, quia reprehensibilis erat.*« (Gal 2,11) [Als aber Kephas nach Antiochia gekommen war, widerstand (*restiti*) ich ihm in's Angesicht, weil er tadelnswert war.] An dieser Stelle anerkennt der Heilige Paulus die Autorität des Kephas (Heiligen Petrus) als diejenige eines gültigen und wahren Papstes, widersteht ihm aber im Sinne der Verteidigung des Evangeliums.

Die Position des »Anerkennens und Widerstehens« kennt verschiedene Grade. Es gibt konservative Diözesanbischöfe, die die Novus-Ordo-Messe zelebrieren und hin und wieder das Zweite Vatikanum loben, sich aber gleichzeitig bestimmten Aussagen und Handlungen des Papstes irgendwie widersetzen. Kirchliche Würdenträger wie die Kardinäle Burke,

Sarah und Brandmüller sowie Bischof Schneider vertreten aus Ehrfurcht vor dem Papst und dem Stuhl Petri diesen gemäßigten Kurs des »Anerkennens und Widerstehens«.

Eine wohl etwas strengere Richtung vertreten vermutlich die traditionellen Priester und Laien, die sich der genannten Position anschließen, indem sie die lateinische Messe von 1962 in Pfarren ihrer Diözese zelebrieren oder besuchen oder auch in Pfarren, die von der Priesterbruderschaft St. Petrus, dem Institut Christus König oder einer anderen kanonisch anerkannten Institution betreut werden. In diesen Kreisen werden mitunter Schwierigkeiten mit bestimmten Aussagen und Dokumenten des Zweiten Vatikanischen Konzils und den auf das Konzil folgenden päpstlichen Stellungnahmen erörtert. Diese Kreise unterstützen für gewöhnlich begeistert das Zeugnis von Männern wie Kardinal Burke und Weihbischof Schneider und suchen die Zusammenarbeit mit ihnen. Erzbischof Lefebvre, der seine Denkrichtung nach dem Zweiten Vatikanum zu einer weltweiten Bewegung ausgebaut hat, ist als schärfster Kritiker im Sinne des »Anerkennens und Widerstehens« hervorgetreten. Lefebvre widersetzte sich in schroffer Form bestimmten Entwicklungen, auch entgegen päpstlicher Missbilligung, ja sogar entgegen der Exkommunikation – die Gültigkeit seiner Exkommunikation hat er unter Berufung auf kirchenrechtliche Gründe bis zum Tag seines Todes bestritten. Papst Benedikt XVI. hat viel getan, um das Erbe Lefebvres zu rehabilitieren und seine Priesterbruderschaft St. Pius X. anzuerkennen. Dies blieb jedoch ohne Erfolg. Viele waren überrascht, als Papst Franziskus der Piusbruderschaft Privilegien und Vollmachten zugestand, damit sie einmal kirchenrechtlich vollständig anerkannt werden könnte. Diese Zugeständnisse gingen weit über die Bemühungen Papst Benedikts hinaus.

Ich verfolge jeden dieser Standpunkte mit Wohlwollen und in der festen Überzeugung, dass die letztgenannte Position des »Anerkennens und Widerstehens« die einzige Lösung ist, die mit der Schrift, der Tradition und unserer gegenwärtigen Krise in Einklang zu bringen ist. Die katholische Kirche ist von Kopf bis Fuß infiltriert. Wir haben einen gültigen Papst und gültig ernannte Bischöfe. Aber wir haben vom hl. Athanasius und von der hl. Katharina von Siena das Beispiel erhalten, bestimmte geistliche Würdenträger respektvoll und ehrfürchtig zu Christus und dem unverfälschten apostolischen Glauben zurückzurufen.

33. Spirituelle Waffen gegen dämonische Feinde

Das Festhalten am ehrfurchtsvollen »Anerkennen und Widerstehen« genügt nicht – denn das ist die Diagnose, aber nicht die Medizin. Unsere Berufung ist der geistige Kampf und die Wiedererrichtung dessen, was zerstört wurde. Der heilige Papst Pius X. stellte fest: »Die größte Stärke des Bösen liegt heute mehr denn je in der Feigheit und Schwäche der Guten.«[254] Die guten Menschen müssen Feigheit und Schwäche abwerfen und kampfbereit unter dem Banner Christi stehen. Erinnern wir uns an den Bericht im Buch Nehemias (Zweites Buch Esdras), als die Krieger Waffen trugen, während sie die Stadt errichteten.

Es begab sich aber, als unsere Feinde hörten, dass es uns kund geworden war, vereitelte Gott ihren Anschlag. Und wir gingen alle wieder zur Mauer zurück, ein jeder an seine Arbeit. Von jenem Tage an geschah es, dass der eine Teil der Jünglinge arbeitete, der andere zum Kampfe gerüstet dastand mit Speeren und Schilden und Bogen und Panzern, und die Obersten standen hinter ihnen im ganzen Hause Juda. Sie mochten an der Mauer bauen oder Lasten tragen und aufladen, mit einer Hand verrichteten sie die Arbeit und mit der andern hielten sie das Schwert; denn ein jeder von den Bauleuten war mit seinem Schwerte an den Lenden umgürtet. Und sie bauten, während man neben mir in die Posaune stieß. Da sprach ich zu den Vornehmen und zu den Vorstehern und zu dem Volke: Die Arbeit ist groß und ausgedehnt und wir sind auf der Mauer verteilt, einer von den andern weit entfernt; an welchem Orte immer ihr also den Schall der Posaune hört, dorthin eilet, euch mit uns zu vereinigen. Unser Gott wird für uns kämpfen.

(Neh 4,15–20)

Unsere Hauptfeinde sind nicht Freimaurer, Kommunisten, Modernisten, Küng, Schillebeeckx oder die St. Gallen-Mafia. Unsere Feinde sind der Teufel und all die bösen Geister, die niemals sterben werden. Genau wie im Buch Nehemias, »als unsere Feinde hörten, dass es uns kund geworden war« – wenn unserem Feind klar wird, dass wir seinen Angriffsplan kennen – werden wir uns selbst beschützen müssen. Papst Franziskus mag sagen »Das Aufrichten von Mauern ist unchristlich« – im Buch Nehemias lesen wir aber etwas anderes. Was die Stadt Gottes braucht, ist eine Mauer, denn wir werden jeden Tag angegriffen.

... der eine Teil der Jünglinge arbeitete, der andere zum Kampfe gerüstet dastand mit Speeren und Schilden und Bogen und Panzern ...

Die Diener Gottes – unsere Bischöfe und Priester – errichten (auf der Grundlage des Vermächtnisses Christi) diesen unsichtbaren Verteidigungswall, Stein um Stein durch das Brevier, das heilige Messopfer, durch Predigten und die Sakramente. Die Laien müssen für deren Schutz sorgen, damit sie ihre Aufgabe erfüllen können, dies tun wir, indem wir die demütigen Waffen zum geistigen Kampf ergreifen: den

Rosenkranz, das Skapulier, das Gebet, das Fasten, die Abstinenz, die Novenen, das Almosen, Advent und die Fastenzeit, die Quatembertage, die Vigilien, die Herz-Jesu-Freitage, die Herz-Mariä-Sühnesamstage, Keuschheit, Sittsamkeit, die regelmäßige Katechese für die Kinder und das gründliche Studium der Lehren unseres katholischen Glaubens. Ebenso müssen wir die unverfälschte katholische Lehre, nachdem wir sie gründlich kennengelernt haben, als Waffe gebrauchen, und vor möglichen Häresien und Schismen, die auch unsere Reihen gefährden könnten, auf der Hut sein. Der hl. Franz von Sales erklärte einst:

Ich nenne hier vor allem die offenkundigen Feinde Gottes und seiner Kirche; sie muss man offen anprangern, soviel man nur kann. Es ist ein Liebesdienst, laut vor dem Wolf zu warnen, wenn er in die Schafherde einbricht oder sie umschleicht.[255]

... denn ein jeder von den Bauleuten war mit seinem Schwerte an den Lenden umgürtet.

Es war der Rosenkranz, damals bekannt als marianischer Psalter, bestehend aus 150 Ave Maria, den die Gottesmutter dem hl. Dominikus überreichte. Zusammen mit dem heiligen Messopfer ist er unsere stärkste Waffe gegen die »Bosheit und Nachstellungen des Teufels«. Als Papst Leo XIII. sah, wie sich die Dämonen über Rom sammelten, errichtete er keine neuen Kongregationen und ergriff keine neuen politischen Maßnahmen. Er führte weitere Gebete ein, die sich an die Gottesmutter und den hl. Erzengel Michael, den Führer der himmlischen Heerscharen, richten. Dämonen haben für politisches Kalkül nur ein müdes Lächeln übrig – aber sie erzittern im Angesicht der Gottesmutter und des hl. Erzengels Michael.

Am Ende des Buches Nehemias findet sich die Klage: »Die Arbeit ist groß und ausgedehnt und wir sind [...], einer von den andern weit entfernt; [...].« Mit unserer Teilhabe am Aufbau und Schutz der katholischen Kirche verhält es sich genauso, das Buch Nehemias gibt darauf aber eine Antwort: »[...] an welchem Orte immer ihr also den Schall der Posaune hört, dorthin eilet, euch mit uns zu vereinigen.« Es ist nicht unser Kampf. Der »Posaunenschall« besteht im leisen Erklingen des Glöckchens beim Sanctus der hl. Messe. In diesem stillen Moment versammeln wir uns um unseren Herrn Jesus Christus, der nun auf den Altar herniedersteigt und dann in den heiligen und ehrwürdigen Händen des Priesters gegenwärtig ist. Obwohl wir weit verstreut sind, werden wir in dieser kostbaren und unbefleckten Opfergabe zusammengerufen, um zu kämpfen und Frieden zu finden.

Hl. Josef, Schrecken der Dämonen und Schutzpatron der katholischen Kirche, bete für uns.

Dieses Buch ist Christus durch Maria *ad majorem Dei gloriam* geweiht.

Sollte Ihnen dieses Buch eine Hilfe gewesen sein, teilen Sie es mit Familie und Freunden und besprechen Sie es.

Bitte beten Sie ein Ave Maria für den Verfasser dieses Buches.

Anmerkungen

1   Enarrationes in psalmos, zit. nach: Heilmann, A./Kraft H.: *Texte der Kir-chenväter*, Band 4, München 1954, S. 19f. [Fehlende Stellen wurden vom Übersetzer ergänzt.]

2   Anm. d. Übers.: Hier sind natürlich die notwendigen theologischen Unterscheidungen zu beachten: z. B. kann ein Papst niemals als Papst – *in seiner Eigenschaft als oberster, unfehlbarer Lehrer aller Gläubigen* – die »Marionette einer satanischen Revolution« sein – denn das würde bedeuten, dass die Kirche Christi durch die Autorität Christi selbst zerstört werden könnte, was eine mit der Lehre der Kirche gänzlich unvereinbare und im übrigen gotteslästerliche These wäre. Die scholastische Theologie unterscheidet zwischen dem Papst als Lehrer der Kirche und als Privatlehrer (doctor privatus). Als Privatlehrer – im theologischen und kanonistischen Sinne – würde sich ein Papst z. B. dann äußern, wenn er als Theologe ein Buch schreibt, sich ohne Inanspruchnahme seiner amtlichen Autorität in einer Rede an weltliche Gremien wendet oder ein Interview gibt. Ähnlich ist auch im weiteren Verlauf des Buches, wenn von der Kirche die Rede ist, ständig zu unterscheiden zwischen der Kirche als göttlicher Institution und unwürdigen, mit ihr innerlich – oder auch äußerlich erkennbar – zerfallenen Amtsträgern usw.

3   Anm. d. Übers.: Das ist selbstverständlich eine in hohem Maße *analoge* Redeweise. Die Macht des Papstes, die ihm von Christus verliehene Schlüsselgewalt zu binden und zu lösen, ist von grundsätzlich anderer Art als die Macht Satans.

4 »Ihr habt den Teufel zum Vater, und wollet nach den Gelüsten eures Vaters tun. Dieser war ein Menschenmörder von Anbeginn, und ist in der Wahrheit nicht bestanden; denn Wahrheit ist nicht in ihm. Wenn er Lüge redet, so redet er aus dem, was ihm eigen ist, weil er ein Lügner ist und Vater der Lüge.« (Joh 8,44).

5 Anm. d. Übers.: Der französische Originaltitel lautet *Histoire religieuse, politique et littéraire de la Compagnie de Jésus.*

6 Anm. d. Übers.: Die Rose im Kreuz ist ein Symbol Luthers. Man findet es auf vielen protestantischen Kirchen und Druckwerken.

7 Übersetzung aller Textstellen aus Pachtler, Georg Michael: *Der stille Krieg gegen Thron und Altar. Oder Das Negative der Freimaurerei. Nach Dokumenten,* Amberg 1876, S. 83f; 87; 91f; 94f. [Sprachlich behutsam angepasst.]

8 Leicht abgewandelt aus: Utz, Arthur/Galen, Brigitta Gräfin von (Hrsg.): *Die katholische Sozialdoktrin in ihrer geschichtlichen Entfaltung. Eine Sammlung päpstlicher (sozialer) Dokumente vom 15. Jahrhundert bis in die Gegenwart. Originaltext mit Übersetzung,* Aachen 1976, II, S. 137–159.

9 Anm. d. Übers.: Hier sei auf den Unterschied zwischen dem Papst als Amtsperson und Privatlehrer einerseits, sowie auf den Unterschied zwischen Lehre und praktischer Politik andererseits verwiesen.

10 Anm. d. Übers.: Zur richtigen Einordnung dieser Bemerkungen des Verfassers: Papst Pius VI. verurteilte im Jahre 1794 in der Apostolischen Konstitution *Auctorem fidei* die Auffassung, die Kirche könne Gesetze erlassen, die »gefährlich und schädlich« sind, als »falsch, verwegen, Ärgernis erregend, verderblich, für fromme Ohren anstößig, gegenüber der Kirche und dem Geist Gottes, durch den sie regiert wird, beleidigend« (vgl. DH 2678). Somit können – gemäß der Lehre der Kirche – die Canones des Kirchenrechts als solche niemals »Raum für Missstände schaffen«. Wohl aber können aufgrund bestimmter äußerer Umstände, die in sich nicht in der kirchlichen Rechtsetzung begründet sind, Missstände entstehen. Hier wäre etwa mangelnde Rechtspflege zu nennen. – Beim (nicht

unfehlbaren und nur) authentischen Lehramt ist ein »Raum für Missstände« (z. B. durch Zweideutigkeit) zwar nicht absolut ausgeschlossen, aber für fast keinen einzigen historischen Fall strikt nachgewiesen und darf auch gegenwärtig bis zum zwingenden Beweis des Gegenteils keineswegs angenommen werden. Es sei in diesem Zusammenhang auch an die von Papst Benedikt XVI. eingeforderte »Hermeneutik der Kontinuität« erinnert.

11   Anm. d. Übers.: Die deutsche Übersetzung dieses Titels lautet *Die Erscheinung der allerheiligsten Jungfrau auf dem Berg von La Salette*. Dieses Buch wurde mit einer nahezu vollständigen wörtlichen Wiedergabe der Botschaft von La Salette durch Kanonikus August Rohling unter dem Titel *Die grosse Neuigkeit oder das Geheimnis von la Salette* ins Deutsche übertragen und mit Erläuterungen versehen. Soweit möglich, wurde im Folgenden aus diesem Buch zitiert.

12   1999 entdeckte Abbé Michel Corteville das von Mélanie selbst verfasste Originalmanuskript aus dem Jahre 1851. Die Version des Jahres 1851 stimmt im Wesentlichen mit der von ihr veröffentlichten Version von 1879 überein, nicht enthalten sind jedoch die Sätze »Rom wird den Glauben verlieren und der Sitz des Antichrist werden.« und »Die Kirche wird verdunkelt, die Welt wird in Bestürzung sein.«. Im Jahr 2000 verteidigte Abbé Michel Corteville seine Doktorarbeit unter dem Titel *Entdeckung des Geheimnisses von La Salette* im Angelicum.

13   Combe, Gilbert-Joseph-Émile: *Le secret de Mélanie, Bergère de la Salette, et la crise actuelle*, Rom 1906, S. 29. [Ins Deutsche übertragen.]

14   Höcht, Johannes Maria: *Die Große Botschaft von La Salette*, herausgegeben, bearbeitet und erweitert von Arnold Guillet, Stein am Rhein 2004, S. 155.

15   Zola, Salvatore Luigi: *Die grosse Neuigkeit oder das Geheimnis von la Salette*, übersetzt und erläutert von Kanonikus August Rohling, Ilgau 1895, S. 11.

16   Ebd., S. 12.

17   Ebd., S. 17.

18   Ebd., S. 29f.

19   Am 9. Mai 1923 setzte das Heilige Offizium unter Papst Benedikt XV. einen
     Nachdruck der Fassung von 1879 auf den Index der verbotenen Bücher.

20   Manning, Heinrich Eduard: *Der Antichrist oder die gegenwärtige Krise
     des heiligen Stuhls, im Lichte der Weissagung betrachtet. Vier Vorträge*,
     Regensburg 1861, S. 109. [Sprachlich behutsam angepasst.]

21   Tertullian: *Apologeticum*, S. 50.

22   Anm. d. Übers.: Eine *wirkliche* Zerstörung der katholischen Kirche – die
     der Mystische Leib Christi ist – ist natürlich niemals möglich, aber auch
     keine *wirkliche* Kompromittierung. Wohl kann aufgrund der Untreue
     mancher Hirten der Kirche der *sehr äußerliche Schein* einer »Kompromit-
     tierung« eintreten. Mehr können die Kirchenfeinde nicht erreichen, denn
     die Kirche ist, wie es der Völkerapostel sagt, »eine Säule und Grundfeste
     der Wahrheit«. (1 Tim 3, 15)

23   Dieses Gebet aus dem Jahr 1859 wurde aus vier Orationen zusammenge-
     stellt, die der *Missa B. Mariae Virginis*, der *Missa pro remission pec-
     catorum*, der *Missa pro pace* und *Missa pro inimicis* entnommen waren.

24   Utz, Arthur/Galen, Brigitta Gräfin von (Hrsg.): *Die katholische Sozial-
     doktrin in ihrer geschichtlichen Entfaltung*, Aachen 1976, I, 1-33. [Leicht
     abgewandelt, Hervorhebungen des Autors.]

25   Utz, Arthur/Galen, Brigitta Gräfin von (Hrsg.): *Die katholische Sozial-
     doktrin in ihrer geschichtlichen Entfaltung*, Aachen 1976, II 280-291,
     Band 3, S. 358-377. [Hervorhebung des Autors.]

26   *Custodi di quella fede*, Enzyklika Papst Leos XIII. vom 8. Dezember 1892
     über die Freimaurerei.

27   Anm. d. Übers.: Dieses Gebet ist bis zum heutigen Tage nach Stillen
     Messen, die gemäß dem überlieferten *Missale Romanum* gefeiert werden,
     zu verrichten.

28 Sáncte Míchael Archángele, defénde nos in proélio, cóntra nequítiam et insídias diáboli ésto præsídium. Ímperet ílli Déus, súpplices deprecámur: tuque, prínceps milítiæ cæléstis, Sátanam aliósque spíritus malígnos, qui ad perditiónem animárum pervagántur in múndo, divína virtúte, in inférnum detrúde. Ámen.

29 Huber, Eduard Josef: *Weiche Satan! Eine aufsehenerregende Teufelaustreibung in Nordamerika*, St. Andrä-Wördern 2016, S. 26.

30 Pechenino, Domenico: *La Settimana del Clero*, 30. März 1947, zitiert nach: *Notae Practicae de Precibus post Missam imperatis*, in: Ephemerides Liturgicae 69, 1955, S. 58f.

31 Symonds, Kevin: *Pope Leo XIII and the Prayer to St. Michael: An Historical and Theological Examination*, Boonville 2018, S. 46. [Ins Deutsche übertragen.]

32 Emmerich, Anna Katharina: *Das bittere Leiden unseres Herrn Jesu Christi: nach den Betrachtungen der gottseligen Anna Katharina Emmerich, Augustinerin des Klosters Agnetenberg zu Dülmen; nebst dem Lebensumriß dieser Begnadigten*, herausgegeben von Clemens Brentano, Stuttgart 1865, S. 365.

33 *Humanum genus*, 1884; *Dall'alto dell'Apostolico Seggio*, 1890; *Custodi di quella fede*, 1892 und *Inimica vis*, 1892.

34 Barret, David V.: *Ballot Sheets from 1903 Conclave to Be Sold at Auction*, in: Catholic Herald, 2. Juni 2014.

35 Anm. d. Übers.: Der Segen Urbi et Orbi wurde schon seit dem Raub des Kirchenstaates in dieser Form erteilt, also auch von Papst Leo XIII.

36 Papst Pius X. senkte das Unterscheidungsalter in seinem Dekret *Quam singulari*, 8. August 1910.

37 Papst Pius X.: Motu proprio *Tra le sollecitudini*, 22. November 1903, deutsche Übersetzung aus: Schmitt, Albert (Hrsg.): *Kirchenmusikalische Gesetzgebung. Die Erlasse Pius X. Pius XI. und Pius XII. über Liturgie und Kirchenmusik*, Regensburg 1956, S. 7f.

38   Ebd., S. 15.

39   Anm. d. Übers.: Ex 3,22.

40   Arnold, Edward: *Autobiography and Life of George Tyrell: Life of George Tyrell from 1884 to 1909*, New York 1912, S. 185. [Ins Deutsche übertragen.]

41   Anm. d. Übers.: Der Verfasser scheint nicht zu berücksichtigen, dass die Jesuiten im Allgemeinen und ihre Theologen im Besonderen sich durch ihre vorbildliche Treue zum kirchlichen Lehramt auszeichneten. Man denke z. B. für diese Epoche an die großen Theologen Giovanni Perrone, Johann Baptist Franzelin, Wilhelm Wilmers, Joseph Kleutgen und Domenico Palmieri. Auf diesem Hintergrund nimmt es nicht wunder, dass die Thesen Tyrells gerade von den Jesuiten als ungeheuerlicher Skandal betrachtet wurden – und dass einige der wichtigsten und scharfsinnigsten Analysen bzw. Widerlegungen der Irrtümer des Modernismus von Jesuiten stammen, z. B. Louis Billot und Julius Beßmer.

42   Loisy, Alfred: *Mémoires pour servir à l'histoire religieuse de notre temps*, Paris 1930–1931, II, S. 397. [Ins Deutsche übertragen.]

43   Dieser Eid blieb bis zu seiner Abschaffung im Jahr 1967 durch Papst Paul VI. in Kraft.

44   Cornwell, John: *Pius XII. Der Papst, der geschwiegen hat*, aus dem Englischen übersetzt von Klaus Kochmann, München 1999, S. 59.

45   Anm. d. Übers.: Papst Pius X. schärfte lediglich neu ein, was das kanonische Recht selbstverständlich schon vorher verlangt hatte – und bis zum heutigen Tag verlangt die Kirche im Falle von Mischehen vom katholischen Teil, für die katholische Taufe und Erziehung aller Kinder alles in seinen Kräften Stehende zu tun, vgl. CIC Can. 1125, 1.

46   Papst Benedikt XV.: *Ad Petrum S. R. E. Card. Gasparri a secretis status sanctitatis suae, de pace a Iesu Christo, per intercessionem sanctissimae eius genitricis Mariae, crebris supplicationibus impetranda*, Brief an Pietro Kardinal Gasparri vom 5. Mai 1917, in: AAS 9 (1917), S. 266. [Ins Deutsche übertragen.]

47 Die Erscheinung dieses Wunderlichtes wird weiter unten im Kapitel über Papst Pius XII. beschrieben werden.

48 Anm. d. Übers.: Aus lauter Bußeifer hatten sich die Kinder einen rauen Strick um den Leib gebunden, den sie Tag und Nacht trugen.

49 Apostoli, Andrew: *Fatima for Today: The Urgent Marian Message of Hope*, San Francisco 2010, S. 131. [Ins Deutsche übertragen.]

50 Gonzaga da Fonseca, Luís: *Maria spricht zur Welt: Fàtimas Geheimnis und weltgeschichtliche Sendung*, Innsbruck 1943, S. 99-101.

51 Kertzer, David: *Der erste Stellvertreter: Papst Pius XI. und der geheime Pakt mit dem Faschismus*, aus dem Englischen übersetzt von Martin Richter, Darmstadt 2016, S. 34.

52 Ebd.

53 Anm. d. Übers.: Unter der Römischen Frage versteht man den Konflikt um den Status der Stadt Rom und des sie umgebenden Gebietes, das bis 1870 zum Kirchenstaat gehörte.

54 *Cardinal Ratti New Pope as Pius XI*, in: New York Times, 7. Februar 1922. [Ins Deutsche übertragen.]

55 Ebd.

56 Cattin, Paul/Conus, Humbert Thomas: *Heilslehre der Kirche. Dokumente von Pius IX. bis Pius XII.*, aus dem Französischen übersetzt von Anton Rohrbasser, Freiburg/Schweiz 1953, Nr. 56.

57 Anm. d. Übers.: Es erscheint als misslich, ausgerechnet Papst Pius XI. eine Unterminierung der Lehre vom Sozialen Königtum Christi zutrauen zu wollen.

58 *Indictam ante*, 30. Juni 1930, in: AAS 22 (1930), S. 301.

59 Sheen, Fulton J.: *Der Kommunismus und das Gewissen der westlichen Welt*, Berlin 1950, S. 12.

60 Bella V. Dodds Aussage vor dem »Komitee für unamerikanische Umtriebe« in Ohio, Washington, D.C. 1953, S. 1741–1777. [Ins Deutsche übertragen.]

61   *Alta Vendita*, S. 7.

62   Dodd, Bella: Vorlesung an der Fordham University 1953, Bandaufnahme.
     Bezugnahme auf die Vorlesung bei Trussell, C. P.: *Bella Dodd Asserts Reds
     Got Presidential Advisory Posts*, in: New York Times, 11. März 1953.

63   Manning Johnsons Aussage vor dem »Komitee für unamerikanische
     Umtriebe« im Bereich New York City, Washington, D.C., 1953, S. 2278.
     [Ins Deutsche übertragen.]

64   *Alice Von Hildebrand Sheds New Light on Fatima*, in: OnePeterFive,
     12. Mai 2016. [Ins Deutsche übertragen.]

65   Ebd., 1973 wurde ein Buch mit dem Titel *AA-1025* veröffentlicht, das
     die angeblichen Memoiren eines Kommunisten enthielt, der die Kirche
     infiltriert und viele der unseligen Veränderungen herbeigeführt hätte, die
     auf das Zweite Vatikanum folgten. Da auf dem Titelblatt angegeben war,
     es handle sich um eine »dramatisierte Darstellung«, stellten viele dessen
     Authentizität in Frage. Aus diesem Grund habe ich hier nicht auf Inhalte
     aus diesem Buch zurückgegriffen.

66   Anm. d. Übers.: Kardinal Frings scheidet wohl aus dem Kreis der Ver-
     dächtigen aus. Es ist bekannt, dass Kardinal Frings nach dem Zweiten
     Vatikanum schwere Bedenken hinsichtlich des von diesem Konzils zu er-
     wartenden »seelsorglichen Erfolges« hegte, und sich auch Vorwürfe über
     die Rolle machte, die er auf dem Konzil gespielt hatte – was ihm sein Bio-
     graph, Prälat Norbert Trippen, als »Skrupulosität« auszulegen scheint (vgl.
     Trippen, Norbert: *Josef Kardinal Frings*, Band 2, Paderborn 2005). Auch
     mit der Liturgiereform war Kardinal Frings nicht einverstanden. Seine
     Nichte Sigrid Sels berichtete dazu in einem Leserbrief: »Als die zweite
     Liturgiereform erfolgte, war er fassungslos und sagte uns: ›Das haben
     wir Konzilsväter nicht beschlossen, das ist gegen die Beschlüsse des
     Konzils.‹«, in: Deutsche Tagespost, 17. Januar 1995.

67   Compton, Piers: *The Broken Cross: The Hidden Hand in the Vatican*, Australien 1984, S. 61. [Ins Deutsche übertragen.]

68   Harrison, Brian: *A Response to Michael Davies' Article on Archbishop Bugnini*, in: AD2000.com, Juni 1989. [Ins Deutsche übertragen.]

69   Anm. d. Übers.: Ein dem Verlag bekannter Priester erhielt vor einigen Jahren einen weiteren Hinweis auf die Mitgliedschaft Bugninis in der Freimaurerei, und zwar von einem Herrn in Belgien, dessen Neffe, ein belgischer Priester, zur fraglichen Zeit für den Heiligen Stuhl tätig war: Letzterer Priester hat die Mitgliedschaft des Bugnini in der Freimaurerei, für die er eindeutige Beweise gesehen habe, bestätigt.

70   *Most Asked Questions about the Society of Saint Pius X.*, Kansas City 2001, S. 26.

71   Anm. d. Übers.: Alfons Maria Kardinal Stickler hat in einem Vortrag bei der *Internationalen Theologischen Sommerakademie* 1997 in Aigen/Mühlkreis darauf hingewiesen, dass Bugnini »nicht den für einen derartigen Dienst [Liturgiereform] zustehenden Kardinalspurpur erhielt, sondern sichtlich in Ungnade fiel.« (Tonbandmitschnitt des Vortrags).

72   Brosch, Joseph: *Pius XII: Lehrer der Wahrheit*, Trier 1968, S. 45.

73   Nach den Lateranverträgen von 1929 erhielten die Angehörigen der *nobiltà nera* die doppelte Staatsbürgerschaft Italiens und des Vatikanstaats. Papst Paul VI. hob Status und Ehrenrechte des Schwarzen Adels 1968 auf.

74   Dalin, David G./Bottum, Joseph: *The Pius War: Responses to the Critics of Pius XII*, Lanham 2010, S. 17.

75   Einige bezweifeln die Echtheit dieses Zitats, aber es findet sich in Roche, Georges/Saint-Germain, Philippe: *Pius XII Devant l'Histoire*, Paris 1972, S. 52f. [Ins Deutsche übertragen.]

76   Papst Pius XII.: *Sacro Vergente anno*, S. 9. [Hervorhebung des Autors.]

77   Velut, François-Marie: *The Whole Truth about Fatima*, III. Band: *The Third Secret*, Buffalo 1990, S. 710. [Ins Deutsche übertragen.]

78 Anm. d. Übers.: Vgl. Kapitel 7 für den gesamten Text des Geheimnisses von Fatima.

79 Anm. d. Übers.: Vor den Reformen Pius' XII. war die Karsamstagsliturgie *verpflichtend* am Morgen zu feiern.

80 Anm. d. Übers.: Zur Klarstellung sei angemerkt, dass die Weise der Erfüllung der Sonntagspflicht ausschließlich auf kirchlicher Gesetzgebung beruht. Zur aktuellen Rechtslage vgl. CIC Can. 1248, 1.

81 Anm. d. Übers.: Ergänzende und die Einschätzungen des Autors teils erheblich korrigierende Angaben zur Rolle Bugninis unter dem Pontifikat Pius' XII. finden sich in dem unlängst im Netz veröffentlichten Artikel von Symonds, Kevin: *New Evidence on the Freemasonic Membership of Annibale Bugnini*, in: Rorate Caeli, 6. Mai 2020.

82 Anm. d. Übers.: Am Verpflichtungscharakter des »Dies Irae« hat sich unter Pius XII. – und auch bis zum heutigen Tag für die überlieferte Form des *Missale Romanum* – nichts geändert. Das »Dies Irae« darf demnach bei gewöhnlichen Seelenmessen (4. Klasse) weggelassen werden, wie es schon seit Jahrhunderten bei gewöhnlichen Seelenmessen der Fall war.

83 Anm. d. Übers.: Kardinal Montini war tatsächlich nur von 1952 bis 1954 Pro-Staatssekretär und wurde anschließend zum Erzbischof von Mailand ernannt.

84 Anm. d. Übers.: Dies trifft für die weitverbreitete, modernistische (und daher mit der gesunden Lehre gänzlich unverträgliche) Interpretation des Zweiten Vatikanums selbstverständlich voll und ganz zu.

85 Doering, Bernard: *The Philosopher and the Provocateur: The Correspondence of Jacques Maritain and Saul Alinsky*, Notre Dame 1994, S. xxv. [Ins Deutsche übertragen.]

86 Anm. d. Übers.: Alinsky, Saul: *Rules for Radicals*, New York 1972, S. 4. [In die dt. Übersetzung wurde diese Widmung nicht übernommen.]

87 Doering: *The Philosopher and the Provocateur*, S. 110. [Ins Deutsche übertragen.]

88   Ders.: *Jacques Maritain and His Two Authentic Revolutionaries*, in: Tho-
      mistic Papers, Houston 1987, S. 96. [Ins Deutsche übertragen.]

89   Finks, David: *The Radical Vision of Saul Alinsky*, New York 1984, S. 115.
      [Ins Deutsche übertragen.]

90   Doering: *The Philosopher and the Provocateur*, S. 79. [In Deutsche über-
      tragen.]

91   Finks: a. a. O. [Ins Deutsche übertragen.]

92   Lehnert, Pascalina: *Ich durfte ihm dienen. Erinnerungen an Papst Pius XII.*,
      Würzburg 1986, S. 187.

93   Lehnert: *Ich durfte ihm dienen*, S. 191.

94   Williams, Paul L.: *The Vatican Exposed*, New York 2003, S. 90–92.

95   Alonso, Joaquin: *La Verdad sobre el Secreto de Fatima*, Madrid 1976,
      S. 46f. [Ins Deutsche übertragen.]

96   Laut Meldung *Confessor of John XXIII Dies* über den Tod des Beichtvaters
      Johannes' XXIII. in der New York Times vom 1. Mai 1970.

97   Velut, François-Marie: *Das dritte Geheimnis von Fatima*, in:
      Einsicht, 17. Jg. Nr. 1 (1986), S. 5.

98   Velut, François-Marie: *The Whole Truth about Fatima*, S. 710. [Ins Deut-
      sche übertragen.]

99   Die portugiesische Originalversion sowie das Faksimile der vier Seiten
      ist auf der vatikanischen Internetseite verfügbar. [http://www.vatican.
      va/roman_curia/congregations/cfaith/documents/rc_con_cfaith_
      doc_20000626_message-fatima_ge.html]

100   Velut, François-Marie: *The Whole Truth about Fatima*, S. 822f. [Ins Deut-
      sche übertragen.]

101   Audioaufnahme von Doran, Brian: *Malachi Martin: God's Messenger — In
      the Words of Those Who Knew Him Best*, 11. August 2000. [Ins Deutsche
      übertragen.]

102   Bischof Alberto Cosme do Amaral, damaliger Diözesanbischof des Bistums
      Leiria-Fátima, auf einer Pressekonferenz in Wien am 10. September 1984.

103   Velut, François-Marie: *The Whole Truth about Fatima*, S. 687.
[Ins Deutsche übertragen.]

104   Hickson, Maike: *Cardinal Oddi on Fatima's Third Secret, the Second Vatican Council, and Apostasy*, in: OnePeterFive, 28. November 2017.

105   *Alice Von Hildebrand Sheds New Light on Fatima*, in: OnePeterFive, 12. Mai 2016.

106   Aus der Eröffnungsansprache Johannes' XXIII. zum Zweiten Vatikanum am 11. Oktober 1962. [Hervorhebungen ergänzt.]

107   O'Malley S.J., John: *What Happened at Vatican II*, Cambridge 2000, Kindle edition, Position 455.

108   Garrigou-Lagrange O.P., Réginald: *La nouvelle théologie: où va-telle?*, in Angelicum 23 (1946), S. 126–145. Deutsche Übersetzung in Les Amis de St. François de Sales (Hrsg.): *Die »neue Theologie« oder »Sie glauben, gewonnen zu haben«*, Sitten 1995, S. 223–249.

109   Mattei, Roberto de: *Das Zweite Vatikanische Konzil. Eine bislang ungeschriebene Geschichte*, Stuttgart 2012, S. 241.

110   Anm. d. Übers.: Die Rolle Rahners beim Zweiten Vatikanum war, bezogen auf das Konzil als Ganzes, weitaus bescheidener, als es der Verfasser hier behauptet.

111   Anm. d. Übers.: Auch hier wird die Rolle Rahners ganz erheblich übertrieben.

112   Zweites Vatikanisches Konzil: *Dogmatische Konstitution über der Kirche Lumen gentium*, 21. November 1964, Nr. 8.

113   Anm. d. Übers.: Man vergleiche hierzu: Teuffenbach, Alexandra von: *Die Bedeutung des subsistit in*, München 2002. Diese Studie weist akribisch nach, dass die Formulierung »subsistit in«, die auf P. Sebastian Tromp SJ zurückgeht, keineswegs im Sinne der häretischen Auffassung zu verstehen ist, die Kirche Christi und die römisch-katholische Kirche seien nicht identisch.

114   Anm. d. Übers.: Vgl. letzte Fußnote.

115 So findet man es auch im III. Eucharistischen Hochgebet: »Erbarme dich (aller) unserer verstorbenen Brüder und Schwestern und aller, die in deiner Gnade aus dieser Welt geschieden sind. Nimm sie auf in deine Herrlichkeit.«

116 Anm. d. Übers.: Zu diesen und ähnlichen Bemerkungen des Verfasser vergleiche man folgenden Text des Zweiten Vatikanums [zitiert nach der deutschen Textversion, eigene Hervorhebungen in Kursivschrift]: »Der Grund dieser missionarischen Tätigkeit ergibt sich aus dem Plan Gottes, der ›will, daß alle Menschen heil werden‹ [Anm.: Im lateinischen Originaltext steht: »salvos fieri« – »gerettet werden«.] und zur Erkenntnis der Wahrheit gelangen. Denn es ist nur ein Gott und nur ein Mittler zwischen Gott und den Menschen, der Mensch Christus Jesus, der sich selbst als Lösegeld für alle hingegeben hat‹ (1 Tim 2,4–6), ›und in keinem andern ist Heil‹ (Apg 4,12). *So ist es nötig, daß sich alle zu ihm, der durch die Verkündigung der Kirche erkannt wird, bekehren sowie ihm und seinem Leib, der Kirche, durch die Taufe eingegliedert werden.* Christus selbst hat nämlich ›mit ausdrücklichen Worten die Notwendigkeit des Glaubens und der Taufe betont (...) und damit zugleich die Notwendigkeit der Kirche, in die die Menschen durch die Taufe wie durch eine Tür eintreten, bekräftigt. *Darum könnten jene Menschen nicht gerettet werden, die um die katholische Kirche und ihre von Gott durch Christus gestiftete Heilsnotwendigkeit wissen, in sie aber nicht eintreten oder in ihr nicht ausharren wollten‹ (...).* Wenngleich Gott Menschen, die das Evangelium ohne ihre Schuld nicht kennen, auf Wegen, die er weiß, zum Glauben führen kann, ohne den es unmöglich ist, ihm zu gefallen (...), *so liegt also doch auf der Kirche die Notwendigkeit (...) und zugleich das heilige Recht der Evangeliumsverkündigung. Deshalb behält heute und immer die missionarische Tätigkeit ihre ungeschmälerte Bedeutung und Notwendigkeit.«, aus:* Dekret über die Missionstätigkeit der Kirche *Ad gentes,* 7. Dezember 1965, S.7.

117 Rahner, Karl: *Foundations of Christian Faith: An Introduction to the Idea of Christianity*, übersetzt von William V. Dych, New York 1978, S. 264–277.

118 Ebd., S. 284.

119 Anm. d. Übers.: Der Verfasser hat sich letztere These offenbar – glücklicherweise – nicht in ganz bestimmter Form zu eigen gemacht, wie aus seinen Formulierungen im weiteren Verlauf erhellt. Die These, hier liege eine »Umdeutung« vor, ist tatsächlich aus mehreren Gründen, u.a. solchen ekklesiologischer Art, unhaltbar. Die überlieferte Lehre über die Religionsfreiheit trägt den Charakter der *Unfehlbarkeit* (vgl. die Schlusssätze der Enzyklika *Quanta cura* von Papst Pius IX.). Einem Konzil die »Umdeutung« einer unfehlbaren Lehre zuzuschreiben, ist mit der katholischen Ekklesiologie völlig unvereinbar. – Man vergleiche zu diesem Thema z.B. die ausgezeichneten Essays Brian Harrisons: *Dignitatis humanae – a non contradictory doctrinal development* und *John Courtney Murray – a reliable interpreter of Dignitatis humanae?.*

120 Anm. d. Übers.: *Der Katechimus der katholischen Kirche* äußert sich wie folgt (zitiert nach der deutschen Textversion, eigene Hervorhebungen kursiv): »Nr. 2105 Die Pflicht, Gott aufrichtig zu verehren, betrifft sowohl den einzelnen Menschen als auch die Gesellschaft. Dies ist ›die überlieferte katholische Lehre von der *moralischen Pflicht der Menschen und der Gesellschaften gegenüber der wahren Religion und der einzigen Kirche Christi*‹ *(Dignitatis humanae 1).*« und »Nr. 2108 Das Recht auf Religionsfreiheit bedeutet *weder die moralische Erlaubnis, einem Irrtum anzuhängen* (Vgl. Papst Leo XIII.: Enzyklika *Libertas praestantissimum), noch ein angebliches Recht auf Irrtum* (Vgl. Papst Pius XII.: *Ansprache vom 6. Dezember 1953)* [...]«.

121 Papst Pius XII. gibt diese Erzählung über den hl. Benedikt in seiner Enzyklika *Fulgens radiatur* wieder, 21. März 1947, Nr. 11.

122 Zweites Vatikanisches Konzil: *Erklärung Nostra aetate über das Verhältnis der Kirche zu den nichtchristlichen Religionen*, 28. Oktober 1965, Nr. 1.

123 Ebd., Nr. 2.

124 Anm. d. Übers.: Vgl. Riedmann, Alois: *Die Wahrheit des Christentums*, Freiburg 1949, Band 1, S. 123f.

125 Zweites Vatikanisches Konzil: *Nostra aetate*, Nr. 2.

126 Anm. d. Übers.: Vgl. Riedmann, Alois: *Die Wahrheit des Christentums*, Freiburg 1949, Band 1, S. 70, 98. Man beachte auch, dass *Nostra aetate* von »höchster Erleuchtung« im Buddhismus lediglich *in indirekter Rede* spricht (Konjunktiv: »[...] ad summam illuminationem pertingere valeant«, nicht: »pertingere valent«). M.a.W.: Der lateinische Originaltext gibt die Meinung, im Buddhismus sei »höchste Erleuchtung« möglich, lediglich wieder, ohne sie sich zu eigen zu machen. Die gängige deutsche Übersetzung ist offenkundig falsch.

127 Zweites Vatikanisches Konzil: *Nostra aetate*, Nr. 3.

128 Anm. d. Übers.: Zu diesem Thema hat sich P. Wilhem Wilmers SJ geäußert. – Es sei hervorgehoben, dass P. Wilmers nicht im Entferntesten des Indifferentismus oder Modernismus verdächtigt werden kann. Er war ein führender Theologe des Ersten Vatikanischen Konzils, sowie des Kölner Provinzialkonzils im Jahre 1860. – P. Wilmers schreibt in seinem *Lehrbuch der Religion*, Münster 1909, Band 1, S. 257 [eigene Hervorhebungen in Kursivschrift]: »Es kommen also gar viele, das ist mindestens wahrscheinlich, *außerhalb der Kirche zu einer unvollkommenen Kenntnis der Offenbarung*, die aber im Notfalle eben hinreicht, daß sie glauben, wie es notwendig ist, und selig werden. [...] *Für Häretiker, Juden, Mohammedaner* besteht hier keine sonderliche Schwierigkeit. Wenn sie in unverschuldeter Unwissenheit und in gutem Glauben bei ihrer falschen Religion bleiben, *so können sie auch dort zum Glauben an den einen wahren Gott und die Vergeltung im Jenseits gelangen, weil ja auch ihre Religion diese Wahrheiten und die Tatsache ihrer Offenbarung ausdrücklich verkündigt.*« – Auch sei verwiesen auf einen Aufsatz von P. Engelbert Recktenwald, der im Internet nachzulesen ist: *Glauben Christen und Muslime an denselben Gott?* [www.kath-info.de/monotheismus.html].

129   Anm. d. Übers.: Der Verfasser berücksichtigt nicht den Unterschied
zwischen dem Verhältnis der Kirche zu nichtchristlichen Religionen und
zu von der wahren Kirche getrennten Christen. Auf letztere bezieht sich
der Ökumenismus.

130   Italiener Originaltext: »Coraggio, coraggio, coraggio! perché la Chiesa è
già invasa dalla Massoneria, aggiungendo: La Massoneria è già arrivata
alle pantofole del Papa.«, aus: Adessa, Franco: *Chi è don Luigi Villa?*,
Oconomowoc 2011, S 6. [Ins Deutsche übertragen.] Pater Pio sagte dies in
Bezug auf Paul VI. gegen Ende 1963.

131   Papst Paul VI.: *Abschluss des II. Ökumenischen Vatikanischen Konzils:
Ansprache bei der letzten öffentlichen Sitzung*, 7. Dezember 1965.

132   Anm. d. Übers.: Zu dieser Aussage des Verfassers vergleiche man die
den Konzilsakten eingefügte Notifikation des Generalsekretärs des
Zweiten Vatikanischen Konzils, Erzbischof Pericle Felicis, vom 16. November 1964 [eigene Hervorhebungen in Kursivschrift]: »Unter Berück-
sichtigung des konziliaren Verfahrens und der pastoralen Zielsetzung
des gegenwärtigen Konzils definiert das Konzil nur das als für die
Kirche verbindliche Glaubens- und Sittenlehre, was es selbst deutlich
als solche erklärt. *Was aber das Konzil sonst vorlegt, müssen alle und
jeder der Christgläubigen als Lehre des obersten kirchlichen Lehramtes
annehmen und festhalten entsprechend der Absicht der Heiligen Synode
selbst, wie sie nach den Grundsätzen der theologischen Interpretation
aus dem behandelten Gegenstand oder aus der Aussageweise sich ergibt.*«
[Hier zitiert nach: https://www.stjosef.at/index.php?id=konzil__suche&-
doc=LG70&ui=ger&la=ger&lb=lataas]

133   Papst Paul VI.: *Generalaudienz*, 12. Januar 1966. [Ins Deutsche übertragen.]

134   Anm. d. Übers.: Silvio Kardinal Oddi bemerkte in einem Interview für
die Zeitschrift *Trenta Giorni* im Jahre 1990: »Es ist zwar gelungen, den
Buchstaben des Konzils zu retten, nicht aber seinen Geist, der den Neu-

erern ausgeliefert blieb.« [Zitiert nach: http://www.kaskoh.de/Der_Verrat_am_Konzil.pdf]

135   Lefebvre, Marcel: *Offener Brief an die ratlosen Katholiken*, Stuttgart 2012, S. 130.

136   Anm. d. Übers.: Die Interpretation des Zweiten Vatikanums in Übereinstimmung mit der unveränderlichen Lehre der Kirche ist für jeden rechtgläubigen Theologen eine Selbstverständlichkeit und hat überhaupt nichts mit der *Nouvelle Théologie* zu tun.

137   Papst Pius X.: *Tra le sollecitudini*, 22. November 1903, entnommen aus: Krieg, Franz: *Katholische Kirchenmusik. Geist und Praxis*, Teufen u.a. 1954, S. 185.

138   Papst Pius X.: *Inter plurimas pastoralis officii sollicitudines*, 22. November 1903, in: Acta Sanctae Sedis (1903-04), S. 388.

139   Anm. d. Übers.: Vgl. dazu und zu den folgenden Darlegungen des Verfassers: Stickler, Alfons Maria: *Erinnerungen und Erfahrungen eines Konzilsperitus der Liturgiekommission*, erschienen im Sammelband: Breid, Franz (Hrsg.): *Die heilige Liturgie*, Steyr 1997, S. 160–195.

140   Zweites Vatikanisches Konzil: Konstitution über die Heilige Liturgie *Sacrosanctum concilium*, 4. Dezember 1963, Nr. 50.

141   Anm. d. Übers.: Vgl. CIC, Can. 907:»Bei der Feier der Eucharistie ist es Diakonen und Laien nicht erlaubt, Gebete, besonders das eucharistische Hochgebet, vorzutragen oder Funktionen zu verrichten, die dem zelebrierenden Priester eigen sind.«.

142   Anm. d. Übers.: Der Kritik an der neueren liturgischen Gesetzgebung sind von der katholischen Ekklesiologie bestimmte Grenzen gesetzt, was hier – und auch an weiteren Stellen des Buches – vom Verfasser nicht hinreichend beachtet wurde. Vgl. dazu die grundsolide, ganz im Sinne der überkommenen Theologie argumentierende Studie von Bischof Fernando Areas Rifan: *Le magistère vivant de l'Eglise*, und dort vor allem: *Deuxième partie: Conséquences, applications*. [Die Studie ist im Internet einsehbar

unter: www.clerus.org/clerus/dati/2008-09/09-20/Monseigneur_Fernan-do_Areas_Rifan.html]

143   Anm. d. Übers.: Die Konzelebration wurde nicht einmal bei der viel wei-
       tergehenden Liturgiereform des Jahres 1969 zur »Regel«, und sie ist es bis
       heute nicht, weder de facto, noch de jure. Vgl. dazu CIC, Can. 902.

144   Roberto de Mattei, *Das Zweite Vatikanische Konzil. Eine bislang unge-
       schriebene Geschichte*, Stuttgart 2012, S. 255f.

145   Anm. d. Übers.: Nicht verschwiegen werden kann an dieser Stelle, was
       Kardinal Ottaviani später geäußert hat [eigene Übersetzung nach einer
       französischen Textversion, die Bischof Fernando Areas Rifan a.a.o. unter
       der Überschrift *L'opinion finale des cardinaux Ottaviani et Bacci* anführt.]
       Zur »Intervention« bemerkt der Kardinal: »Meinerseits bedauere ich
       nur, dass man meinen Namen in einem Sinne missbraucht hat, den ich
       nicht beabsichtigt habe, durch Veröffentlichung eines Briefes [Anm.:
       Kardinal Ottavianis Begleitschreiben zur «Intervention»], den ich an den
       Heiligen Vater gerichtet hatte, zu dessen Veröffentlichung ich niemand
       autorisiert habe.« Zum Missale Pauls VI. selbst äußerte sich Kardinal
       Ottaviani wie folgt: »Ich habe mich außerordentlich gefreut, als ich die
       Ansprache des Heiligen Vaters über die Fragen, die den neuen Meßordo
       betreffen, gelesen habe, und besonders über die in seinen Ansprachen
       vom 19. und 26. November vorgenommenen lehrmäßigen Präzisierungen.
       Danach kann niemand, wie ich meine, noch berechtigterweise Anstoß
       nehmen. Im Übrigen gilt es, eine kluge und intelligente Katechese ins
       Werk zu setzen, um einigen möglichen Unklarheiten zu begegnen, zu
       denen der Text [Anm.: des Missales Pauls VI.] Anlass geben kann.«

146   Geffroy, Christophe/Maxence, Philippe: *Enquête sur la messe traditionelle*,
       Montfort-l'Amaury 1988, S 21. [Ins Deutsche übertragen.]

147   Die gesamte Liste mit mehr als einhundert Unterzeichnern findet sich in
       Una Voce 7, 1971, S. 1–10.

148 Tolkien, Simon: *My Grandfather – JRR Tolkien*, in: The Mail On Sunday, 2003. [Ins Deutsche übertragen.]

149 Hildebrand, Dietrich von: *Case for the Latin Mass*, in: Triumph, Oktober 1966. [Ins Deutsche übertragen.]

150 Das sogenannte Agatha-Christie-Indult war eigentlich keine Beibehaltung des Missales von 1962, wie die Traditionalisten es pflegen, sondern jenes Missales aus dem Jahr 1965 mit Anpassungen, die 1967 vorgenommen worden:»Die Ausgabe des bei diesen Anlässen zu verwendenden Missales sollte diejenige sein, die durch Erlass der Heilige Ritenkongregation (27. Januar 1965) und mit den in der *Instructio altera* bezeichneten Anpassungen (4. Mai 1967), erneut herausgegeben wurde.«

151 Anm. d. Übers.: Die Tonsur und die Niederen Weihen werden glücklicherweise mittlerweile wieder an manchen Orten erteilt.

152 Egli, Iodoc: *Das heilige allgültige und allgemeine Concilium von Trient, das ist: dessen Beschlüsse und heilige Canones nebst den betreffenden päpstlichen Bullen*, Luzern 1832, S. 205–230.

153 Ebd.

154 Anm. d. Übers.: Das Anathem des Konzils von Trient hat diejenigen im Blick, die behaupten, dass es diese Weihen, die von der Kirche eingesetzt wurden,»nicht gibt«. Das Konzil sagt nicht, dass es unmöglich sei, diese Weihen – nachdem die kirchliche Autorität entsprechende Verfügungen getroffen hat – nicht mehr zu erteilen. Mittlerweile werden sie indes wieder, wie oben bereits gesagt, des Öfteren erteilt.

155 Anm. d. Übers.: Das gültige Sakrament der Eucharistie existiert in den diversen Sekten, die mit dem Sammelbegriff»Protestantismus« bezeichnet werden, nicht.

156 Papst Paul VI.: *Hl. Messe anläßlich des IX. Jahrestages der Papstkrönung Pauls VI.*, 29. Juni 1972. [Ins Deutsche übertragen.]

157 Jones, Kenneth C.: *Index of Leading Catholic Indicators: The Church Since Vatican II*, St. Louis 2003.

158   *Annuario Pontificio 2012*, S. 1908. [Ins Deutsche übertragen.]

159   *Vatican Bank Launches Website in Effort to Increase Transparency*, in: Catholic Herald, 1. August 2013.

160   Die Einzelheiten zu Sindonas Vorgehensweise in Bezug auf die Vatikan- bank sind dem Artikel *Sindona's World* aus dem New York Magazine vom 24. September 1979 entnommen. Demnach soll Montini Sindona bereits gekannt haben, als er noch nicht Erzbischof von Mailand war.

161   Ebd.

162   *Michele Sindona, Jailed Italian Financier, Dies of Cyanide Poisoning at 65*, in: New York Times, 23. März 1986.

163   Kongregation für die Glaubenslehre: *Persona humana*, 29. Dezember 1975.

164   Peyrefitte, Roger: *Mea culpa? Ma fatemi il santo piacere*, in: Tempo, 4. April 1976.

165   Torres, Jose: *Paul VI Denies He Is Homosexual As Charged in Magazine*, in: Observer Reporter, 5. April 1976, S. 27. [Ins Deutsche übertragen.]

166   Papst Paul VI.: *Ingravescentem aetatem*, 21. November 1970.

167   Allen Jr., John: *Debunking four myths about John Paul I, the »Smiling Pope«*, in: National Catholic Reporter, 2. November 2012.

168   Norwich, John Julius: *The Popes*, London 2011, S. 445.

169   Die eigentliche »Liste« erschien am 12. September 1978 im *Osservatorio Politica Internazionale Magazine*.

170   Alle hier wiedergegeben Details zum Tod Johannes Pauls I. stammen aus Yallops, David: *Im Namen Gottes?*, Reinbek bei Hamburg 2001.

171   Anm. d. Übers.: Eine ausführliche Gegendarstellung zu den Thesen Yellops liefert: Willi, Victor J.: *Im Namen des Teufels?*, Stein am Rhein 1987.

172   Anm. d. Übers.: Der Verfasser gibt in der englischen Ausgabe des Buches den Namen des Sergeanten mit »Roggan« an. Recherchen ergaben jedoch, dass es sich bei der besagten Person um Hans Roggen handeln muss, der nach eigenen Angaben unter den drei Päpsten Paul VI., Johannes Paul I. und Johannes Paul II. in der Päpstlichen Schweizergarde gedient hat.

173 Papst Johannes Paul II.: *Redemptor hominis*, 4. März 1979, Nr. 2.

174 *A Foreign Pope. A Polish Cardinal shatters a 456-year tradition*, in: Time Magazine, 30. Oktober 1978, S. 1.

175 Anm. d. Übers.: Schon für das Jahr 1962 stellt Joseph Ratzinger in seiner Autobiographie fest: »Bei der gemeinsamen Arbeit wurde mir klar, dass Rahner und ich trotz der Übereinstimmung in vielen Ergebnissen und Wünschen theologisch auf zwei verschiedenen Planeten lebten.«, Ratzinger, Joseph: *Aus meinem Leben*, München 1998, S. 82.

176 Anm. d. Übers.: Diese Bemerkung des Autors ist unzutreffend. Präfekt des Hl. Offiziums – jetzt »Kongregation für die Glaubenslehre« genannt – war jahrhundertelang niemand geringerer als der Papst selbst! Dies änderte sich erst 1965 mit dem Motu proprio Papst Pauls VI. *Integrae servandae*. Das Staatssekretariat erhielt seine jetzige beherrschende Stellung ebenfalls erst unter Papst Paul VI.

177 Anm. d. Übers.: Dieser Priester hatte zur Priesterbruderschaft St. Pius X. gehört, war aber aus dieser zum fraglichen Zeitpunkt ausgeschieden und gehörte damals zu den sog. Sedisvakantisten, d.h. einer häretischen und schismatischen Richtung, die den Stuhl Petri – seit dem Tode Papst Pius XII. oder einem späteren Zeitpunkt – für vakant hält.

178 Übersetzung aus dem Lateinischen nach Jone, Heribert: *Gesetzbuch des kanonischen Rechtes III: Prozeß- und Strafrecht (Kan. 1552–Kan. 2414)*, Paderborn 1940, S. 518.

179 Godoy, Emilio: *Pope Rewrites Epitaph for Legion of Christ Founder*, in: IPS News, 3. Mai 2010.

180 Anm. d. Übers.: Der Kodex trägt damit u.a. Rechnung und zieht Konsequenzen aus dem, was als Lehre bewährter Moraltheologen zu gelten hat. Vgl. z.B. Jone, Heribert: *Moraltheologie*, Paderborn 1949, S. 457; Kol, Alphonsus van: *Theologia Moralis*, Barcelona 1968, Band 2, S. 310 ff.

181 L'Osservatore Romano, 7./8. Mai 1984; Documentation Catholique (Nr. 1878), 15. Juli 1984, S. 619. [Ins Deutsche übertragen.]

182 L'Osservatore Romano, 12. Juni 1984; Documentation Catholique (Nr. 1878), 15. Juli 1984, S. 704. [Ins Deutsche übertragen.]

183 Suro, Roberto: *12 Faiths Join Pope to Pray for Peace*, in: New York Times, 28. Oktober 1986.

184 Papst Johannes Paul II.: *An die Vertreter der christlichen Kirchen, kirchlichen Gemeinschaften und Weltreligionen zum Gebetstag für den Frieden in Assisi*, 27. Oktober 1986.

185 Suro, Roberto: *12 Faiths Join Pope to Pray for Peace*, in: New York Times, 28. Oktober 1986. [Ins Deutsche übertragen.]

186 Tissier de Mallerais, Bernard: *Marcel Lefebvre. Eine Biographie*, aus dem Französischen übersetzt von Irmgard Haberstumpf et alii, Bobingen 2009, S. 570.

187 Ebd., S. 590f.

188 Ebd., S. 592.

189 Ebd., S. 594f.

190 Canon 1752 (1983): »Bei Versetzungssachen sind die Vorschriften des can. 1747 anzuwenden, unter Wahrung der kanonischen Billigkeit und das Heil der Seelen vor Augen, das in der Kirche immer das oberste Gesetz sein muß.«

191 Kardinal Bernardin Gantin für die Kongregation für die Bischöfe: *Feststellung und Bestätigung der Exkommunikation*, 1. Juli 1988.

192 Anm. d. Übers.: Die deutsche Ausgabe des nachkonziliaren *Katechismus der Katholischen Kirche* erschien im Jahr 1993. Erst 2005 erfolgte eine Neuübersetzung auf Grundlage der offiziellen lateinischen Ausgabe des *Catechismus Catholicae Ecclesiae*.

193 FIDES News Service, 14. Mai 1999. [Ins Deutsche übertragen.]

194 Weldon, Terence: *Cardinal Martini on Gay Partnerships*, in: Queering the Church, 29 März 2012. [Ins Deutsche übertragen.]

195 Martini, L'Addio a: *Chiesa indietro di 200 anni, L'ultima intervista: »Perché non si scuote, perché abbiamo paura?«*, in: Corriere della Sera, 1. September 2012. [Ins Deutsche übertragen.]

196   Papst Johannes Paul II.: Apostolisches Schreiben *Ordinatio sacerdotalis*, 22 Mai 1994.

197   Die transkribierte Niederschrift des Gespräches zwischen Danneels und dem jungen Mann kann nachgelesen werden: *Belgium Cardinal Tried to Keep Abuse Victim Quiet*, in: National Catholic Reporter, 30. August 2010.

198   Danneels Biographen sind Karim Schelkens und Jürgen Mettepenningen. Ihre Äußerungen mit Anmerkungen von Walter Pauli finden sich in: *Godfried Danneels a oeuvré pendant des années à l'élection du pape François*, in: Le Vif, 23. September 2015.

199   *Cardinal Danneels Admits to Being Part of ›Mafia‹ Club Opposed to Benedict XVI*, in: National Catholic Register, 24. September 2015.

200   Volkogonov, Dmitri: *Lenin: A New Biography*, New York 1994, S 229.

201   Anm. d. Übers.: Die deutsche Übersetzung würde »Orden des östlichen Tempels« lauten.

202   Crowley, Aleister: *Liber AL vel Legis*, I:40; Zagami, Leo Lyon: *Evidence of the Collaboration between the St. GallenMafia and the Ordo Templi Orientis*, 7. Dezember 2017.

203   Zagami: *Evidence oft the Collaboration.*

204   Aleister Crowleys System der Sexualmagie wird beschrieben bei Zagami: *Evidence of the Collaboration between the St. Gallen Mafia and the Ordo Templi Orientis.*

205   Anm. d. Übers.: Gemeint ist damit der Wirtschaftshof eines Klosters, hier des Klosters St. Gallen. Taylor Marshall unterstreicht an dieser Stelle den historischen Zusammenhang zwischen den Orten St. Gallen und Appenzell.

206   Zagami: *Evidence of the Collaboration.*

207   Crowley, Aleister: *Magical Diaries of Aleister Crowley*, York Beach 1979, S 241.

208   Conconi, Chuck: *The Man in the Red Hat: With a Controversial Catholic in the Presidential Race, the Cardinal Is Seen by Many as the Vatican's*

Man in Washington and He May Play a Big Role in the Selection of the Next Pope, in: Washingtonian, 1. Oktober 2004.

209 Anm. d. Übers.: Hiermit dürfte sinngemäß gemeint sein: »Der mit den größten Erfolgsaussichten, bester Sprecher [des Studentenrates], diplomatischster Kommilitone, und der, der am meisten gelernt hat.«

210 Conconi, Chuck: *The Man in the Red Hat.*

211 Ebd. McCarrick spricht fließend Spanisch, Englisch, Französisch und Italienisch.

212 Ebd.

213 Kennedy, Kerry: *Being Catholic Now: Prominent Americans Talk about Change in the Church and the Quest for Meaning*, New York 2008, S. 196.

214 Otto Edelmann scheint seine Firma um 1971 herum verkauft zu haben.

215 Aleister Crowleys Asche wurde in einer Urne neben einem Baum auf dem Grundstück von Crowleys Nachfolger »Kalif« Karl Germer in Hampton, New Jersey, bestattet. Theodore McMarrick war der erste Bischof von Metuchen, New Jersey.

216 Tornielli, Andrea: *Il diario segreto dell'ultimo conclave*, in: La Stampa, 27. Juli 2011.

217 Pizzey, Allen: *Benedict: I Prayed Not to Be Pope*, in: CBS News, 11. Februar 2009. [Ins Deutsche übertragen.]

218 Anm. d. Übers.: Papst Johannes XXIII. pflegte in diesen Punkten einen wesentlich »konservativeren« Stil als sein unmittelbarer Vorgänger, z.B. trug er regelmäßig den Camauro, den Papst Pius XII. nicht verwandt hat. Im Übrigen wäre hier zu differenzieren, so trug auch Papst Johannes Paul II. gelegentlich einen Saturno.

219 In der letzten Zeile der lateinischen Fassung heißt es: »*et eius ministri nullum ministerium legitime agere possunt.*« Einige Kritiker der Priesterbruderschaft haben das fälschlicherweise als »und ihre Amtsträger besitzen kein rechtmäßiges Amt« übersetzt. Das lateinische Wort *legitime* ist jedoch

ein Adverb, daher muss es heißen:»und ihre Amtsträger dürfen *rechtmäßig keine Ämter ausüben.*« Das bedeutet, dass die Piusbruderschaft immer noch nicht über einen legalen kanonischen Status verfügt und nicht, dass ihre Ämter im deutschen Sinne des Wortes ungültig oder unzulässig sind.

220 Allen Jr., John L.: *Vatican Denies Corruption Charges attributed to U.S. Nuncio,* in: National Catholic Reporter, 26. Januar 2012.

221 *Dichiarazione della Presidenza del Governatorato dello Stato della Città del Vaticano,* 4. Februar 2012. [Ins Deutsche übertragen.]

222 Day, Michael: *Vatileaks: Hunt is on to find Vatican Moles,* in: Independent, 28. Mai 2012.

223 *Pope Breaks Silence over Vatileaks Scandal,* in: Associated Press, 30. Mai 2012. [Ins Deutsche übertragen.]

224 Sanderson, Rachel: *The Scandal at the Vatican Bank: An 11-Month FT Investigation Reveals the Extent of Mismanagement at the €5bn-Asset Bank,* in: Financial Times, 6. Dezember 2013.

225 Allen Jr., John: *Path to the Papacy: Not Him, Not Him, Therefore Him,* in: National Catholic Reporter, 17. März 2013.

226 Vallely, Paul: *Pope Francis Puts People First and Dogma Second. Is This Really the New Face of Catholicism?,* in: The Independent, 31 Juli 2013. [Ins Deutsche übertragen.]

227 Yore, Elizabeth: *Was Predator Cardinal McCarrick a Key U.S. Lobbyist for Pope Francis' Election?,* in: LifeSite News, 27. June 2018.

228 Anm. d. Übers.: Vgl. hier insbesondere Lawler, Philip F.: *Der verlorene Hirte: Wie Papst Franziskus seine Herde in die Irre führt,* Bad Schmiedeberg 2018.

229 Papst Franziskus: *Nachsynodales Schreiben Amoris laetitia,* 19. März 2016, Nr. 297.

230 Anm. d. Übers.: Das *wäre* tatsächlich die logische Konsequenz, wenn der Papst hier nicht ausschließlich von menschlichem Urteil sprechen würde.

Die Verurteilung zur Höllenstrafe ist aber kein menschliches Urteil. Keinem Menschen steht es zu, jemand »auf ewig zu verurteilen«, denn die sakramentale Lossprechung von jeder Sünde ist möglich, sofern der Beichtende echte Reue und echten Vorsatz der Lebensbesserung mitbringt. Man vgl. dazu Ott, Ludwig: *Grundriß der katholischen Dogmatik*, Freiburg 1965, S. 503 f.: »Die kirchliche Sündenvergebungsgewalt erstreckt sich auf alle Sünden ohne Ausnahme. De fide. Die Versuche der Montanisten und Novatianer, den Umfang der kirchlichen Sündenvergebungsgewalt zu beschränken, wurden von der Kirche als Häresie zurückgewiesen.«

231 Papst Franziskus: *Nachsynodales Schreiben Amoris laetitia*, Nr. 301, 303, 305 sowie die Fußnoten 329 und 351.

232 In *Amoris laetitia* erklärt Papst Franziskus unter Nr. 303, dass eine sündhafte Handlung eine »großherzige Antwort ist, [...] die Gott selbst [...] fordert«. Dadurch wird der Eindruck vermittelt, Gott verlange nach einer objektiv sündhaften Handlung, die »objektiv nicht den generellen Anforderungen des Evangeliums entspricht.« Einige haben versucht diese Ausdrucksweise mit Blick auf Thomas von Aquins *Summa theologiae* (I^a-IIae q. 19 a. 5 arg. 2) zu rechtfertigen, wo es heißt: »Die irrende Vernunft aber stellt bisweilen etwas vor, was gegen das Gebot Gottes ist, der die höchste Macht besitzt; also verpflichtet sie nicht.«. In *Amoris laetitia*, Nr. 303 spricht Franziskus jedoch nicht vom Gewissen, das fälschlicherweise annimmt, dass »Gott etwas fordert«; Er spricht von etwas, dass »objektiv nicht den generellen Anforderungen des Evangeliums entspricht.« Mit Verweis auf den hl. Thomas von Aquin würde also ein Mann, der zwei Frauen heiratet, weil er fest davon überzeugt ist, dass dies einem Gebot Gottes entspräche, nicht schuldhaft handeln. Weiß er hingegen, dass Monogamie ein Gebot Gottes ist, und entscheidet er sich dennoch dafür zwei Frauen zu ehelichen, darf er sich nicht (wie Franziskus es andeutet) damit rechtfertigen, dass sein Handeln unter diesen Umständen die mögliche »großherzige Antwort« ist und behaup-

ten, dass »Gott selbst« [inmitten der konkreten Vielschichtigkeit der Begrenzungen] fordert, beide Frauen zu heiraten. [Anm. d. Übers.: *AL*, Nr. 303 redet nur von »vorläufiger großherziger Antwort« und »Hingabe«. Solche Ausdrücke bezeichnen aber mitnichten (eindeutig und unmittelbar) ehebrecherische Handlungen, sondern darunter können, ohne dem Text Gewalt anzutun, ganz andere Dinge verstanden werden, wie z.B. die Sorge für den Unterhalt, Pflege im Krankheitsfall, liebevolles Verhalten im Alltag usw. – Ganz allgemein kommt in der Kritik an *Amoris laetitia* sehr viel Unkenntnis der (traditionellen) Moraltheologie zum Vorschein. Jemand, der sich in einer objektiv (schwer) sündhaften Lebenssituation befindet, kann *tatsächlich* durch mancherlei Umstände subjektiv frei von (schwerer) Schuld sein. Ob dies tatsächlich der Fall ist, obliegt der Beurteilung eines Beichtvaters (selbstverständlich eines solchen, der über die für das Amt des Beichtvaters immer erforderlichen Qualitäten der Gelehrsamkeit, Frömmigkeit und Klugheit verfügt). Schuldausschließende oder schuldmindernde Faktoren bestehen z.B. in neurosebedingtem oder neurotisch verstärktem Zwang, physischem Zwang, Leidenschaft, physisch oder moralisch unüberwindbarer Unwissenheit (zu der man als Beichtvater in bestimmten Fällen schweigen darf), festgewurzelten Gewohnheiten – alles Faktoren, die in rechtgläubigen, vorkonziliaren Handbüchern der Moraltheologie als schuldausschließend oder schuldmindernd genannt werden. Vgl. auch den Text von *Amoris laetitia* selbst (Nr. 302). Und was für *jede* menschliche Handlung gilt, gilt selbstverständlich auch für Handlungen, die objektiv Verfehlungen gegen die eheliche Treue darstellen. M.a.W.: Minderung oder Ausschluss subjektiver Schuld ist auch bei ehelicher Untreue möglich. Die laxe und gänzlich unverantwortliche Anwendung dieses Prinzips durch bestimmte Kreise ändert an diesem Prinzip als solchem nichts. – Zur rechtgläubigen Interpretation von *Amoris laetetia* vgl. man die sehr empfehlenswerten Essays zweier gänzlich unverdächtiger Autoren: https://katholisches.info/2017/12/13/

amoris-laetitia-und-seine-verbindliche-auslegung-in-aas/ und www.

awollbold.de/amoris-laetitia-ist-nun-alles-klar]

233   »Der Pluralismus und die Verschiedenheit in Bezug auf Religion, Hautfar-
be, Geschlecht, Ethnie und Sprache entsprechen einem weisen göttlichen
Willen, mit dem Gott die Menschen erschaffen hat. Diese göttliche Weis-
heit ist der Ursprung, aus dem sich das Recht auf Bekenntnisfreiheit und
auf die Freiheit, anders zu sein, ableitet. Deshalb wird der Umstand verurteilt, Menschen zu zwingen, eine bestimmte Religion oder eine gewisse
Kultur anzunehmen wie auch einen kulturellen Lebensstil aufzuerlegen,
den die anderen nicht akzeptieren.« in Papst Franziskus: *Dokument über
die Brüderlichkeit aller Menschen für ein friedliches Zusammenleben in
der Welt*, 5. Februar 2019. [Anm. d. Übers.: Vgl. dazu die Erläuterung, die
Papst Franziskus bezüglich dieser im häretischen Sinne missverständ-
lichen Aussage gegenüber Weihbischof Athanasius Schneider gegeben
hat: www.kath.net/news/67302].

234   Papst Franziskus' Ausführungen auf der internationalen Konferenz
zum Thema »Religionen und nachhaltige Entwicklungsziele« [Anm. d.
Übers.: englisch »SDGs«], organisiert vom Dikasterium für ganzheitliche
Entwicklung des Menschen und dem Päpstlichen Rat für Interreligiösen
Dialog im Vatikan am 8. März 2019; O'Kane, Lydia: *Pope: Sustainable
Development Rooted in Ethical Values*, in: Vatican News, 8. März 2019.

235   Anm. d. Übers.: Die offizielle deutsche Übersetzung der betreffenden
Ansprache von Papst Franziskus findet sich auf den Seiten des Vatikans.
[http://www.vatican.va/content/francesco/de/speeches/2019/march/do-
cuments/papa-francesco_20190308_religioni-svilupposostenibile.html].

236   Anm. d. Übers.: Zur richtigen Einordnung des Folgenden – sowie der
gegenwärtigen kirchlichen Situation – vgl. Fernando Areas Rifan (Bischof
der Personaladmınıstratur v. hl. Johannes Maria Vianney, Campos): *Le
magistère vivant de l'Eglise*. [Im Netz verfügbar: www.clerus.org/clerus/
dati/2008-09/09-20/Monseigneur_Fernando_Areas_Rifan.html.]

Ferner seien wenigstens einige grundsätzliche Stellungnahmen des kirchlichen Lehramtes angeführt:

Aus dem Athanasianischen Glaubensbekenntnis: »Wer da selig werden will, der muß vor allem den katholischen Glauben festhalten; wer diesen nicht in seinem ganzen Umfange und unverletzt bewahrt, wird ohne Zweifel ewig verloren gehen.« (zit. nach: Neuner-Roos: *Der Glaube der Kirche in den Urkunden der Lehrverkündigung*, Regensburg 1958, S. 448). Aus der Bulle *Unam Sanctam* Papst Bonifaz' VIII.: »Dem römischen Papst sich zu unterwerfen, ist für alle Menschen unbedingt zum Heile notwendig.« (zit. nach Neuner-Roos, S. 220).

Aus der Dogmatischen Konstitution *Pastor aeternus*, Erstes Vatikanisches Konzil: »Wer also sagt, der römische Bischof habe nur das Amt einer Aufsicht oder Leitung und nicht die volle und oberste Gewalt der Rechtsbefugnis über die ganze Kirche – und zwar nicht nur in Sachen des Glaubens und der Sitten, sondern auch in dem, was zur Ordnung und Regierung der über den ganzen Erdkreis verbreiteten Kirche gehört – [...] der sei ausgeschlossen.« (zit. nach Neuner-Roos, S. 241).

Papst Pius X. über den Modernismus: »Überschaut man gleichsam mit einem Blick das ganze System, so wird sich niemand wundern, wenn wir es als ein Sammelbecken aller Häresien bezeichnen.« (Enzyklika *Pascendi*, zit. nach www.kathpedia.com/index.php?title=Pascendi_Dominici_gregis_(Wortlaut)). [Anm.: Aus diesem Grunde ist z.B. der Begriff »modernistischer Katholik« eine contradictio in terminis. Die (formelle) Häresie (z.B. die Häresie des Modernismus) bewirkt das sofortige Ausscheiden der Person, die die Häresie vetritt, aus der römisch-katholischen Kirche.]

237 Anm. d. Übers.: Vgl. die oben angeführten Essays von A. Wollbold und K. Obenauer.

238 Anm. d. Übers.: Taylor Marshall begründet die Ablehnung des Atheismus an dieser Stelle mit seinen persönlichen Erfahrungen. Zunächst ist der

Atheismus jedoch mit der Vernunft unvereinbar und daher abzulehnen. Zur Unhaltbarkeit des Atheismus vgl. Lehmen SJ, Alfons: *Lehrbuch der Philosophie*, Freiburg 1906, S. 25 ff.; Feser, Edward: *Five Proofs Of The Existence Of God*, San Francisco 2017.

239 Anm. d. Übers.: Die deutsche Übersetzung würde lauten *Der gekreuzigte Rabbiner.*

240 Anm. d. Übers.: Die deutsche Übersetzung würde lauten *Die katholische Sichtweise auf Paulus.*

241 Anm. d. Übers.: Die Apostel wurden beim Letzten Abendmahl von Christus zu Bischöfen geweiht.

242 Anm. d. Übers.: Die deutsche Übersetzung würde lauten *Die Ewige Stadt.*

243 Anm. d. Übers.: Vgl. Hergenröther, Joseph: *Photius, Patriarch von Constantinopel. Sein Leben, seine Schriften und das griechische Schisma*, Regensburg 1867, Band 1–3.

244 Anm. d. Übers.: Lat. *privatio* = Beraubung, Fehlen.

245 Anm. d. Übers.: Spender dieser bestenfalls zweifelhaft gültigen Weihe war der vietnamesische Erzbischof Petrus Martinus Ngo-dinh-Thục. Vgl. dazu eine interessante Fußnote in Listl, Joseph/Müller, Hubert Schmitz, Heribert: *Handbuch des katholischen Kirchenrechts*, Regensburg 1983, S. 721: »Vgl. das Dekret der römischen Glaubenskongregation vom 17.9.1976 gegen Titularerzbischof P. M. Ngo-dinh-Thục, der am 11.1.1976 ohne päpstlichen Auftrag fünf Bischöfe konsekriert hatte [...]. Nach der inzwischen erfolgten Absolution von der Kirchenstrafe [Anm.: Exkommunikation] setzte er seit 1981 die Reihe der illegitimen Bischofsweihen fort, woraufhin die römische Kongregation für die Glaubenslehre von neuem den Eintritt der angedrohten Tatstrafen förmlich festgestellt hat. Die Frage nach der Gültigkeit dieser Weihen wird amtlich nicht entschieden; die Kirche erkennt aber die Wirkungen der Weihespendung ausdrücklich nicht an [...].« Von den Weihen des Jahres 1976 (im spanischen Palmar de

Troya) hatte Thục erklärt, er habe sie »im Zustand geistiger Verwirrung und Umnachtung« erteilt. Man wird einen ähnlichen Geisteszustand Thụcs auch für die seit 1981 getätigten Weihespendungen – also für die Weihe Guérard des Lauries – als sehr reale Möglichkeit in Betracht ziehen müssen.

246 Anm. d. Übers.: Der Sedisvakantismus geht von einer jetzt schon *mehrere Jahrzehnte* (!) währenden Vakanz des Apostolischen Stuhls aus. Schon aus diesem Grunde ist der Sedisvakantismus nicht mit der Lehre der Kirche vereinbar. Vgl. Denzinger-Hünermann (1999) [eigene Hervorhebung durch Kursivschrift]: »Wer also sagt, es sei nicht aus der Einsetzung Christi, des Herrn, selbst, bzw. göttlichem Recht, daß der selige Petrus im Primat über die gesamte Kirche *fortdauernd Nachfolger hat (habeat perpetuos successores)* [...], der sei mit dem Anathem belegt.«

247 Papst Benedikt XVI.: *Generalaudienz*, 27. Februar 2013.

248 Anm. d. Übers.: Man kann auf einem viel kürzeren Wege klar zeigen, dass Joseph Ratzinger nicht mehr Papst ist. Die Tatsache der Rechtmäßigkeit der Amtsinhabe eines Papstes gehört zu den *facta dogmatica*, bezüglich derer ein gesamtkirchlicher Irrtum unmöglich ist [vgl. https://www. newadvent.org/cathen/05092a.htm].

249 Anm. d. Übers.: Im englischen Sprachraum wird diese Strömung für gewöhnlich als »recognize and resist« bezeichnet.

250 Anm. d. Übers.: 1. Der Bereich der Unfehlbarkeit der Kirche erstreckt sich wesentlich weiter als die *Definitionen ex cathedra* – man denke z.B. an die unfehlbare Lehrentscheidung Papst Johannes Pauls II. über die Unmöglichkeit der »Priesterweihe der Frau« (im Apostolischen Schreiben *Ordinatio sacerdotalis*). 2. Auch dem »bloß authentischen«, nicht unfehlbaren Lehramt (z.B. Enzykliken) ist jeder Katholik Gehorsam schuldig. 3. Ein »Irrtum des Papstes« *außerhalb* der Ausübung seines Lehramtes ist möglich, aber ein solcher wäre, soweit es sich nicht um einen offenkundi-

gen Irrtum, d.h. lediglich um einen Zweifelsfall handelt, von urteilsfähigen Personen präzise nachzuweisen.

251 Papst Paul VI.: *Abschluss des II. Ökumenischen Vatikanischen Konzils: Ansprache bei der letzten öffentlichen Sitzung, 7.* Dezember 1965. [Ins Deutsche übertragen.]

252 Papst Paul VI.: *Audienz*, 12. Januar 1966. [Ins Deutsche übertragen.]

253 Anm. d. Übers.: Man vgl. die Fußnote in einem der früheren Kapitel zum Verpflichtungscharakter der jeweiligen Äußerungen des Zweiten Vatikanischen Konzils. Ein Konzil, auch ein »bloß pastorales«, ist kein theologisches Symposion, über dessen Lehren nachher jeder nach Belieben seine Ansichten kundtun dürfte.

254 *Acta Apostolicae Sedis 1 (1908)*, S. 142.

255 Sales, Hl. Franz von: *Anleitung zum frommen Leben*, Dritter Teil, 29. Kapitel.

Autorenportrait

Dr. Taylor R. Marshall ist katholischer Bestsellerautor und Journalist. Neben apologetischen Werken verfasst er theologische und philosophische Schriften sowie historische Romane. In seinen Videos und Podcasts tritt er für den überlieferten katholischen Glauben ein. Marshall ist verheiratet, Vater von acht Kindern und lebt in Texas.

Philip F. Lawler
DER VERLORENE HIRTE

296 Seiten, Klappenbroschur,
19 €
ISBN 978-3-95621-135-5

Gläubige Katholiken beginnen zu erkennen, dass ihr Eindruck sie nicht täuscht. Unter Papst Franziskus schlug ihre Freude über dessen Wahl in Besorgnis und Angst um. Bei manchen kam sogar das Gefühl auf, betrogen worden zu sein. Sie können nicht länger so tun, als stünde er lediglich für eine Akzentverschiebung im päpstlichen Lehramt. Der verlorene Hirte untersucht die Verwirrung, die dieses Pontifikat angerichtet hat. Lawler legt dar, was auf dem Spiel steht und wie aufrechte Katholiken reagieren sollten.

renovamen-verlag.de

Raymond Leo Kardinal Burke

HOFFNUNG DER WELT

180 Seiten, Klappenbroschur,
fadengeheftet, 14 €
ISBN 978-3-95621-140-9

Raymond Leo Kardinal Burke, Prälat, nunmehr Kardinalpatron des Malteserordens und Freund des emeritierten Papstes Benedikt XVI., führt mit Guillaume d'Alançon ein grundsätzliches Gespräch über die großen Fragen der Gegenwart. Tief verwurzelt im Glauben, legt er die katholische Lehre zur Lage der Kirche, Liturgie, Ehe und Familie, Elternschaft und der Ehrfurcht vor dem Leben dar. Ohne Polemik, doch kompromisslos und mit Nachdruck, bringt er diese komplexen Themen in aller Einfachheit auf den Punkt. So ist ein Gesprächsband entstanden, der das sehr persönliche Glaubenszeugnis eines großen Kardinals zugänglich macht.

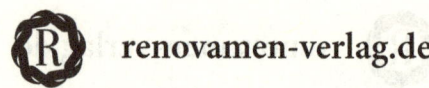

renovamen-verlag.de

David Engels

WAS TUN?

248 Seiten, in Leinen gebunden,
16 €
ISBN 978-3-95621-142-3

Der Westen ist am Ende. Es ist spät, wahrscheinlich sogar schon zu spät, um noch eine andere Richtung einzuschlagen, und niemand weiß, was aus dem Zusammenprall zwischen dem politisch korrekten Denken und der Wirklichkeit entstehen wird. Und trotzdem müssen wir weiterleben: leben mit dem Niedergang Europas; leben mit der Gewißheit, daß morgen schlimmer sein wird als heute; leben mit dem Wissen, daß die Tage der abendländischen Zivilisation, so wie wir sie heute kennen, gezählt sind. Was tun? Wie unser tägliches Leben ausrichten; wie uns trotz allem in die Zukunft hineinversetzen; und vor allem – wie unseren Nachfahren unser bedrohtes Erbe weitergeben? Dies sind einige der Fragen, auf welche dieses Brevier einige ebenso praktische wie realistische Antworten zu geben versucht.

renovamen-verlag.de

Marcantonio Colonna

DER DIKTATORPAPST

280 Seiten, Klappenbroschur,
16 €
ISBN 978-3-95621-134-8

Könnte Papst Franziskus der tyrannischste und skrupelloseste Papst der Neuzeit sein? Dies meint zumindest der Kirchenhistoriker Marcantonio Colonna in seinem kontrovers diskutierten, aber sorgfältig recherchierten neuen Buch *Der Diktatorpapst*. Hinter der Maske des bescheidenen, volksnahen Mannes verbirgt sich ein Papst, der sich seiner eigenen Macht bewusst ist. Indem er sich mit den fragwürdigsten Elementen im Vatikan verbündet, herrscht Franziskus durch Angst. Er versucht die ewige katholische Lehre, gegen jeden Widerstand, zu verändern. Colonna hat seine weitreichenden Kontakte im Vatikan vollumfänglich genutzt, um eine provokante und aufschlussreiche Darstellung der wahren Beweggründe von Papst Franziskus vorzulegen. *Der Diktatorpapst* ist eine unentbehrliche Lektüre, um eine der rätselhaftesten und gefährlichsten Gestalten zu verstehen, die je den Stuhl Petri besetzte.

renovamen-verlag.de